U0620681

大宋十君子

刘小川 著

九州出版社 JIUZHOUPRESS | 全国百佳图书出版单位

图书在版编目（CIP）数据

大宋十君子 / 刘小川著. -- 北京 ：九州出版社，
2022.11

ISBN 978-7-5225-1247-1

Ⅰ. ①大… Ⅱ. ①刘… Ⅲ. ①历史人物－生平事迹－
中国－宋代 Ⅳ. ①K820.44

中国版本图书馆CIP数据核字(2022)第190311号

大宋十君子

作　　者	刘小川　著
责任编辑	陈文龙
出版发行	九州出版社
地　　址	北京市西城区阜外大街甲 35 号（100037）
发行电话	(010)68992190/3/5/6
网　　址	www.jiuzhoupress.com
印　　刷	北京盛通印刷股份有限公司
开　　本	880 毫米 ×1230 毫米　32 开
印　　张	11.875
字　　数	275 千字
版　　次	2023 年 2 月第 1 版
印　　次	2023 年 2 月第 1 次印刷
书　　号	ISBN 978-7-5225-1247-1
定　　价	56.00 元

序　言

君子与小人之争，当远远早于文字记录。人类自群居以来，对与错、是与非、君子与小人的现象随之产生。只要生活在一起，就要讲道理。仁义道德并不是孔夫子发明的，它的雄厚基础在民间，它是人际交往永恒的黏合剂。务农，做工，经商，这种黏合剂须臾不可缺。

一万年以前是这样，一万年以后还是这样。

宋代的君子可能是历代最多、最活跃的，尤其是北宋，严格意义上的君子层出不穷。什么原因呢？从草根阶层进入士的阶层的读书人，数量、比例远胜于唐朝，士大夫们很珍惜，直接把国运视为家运。

宋人善于生活在别处，你喜欢不是我喜欢。差异性的生活催生不同风度的君子。朝廷君子、江湖君子、日常生活中的君子……他们风采各异，令人叹为观止。

小人是君子的对立面的产物。小人是先于君子还是后于君子，这问题无解。

　　君子有所不为，小人无所不为。后者释放病毒的能量，催生君子的正能量。

　　王安石、司马光、欧阳修的悲剧，表明朝堂君子要学会与小人共事。否则，君子孤标自傲，孤芳自赏，反而招来更多的小人围攻。在君子与小人之间，尚有大面积的中间地带。

　　现代生活的复杂程度远甚于古代，君子在妥协与进取中寻找他们的位置。

　　小人并非天生是小人，君子也并非纯粹是君子。本书揭示其中的复杂性。

　　历史有循环，君子不退场。

刘小川
2022 年 1 月 17 日
于眉山忘言斋

目录

范仲淹：本朝第一流人物

汉唐宋一千年，名臣密度之大，北宋当推第一。赵普、王旦、寇准、范仲淹、包拯、司马光、王安石、韩琦、富弼、张方平、范镇、范纯仁、苏轼……可以开出一份很长的名单。尤其是仁宗一朝，数十年间，朝廷君子如雨后春笋。

而熙宁变法后，嘉祐盛治庶几断送。神宗与王安石联手，解散了君子队伍，给小人留下了空间。哲宗、徽宗四十余年，小人盘踞要津，臭名昭著的有章惇、蔡京、童贯、高俅、李邦彦……1127年，小小的金国灭了北宋。仓皇渡江后，赵宋君臣偏安于江南，国运断了一半，而血脉、文脉未断，又有一批杰出的士大夫登上历史舞台。

北宋九朝皇帝，历一百六十七年。

范仲淹首倡士风，影响了几代士大夫。

范仲淹倡导的士风就是君子之风。

现在我们来细看。海德格尔："思想需要细心。"

范仲淹生于宋太宗端拱二年（989），河北正定县人。祖上皆为吴越官员。父亲名叫范墉，随吴越王钱俶归宋，然而早逝。其时范仲淹不到两岁，对家世一无所知。

父逝，无身后财。度日艰难，母亲改嫁一姓朱的，是个小县令。范仲淹也改姓朱，却屡遭朱家人虐待。后来他对皇帝写道："鞠养在母，慈爱过人，恤臣幼孤，悯臣多病，夜扣星象，食断荤茹，逾二十载。"

姓朱的一家对范仲淹很不好。辛酸的童年继之以灰色的少年，反而凸显母爱的无限温馨。母亲的臂弯为他在无边的冷酷中保留一些温暖，这对塑造他仁慈的灵魂显然有帮助。世界乃是母爱的延伸物，朱家人的冷漠催他奋起，我猜想，此二者是范仲淹成长的两大动力。

父权缺席，父父子子悬空，是很多文化精英的共同特征。从孔夫子到鲁迅先生，显赫的名字一长串。"父为子纲"落不到实处，意味着儿童天性的较多释放，自由意志赢得较广的空间。范仲淹在逆境中奋斗。

继父朱某长期宦游，数年一迁居。朱的几个儿子以虐待范仲淹为乐，欺凌、侮辱、嘲笑，驱使他干这干那。人欺人，有瘾的，想象力惊人。可怜的范仲淹常常躲起来，躲开他们的百般花样。

朱家小子说："范仲淹生来就是挨揍的。"

累月打赤脚，冬日衣衫薄。母亲熬更守夜为儿子做了一双布鞋，却被朱家少爷的狗叼了去。狗在前边跑，范仲淹在后面追。狗累了，回头一口，范仲淹夺回鞋子，脚上血流不止。少爷们闻着腥味儿，叫得比狗还欢。

忧郁的心，积蓄着莫大的力。范仲淹缺吃少穿，好在家里不缺父亲留下的书卷。他发愤读书，拼了命地读，要挣脱朱家的桎梏。

有三年时间，范仲淹待在长白山醴泉寺。为何住寺庙？大约为了躲开朱家人的面孔。日子更苦。冬天，他夜里煮碗菜粥，待清早结成块儿，一横一竖划成四块，早晚各两块。如是者，千余日。

冻粥是为了节约时间，醒着便是念书。母亲"食断荤茹"二十年，攒下一点钱，让儿子心无旁骛。在朱家，她忍气吞声，半夜哭醒，早上还装出笑容。为了儿子，她可以忍受一切。不难想象她的仁慈与坚毅的面容。范母比之孟母，丝毫不逊色。这是一位伟大的母亲。

范仲淹身体差，他缺营养，缺了二十多年。而为官为文，元气淋漓，那浩然之气一直冲到今天。这如同一个谜。自幼体弱的人通常懦弱、胆小，性格趋于自保，意志相对薄弱。而范仲淹恰恰相反。什么原因呢？受侮辱与受损害，反而催他奋发图强吗？他要让他可怜的母亲有一丝欣慰吗？

妈妈您放心，儿子在努力。

千年前范仲淹的心声，笔者是听得见的。

世界之为世界，无非是心劲二字。心劲决定一切。

天行健，君子自强不息。

欧阳修《资政殿学士户部侍郎文正范公神道碑铭》记云："既长，知其家世，感泣去之南都。入学舍，扫一室，昼夜讲诵。其起居饮食，人所不堪，而公自刻益苦。居五年，大通六经之旨……"

范仲淹得知家世，大约在二十岁的年纪。一个泣字，有多少辛酸与屈辱在其中。他心疼母亲。他知道了很多辛酸细节。他挥泪远走应天府，兜里无铜钱，举目无亲戚。

一千六百多个日日夜夜，过着人所不堪的生活。苦其心志，饿其体肤，而范仲淹行为不乱。学舍的同窗可怜他，给他好吃的，他一概拒绝。

朱熹《五朝名臣言行录》注引《遗事》云："（仲淹）五年未尝解衣就寝，夜或昏怠，辄以水沃面。……同舍生或馈珍膳，皆拒不受。"

为何要拒绝？他不受怜悯。一旦接受了，人亦自怜，意志力消退，便不足以对抗恶劣的环境。五年和衣而卧，为什么呢？担心冻坏了身子？夜里昏昏欲睡，咬牙洗一把冷水脸，继续埋头温习。时隔千年，我分明看见范仲淹把冷水泼在脸上的样子。他是喝过三年冻粥的人，身子冷惯了，胃里空惯了。如同冰窖，蕴藏冰锥般的锋芒，只恐温暖要把冰锋融了。

自苦为常态。这股力量却是积极向上的，得益于母亲。无边的母爱，让这个一脸菜色的小伙子朝气蓬勃。

一腔柔肠与钢铁意志在生成。

君子自强说的是什么？一切靠自己。草根贱民穷小子，能靠谁啊？

举目苍茫天地间，只一个瘦弱的、衣衫破烂的范仲淹，仿佛一阵秋风都能把他吹倒。

继父是县令，却比陌生人更陌生。苦孩子根本不想听到他的名字。路上碰到过几次县太爷的车驾，他远远地躲开了。

路人说："那个神气的县太爷不是你爹吗？"

范仲淹使劲摇头。他逃往山里，在弯弯的山路上，头还在摇。他心中有恨，山风山雨带不走，恨绵绵，思绵绵……后来范仲淹做了显赫的朝廷高官，反倒对朱家人好，把肚子里的积怨一笔勾销。这种博大胸怀的基础性情态是什么呢？

恶人章惇害得苏轼家破人亡，苏轼却原谅他，甚至怜悯这个遭了报应的恶人。他留下一封著名的书信，给章惇续命。这封信，章家子孙世代珍藏下来。

有些人心宽，有些人心窄。有些人心善，有些人心狠。

饱读诗书，有助于克服人性的弱点吗？

章惇、李定、吕惠卿、蔡京等，《宋史》中的奸臣，多是饱读圣贤书的，却变成小人之尤者。这使事情变得复杂。活动变人形，官场改变很多人。不改初心者，便是君子。

应天书院是宋代的四大书院之一。公元十一世纪初，一颗坚定的心在书院无声无息。

从寺院到书院，八年奋斗。范仲淹一个人。一个人与六经。严寒季节，同窗渐渐不来了。范仲淹在风雪中读书。他砍柴取暖。他爬树摘野果。他闻鸡起舞练拳脚。……

童年苦，少年苦，青年苦，范仲淹品尝着苦中之甜。墨子以自苦为极，墨子的门徒个个吃得苦中苦。墨者，面如墨也。范仲淹想必是读过《墨子》的吧？

读书时有领悟，美食偶尔有之。咀嚼或吞吃的快感长时间留在唇齿间，留在记忆中。

弹弓打肥鸟，短箭射野物，长竿钓大鱼……一年当中，总有几回大快朵颐的时光。

范仲淹悄悄把烤好的野物送给母亲。那一天，母亲哭了。

接下来的漫长岁月，范仲淹苦读一卷卷的经书。

世上从来就没有绝对的苦，强力意志倒是把受苦推向它的反面。范仲淹有未来，他活向未来，于是眼下的苦日子变得不太苦。意志消除了顾影自怜，喝粥咽菜就无所谓了，和衣而卧也习惯了。未来是支撑所有人的苦日子的灵丹妙药。

单纯地活在眼下，锦衣玉食混光阴，何尝比得有追求者的粗茶淡饭？

有追求者，赢得宝贵的内心纵深。感受事物的能力与日俱增。

八年锤炼大贤。八年成就君子。

两宋三百年，这位首屈一指的士大夫。

唐宋六百年，这位光耀夺目的士大夫。

二十七岁，范仲淹考上进士，踏上仕途。他结了婚，夫人李氏是副宰相李昌龄的侄女。苦孩子一步登天，母亲喜极而泣，朱家紧张兮兮。假如范仲淹报复，朱家肯定倒霉，但他毫无报复的迹象。街坊邻居评价说："这叫君子不计小人过。"

范仲淹长期缺荤馋肉，做官后，并未大吃特吃如吕蒙正（吕在寒寺吃斋苦读，后来官运亨通），究竟是什么缘故呢？常言道：缺啥想啥。范仲淹很缺，缺了二十多年，他想啥？所谓"苦中苦，人上人"，这种逻辑构不成解释。君子之自信，不仅面向未来，更是对过去的自信。

点点滴滴的童年感受，是要贯穿一生的。

范仲淹痛恨浪费，切齿奢靡，应与他幼年经历有关。他吃菜根、喝稀饭，朱家小子大啖荤腥。他也流过口水，然而看得多了，日渐生厌。后来他做了高官，大兴义庄，救济他的族人，传承朴素的作风。范氏义庄绵延九百年，源头很可能是他在朱家的感受。

上述这些事，当然是我的猜想，凭借史料展开的分析和想象。

德国哲学家海德格尔："文献史要变成问题史。"

仕途第一站，范仲淹任广德军任司理参军。广德军与今江苏、浙江相接，是皖南山区。君子初做官，治狱有政声。两年后，范仲淹迁权集庆军（今安徽亳州）节度推官，干了四年多，调泰州西溪镇监盐仓。他三十几岁了，九品小官干了五六年，给枢密院副使张知白写干谒信，未见回音。他写诗，喝酒，画画，下围棋。他结识了泰州军事推官滕子京，认识了优秀青年富弼。

泰州以东即是黄海，海堤为唐时所筑，年久失修，频频倒灌，淹没良田无数。范尝言："救水旱，丰稼穑，强国力。"他当官干的第一件大事即重修海堤，保护周边的良田和渔民。三年时间，范仲淹领四万役夫修筑长达两百公里的海堤，后人称之为"范公堤"。

后任兴化知县，母亲谢氏亡，他回乡丁母忧三年。亲爱的母亲对范仲淹有决定性的影响。仁爱的种子是母亲播下的。这影响，大于任何书籍。

仁宗天圣五年（1027），晏殊出守应天府（今河南商丘），招揽范仲淹任应天书院教席。重回"母校"，范仲淹以身示教，把君子精神注入后生的血液。"不以一心之戚，而忘天下之忧。"他给当时的宰相王曾写万言书，也以此规塑母校的学风。小官思天下，位卑亦忧国。这是庆历新政的先声。

万言书深得宰相赏识，王曾与晏殊联手，荐范仲淹于朝廷。天圣六年（1028），范仲淹回京，为秘阁校理。其时仁宗年满十九，朝政由刘太后把持。范仲淹官小胆子大，上书太后请求还政，给晏殊吓得不轻。老领导狠狠地批了他，而范仲淹回言："秉公直言，虽有杀身之祸也在所不惜。"

天圣八年（1030），范仲淹自请离京，出任河中府（今山西永济）通判。数月后，迁太常博士，移通判陈州（今河南淮阳）。仁宗亲政后，召范仲淹回京，任右司谏。范仲淹以谏权挑战相权，直接对抗大宰相吕夷简。这场旷日持久的斗争，锤炼出了宋朝历史上最具战斗力的言官队伍。

首战失利，范仲淹被贬睦州（今浙江淳安），而皇帝始终惦记着他。仁宗对言官的重视胜于唐太宗，庙堂之上，何止十个魏徵。言官得罪了执宰，仁宗给贬出去，往往是做个样子，事后"旋即超擢"（越级提拔），继续鼓励言官们批评朝政和皇帝本人。

可惜赵宋皇家的这个好传统，北宋后期丢掉了。皇帝残忍，小人嚣张。大臣们一朝被贬，半生流离。

范仲淹出京时慨然写诗："重父必重母，正邦先正家。一心回主意，十口向天涯。"

主意，即圣主之意。

范仲淹抵睦州，在新安江畔的桐庐饮酒写诗，治理小邦轻松自如。公务之余，他办诗会、茶会，"杯中好物闲宜进，林下幽人静可邀"。看来范仲淹酒量不小，又嗜茶，作《和章岷从事斗茶歌》，在中国茶史上留名。官员们斗茶的佳话多，例如蔡襄与杭州名妓周韶斗茶，苏轼与杭州寂照寺的和尚斗茶等。

范诗云："忘忧曾扣《易》，思古即援琴。"诗、琴、茶、酒、《易经》，访古、狩猎、漫游、听歌、观舞……"枕上诗书闲处好，门前风景雨来佳"。

君子为官，显然具备多重身份。既有美政冲动，又能流连于美好的事物。审美、养性、修身、蓄志，君子百折不挠，又把滚烫的诗心融入山水，妩媚温柔或苍凉雄浑照单全收，这日子就优哉游哉了，一天，胜过寻常之辈的十天。

生命是要讲强度的，生存要讲密度。

"君子"这个词，不单是道德意义上的赞词，它更意味着：生命力的多重喷发。

范仲淹在桐庐重修严光祠堂，作《严先生祠堂记》，盛赞严光的君子之风："云山苍苍，江水泱泱，先生之风，山高水长。"

人们读此名文，脑子里会浮现范公与严光的叠加形象。

数月后，范仲淹迁苏州太守。他与大宰相势如水火，而能调往富裕的苏州，大抵出自皇帝本人的意思。苏州也是范仲淹的祖籍。刚刚到任即逢水灾，范仲淹"疏五河，导太湖注之海"，显示了卓越的治水才能。为政之余，他写《苏州十咏》，给水乡姑苏再添韵致。仁宗很高兴，顺水推舟，召范仲淹还京，判国子监，掌管最高学府。

"苏州十万户，尽作婴儿啼。"这是白居易调离苏州时的情景，在范仲淹离任时复现。苏州百姓舍不得他，父老乡亲送了一程又一程。

范仲淹还朝，升吏部员外郎，权知开封府。这个显赫的位置通常是升官的信号，却很容易得罪贵人。天子脚下，权贵多如牛毛，扭扭胳膊能撞到一干国戚。范仲淹整顿吏治，压倒了权贵的威势，整个开封府"肃然称治"，是多年未见的景象。他在朝廷与民间皆赢得盛誉，而斗争的脚步远未停止。

他再度瞄准大宰相。君子总是要碰上小人，这也叫冤家路窄。

狭路相逢勇者胜吗？正义会战胜邪恶吗？事情却不那么简单。唐朝一个口蜜腹剑的李林甫，居相位十九年，害了多少忠直的大臣。当然，最后他也未得善终。

吕夷简是老宰相，朝廷势力盘根错节，经他提拔的后生不计其数。吕氏门庭俨然另一朝廷，掌握着朝廷与州县大大小小的乌纱帽。大宋王朝已历七十余年，大老虎总是要出现的。汉唐教训太多，王莽、杨国忠、安禄山……每个名字背后都是血雨腥风。

开封知府范仲淹，径直揪住老虎尾巴。他向仁宗呈《百官图》，把吕夷简的权力网抖出来，这个一网打尽的动作，历史罕见，汉晋唐一千年，闻所未闻。范仲淹要把官场的秘密翻个底朝天，把那些数不清的阴暗勾当，抛到光天化日之下。

这是什么样的大无畏？这大无畏精神，又蕴含什么样的深谋远虑？杰出的君子目力长远，抬眼便是百年。国家命运大于任何人的眼前利益，包括君王的眼前利益。

吕夷简暴怒，直接对仁宗说："仲淹迂阔，务名无实。"

仁宗面无表情。吕夷简悻悻而去。

仁宗摇了摇头。满朝文武，唯吕夷简敢在皇帝面前作色而起。如果朝廷多几个吕夷简，宋仁宗就可能变成汉献帝。

尾大不掉。姓吕的势力大，皇帝也得小心应对这个大权臣。所谓帝王术，需尽量避免直接表态，让臣子代以发声。

谁在持续叫板宰相？

还是范仲淹。他连上《帝王好尚论》《选贤任能论》等四书，直指吕为奸臣。吕反扑，说范仲淹"越职言事，荐引朋党，离间君臣"。斗争愈来愈烈，宰相势大，负责监督的台谏噤若寒蝉。整个朝廷只有欧阳修、余靖、尹洙等官员敢于公开力挺范仲淹，但他们终究斗不过吕夷简，尽数被贬，时在景祐三年（1036）。

朝廷水太深了，有时候皇帝也奈何不得。中唐、晚唐，连皇帝也死得不明不白……

年轻的蔡襄写诗，称"四贤一不肖"，四贤之首即为范仲淹。这首政治讽刺诗，一时盛传东京，手抄本无数。诗歌传到州县，泗州通判陈恢献媚宰相，上章弹劾蔡襄。新任左司谏韩琦立刻弹劾陈恢，务求朝廷重贬。

韩琦时年二十八岁，受过吕夷简提拔。他绕过大宰相，枪口对准其党羽，同时连章为范仲淹们申冤。大理评事苏舜钦上《乞纳谏书》，指责仁宗贬范仲淹，"使正臣夺气，鲠士咋舌，目睹时弊，口不敢论"。

君子敢言，范仲淹率先发声，正直的大臣备受鼓舞，他们也憋了很久了。吕夷简屁股不稳，次年罢相。其后再度以宰相身份回京，而等待他的是一支更加成熟的君子队伍。

耿介的官员挑战阴险权臣，虽败犹荣。优秀的士大夫力量并不弱。仁宗后期，大批名臣涌现于朝堂，与范仲淹呈《百官图》、斗吕夷简的举动是分不开的。

这一年，苏轼诞生在西蜀小城眉山。

宋代良好的士风乃是长风，一刮百余年。

范仲淹名言："宁鸣而死，不默而生。"

君子在斗争中成为君子。

范仲淹知饶州，迁润州、越州，晚年知邓州、杭州、青州，大州的长官他做了十数年，一如既往地为民造福。这是做地方官的好处，很多事，想做就能做。例如饶州的鸟嘴茶是贡品，年年上贡的鸟嘴茶产量很大，困于专卖制度的茶农却挣不到钱，反受其累。范仲淹奏请免贡茶，茶农们欢呼雀跃。

南宋的王十朋盖思贤堂，在州学建敬爱堂，纪念开几代士风的范仲淹。著名学者洪迈说，范仲淹在庆朔堂"手植九松，今盈百尺"。

范仲淹在其官邸，对两棵百年老松赞不绝口。

当地百姓称它们是君子松。

范仲淹《岁寒堂三题》诗序云："尧舜受命于天，松柏受命于地，则物之有松柏，犹人之有尧舜也。……吾家西斋仅百载，二松对植，扶疏在轩。灵根不孤，本支相茂，卓然有立，俨乎若思。霜霰交零，莫能屈其性；丝桐间发，莫能拟其声。……持松之清，远耻辱矣；持松之劲，无柔邪矣；禀松之色，义不变矣；扬松之声，名彰闻矣。有松之心，德可长矣。"

这是最好的写松柏的文字："欲知松高洁，待到雪化时。"

雪压霜欺松不凋，说的就是范仲淹。

孔夫子说："岁寒，然后知松柏之后凋也。"

范仲淹《润州谢上表》云："人心不在于权门，时论尽归于公道。"

这位久经官场的士大夫凛然道："进，则持坚正之方，冒雷霆而不变；退，则守恬虚之趣，沧草泽以忘忧。"

值得注意的是，这类话在北宋后期就显得不合时宜了。官场风气日坏，范仲淹等一批良知官员的肺腑之言，听上去恍如隔世，甚至显得莫名其妙，被视为唱高调。

治国就是治吏。然而历朝历代的官风难治。开国智慧，难管一百年。而官风一旦坏了，重振艰难。范仲淹最大的雄心乃是振起官风，呵护纯朴的民风。他对州县教育的重视令人想到韩愈，想到欧阳修。

汉唐宋一千年，高擎道德旗帜的士大夫，当首推范仲淹。

牟宗三说："中国哲学之重道德性，是根源于忧患意识。"

北宋君子浩浩荡荡，范仲淹指引方向。

林语堂《苏东坡传》，称范仲淹是伟人。

身在高位而不忘忧患，以天下为己任，乃是宋学的主要价值取向。钱穆总结："这已是一种时代的精神，早已隐藏在同时人的心中，而为范仲淹正式呼唤出来。"

范仲淹强调："得士者昌，失士者亡。"

士风至关重要。君子之风至关重要。

《五朝名臣言行录》载："范文正公曰：'吾遇夜就寝，即自计一日饮食奉养之费，及所为之事，果自奉之费与所行之事相称，则鼾鼻熟寐；或不然，则终夕不能安眠，明日必求所以称之者。'"

白天做的事，要对得起俸禄，否则，夜里入睡难。这是范仲淹的高风亮节，也是他的一句大实话。贪官庸官看了这些文字，不知作何感想。也许有人自惭、内疚，也许有人反而要坏到底。想想宋徽宗时代的那一群痞子大臣吧。轻佻百端的君臣形成合力，弄死辉煌了一百多年的北宋王朝。

范公《与朱氏书》云："居官居满，直须小心廉洁。稍有点污，则晚年饥寒可忧也。"

又云："……凡见利处便须思患。老夫屡经风波，唯能忍穷，故得免祸。"

《与工部同年书》云："荣利无穷，千古困人。"

君子也是洞达之人，能够看破名利之人。

荣利千古困人，太多的人上演了各种各样的悲剧：事业和生活的悲剧。

范仲淹做过官的十几个地方，后人称作"过化之州"。他为官一任，造福一方，又教化百姓。这个词可能是当时首创，受惠于范公者，各地数不清。人们为他建生祠，盖景范楼。犹如眉山的三苏祠有一座景苏楼。

欧阳修知扬州，有善政，扬州人在平山堂栽下"欧公柳"纪念他。苏轼每到一地都要全力以赴地推行美政，永远检点自己为百姓做得不够多。在密州（今山东诸城），他叹曰："永愧此邦人，芒刺在肤肌。""平生五千卷，一字不救饥。"苏轼对继任密州的孔太守说："何以累君子？十万贫与赢。"而众所周知的是："苏轼知密州，政绩卓著。"

在杭州，人们在西湖苏堤为苏轼建生祠，"家有画像，饮食必祝"。君子的强有力的后盾，乃是天下百姓。

司马光、欧阳修、苏轼、范纯仁……强有力地继承了范仲淹首倡的士风。

古往今来的君子都是严于律己的。范仲淹对家人苛刻，不居豪宅，不食重肉，很少用绫罗绸缎。"重肉"一词，类似今之"大鱼大肉"，在古代常用，含贬义。曹操做了汉丞相，"食不过一肉"，一床被褥要用十年，缝了又缝，补了又补。诸葛亮更不用说，非淡泊不足以明志。司马光堂堂国家领导人，朝廷百官之首，"食不敢常有肉，衣不敢纯有帛"。在京城和地方，司马光等一批元老有效地推广四菜一汤，荤菜少于素菜。

"成由节俭败由奢"，汉唐教训须牢记。

由于道德高尚、学养丰厚的士大夫的价值引领，食重肉须在大年大节，平时不可以，街坊要议论，读书人要抨击。《道德经》说"五味浊口"，符合味蕾的特征。

宋代官员大都学富五车，谁敢小视老子和孔子啊？

肉吃多了，人就变成肉坨坨。

肉多灵就少,这是一般规律。

适当的物质匮乏有利于精神飞升,古今中外的优秀人物几乎都这样。伟大的人物,无一例不是生活的朴素者,能够把握灵与肉的分寸。

鲁迅先生居上海十年,说:"书桌前不能放软椅。"

身体舒适了,大脑就迷糊。工作状态下,人不能求舒适。

要防止生存的肉身化。不要单纯地、难以逆转地活个嘴巴。每斤肉由五斤粮食转化而成,非得年复一年地消耗大地吗?

律己者善待他人,为他人想得细,律己的官员为国家想得远,"居庙堂之高则忧其民,处江湖之远则忧其君"。范仲淹的仕宦生涯、军旅生涯,几十年利他、利民如一日。"尧舜生之于天,松柏生之于地",这种利他主义不是偶发的,是有历史土壤的。

需要仔细掂量的是:利他就是利己。或者说,利他方能利己。

忧国忧民,跟忧家是紧密相连的。国运不好,家道难为。

宋代起于寒微草根的高官,不乏贪图享受者,皇族、贵族,肆无忌惮享乐,冗宗、冗费。然而,一批又一批的士大夫却力行节俭,倡导养廉。二者之间庶几达成了均衡状态,维系了百年繁荣。

直到嬉皮笑脸、娱乐至死的宋徽宗,这种均衡状态才被彻底打破。

北宋王朝也随之完蛋了。北中国生灵涂炭,金人的铁蹄几番践踏江南。

北宋百余年,君子何其多矣,未能挽狂澜于既倒。

屈原为什么写《国殇》,写《离骚》,范仲淹、司马光、欧阳修是知道的。

"岂余身之惮殃兮，恐皇舆之败绩！"

官场多少人，朝为君子暮为小人，屈原叹曰："何昔日之芳草兮，今直为此萧艾也！"

北宋神宗朝，有个叫杨畏的官员，绰号"杨三变"，活脱脱一条官场变色龙。明里一把火，暗地里一把刀，今天他巴结的对象，明天就踩到脚底下，变脸比翻书还快。

这种变色龙，古今不绝。

欧阳修为范仲淹作《神道碑》云："（范）公为人外和内刚，乐善泛爱。丧其母时尚贫，终身非宾客食不重肉，临财好施，意豁如也。及退而视其私，妻子仅给衣食。"

大公无私可不是说大话。克己奉公可不是唱高调。

朝廷大臣范仲淹的妻子儿女，仅给衣食而已。妻子有没有意见？包括他年轻的继室夫人张氏。子女发不发牢骚？范仲淹的儿子范纯仁娶王质的女儿，王家富裕，锦衣玉食习惯了，女儿嫁范家，欲以上等的丝织品作帷幔，范仲淹大不悦，说："罗绮岂帷幔之物耶？吾家素清俭，安得乱吾家法？敢持至吾家，当火于庭！"

家法、家风是宝贵的，北宋的官二代、官三代，有出息的很不少，成大器的例子多，可作专题研究。北宋之家学、家风、家训，乃是普遍现象，强劲带动社会各阶层。

君子之风乃是长风。

一百多年的好光景，名臣康吏，星罗棋布。范仲淹的利他主义，鲜有人感到奇怪。大环境是那样。如果北宋末年出一个范仲淹式的官场人物，人们会目为怪物。形势比人强，环境比人强。

高官俸禄高，范仲淹的钱去哪儿了？"临财好施，意豁如也。"

范公仗义疏财，如同山东及时雨宋江。当年的苦孩子穷孩子，却大兴义庄，造福于族人、穷人。

宋人陈与义写诗这么说："范公深忧天下日，仁祖爱民全盛年。"

爱是忧的前提。深爱，然后深忧。

仁宗在位四十多年，亲政三十年，继承了真宗朝的政治遗产，牢牢把握仁政的大方向。

北宋名臣，大半起于真宗、仁宗二朝。

宋太祖赵匡胤，以家法的形式奠定了赵宋国运的基础。鼓励言事，不杀士大夫。

范仲淹告诫他的两个侄子："莫纵乡亲来都下兴贩，自家且一向清心做官，莫营私利。"

乡亲们来东京做生意，范家侄子难免同商人乡亲打交道，结成或明或暗的利益链条。有良知的士大夫防范这一层。良知与远见共属一体。

赵宋国运好，一切都好。否则，一切都不好。

苏东坡为什么首重风俗和道德呢？把人放进风俗道德，好官好人就会占多数，素心人多于杂心人。把人放进复杂的利益链条，人就复杂，生出花花肠子来，见利忘义成气候，官场倾轧成常态。这个倾轧常态，也不过二三十年，当官的盘剥天下，大刮民脂民膏，民怨沸腾，国力陡降，被金人窥破，铁骑长驱直入，赵宋江山刹那间分崩离析。

三年，摧毁了一百六十余年。

目力长远者与鼠目寸光者的斗争，历史上从未断绝，有时候惊心动魄。

君子与小人的斗争是永久性的。

范仲淹《岳阳楼记》："先天下之忧而忧，后天下之乐而乐。"

公元 960 年，赵宋立国。1046 年，五十八岁的范仲淹发出这一呼唤。时在赵宋立国八十六年以后。范仲淹的声音是历史性的，他道出了为官者的良知。

说和不说，迥然不同。说出来，写下来，用词语的力量去对付人性中不好的东西。从孔夫子到现在都是这样。

人的本性自私，逐利是本能。利他主义何以在北宋成风尚？答曰：士大夫的远见卓识，几个皇帝认同。义利的万年交锋，在一些历史时期呈现了道义占上风的好光景。

德政为什么万年不衰？回答是：德政因应于炎黄子孙的生活方式。

同堂而居，同窗而学，合耦而耕，联户而工，并市而商，乡里相招呼，有事要敲门，埋下华夏民族深不可测的利他种子。

仁义道德不是孔孟的发明，它的基础在民间，它是人际交往永恒的黏合剂。

两年前，笔者写《圣贤传》，思及这一层。

儿童受教育，德育永远摆在第一位。为什么？警惕自私自利蔓延开来。如果大家都变成乌眼鸡、"计算机"，那么，谁有好日子过？

利他的种子如何生根开花？眼下是个难题。墙上的"雷锋"需要转化成心中的"雷锋"。

百般呵护利他的种子，儿童期是重中之重。一定要减少溺爱，溺爱生自私。务必要防范社会的不良风气对校园的入侵！

儿童天然相处，利己的边界亮出来，利他的种子自动发芽。老师们、家长们再加以引导。哦，老师们、家长们，任重道远。

利他难，无私难，克己难，奉公难，知难而进吧。

私己之风不要刮成压倒性的长风，否则，家难为家，国难为国。

仁宗康定元年（1040），西夏国主李元昊，对延州（今陕西延安）大举进攻，宋军驰援的主力被围困于三川口，全军覆没。朝野震惊。这个李元昊，彻底打破了宋夏三十多年的和睦局面。

富弼尝言："自与（西夏）通好，略无猜情，门市不讥，商贩如织……"

李元昊的目标是："得中国土地，役中国人民，称中国位号，仿中国官属，任中国贤才，读中国书籍，用中国车服，行中国法令。"

这个党项族人的野心何其大，他一次又一次把战火烧到宋夏边境，烧杀抢，无所不用其极，抵达其兽性之畅。唐朝杂胡安禄山的二十万人马横扫中原，盖因"中原百年不识刀兵"。宋朝类似，区区西夏小国，地广而人稀，三分之二的国土是沙漠。生存条件的恶劣，使其一有机会就要马踏中原。

游牧民族相对单纯，形成合力比较容易，而唐、宋立国几代人以后，利益纠缠，矛盾重重，恩恩怨怨一堆乱麻，政治军事的发力，斥力与合力参半。北宋末年，立国仅十余年的女真金国，吃掉一百六十多年的大宋。汴京即将沦陷，城里的帝王将相还在扯皮。

春秋末年的孔夫子为什么罕言利？这个问题要深思。利字含刀，多一个利字，多一把刀。利欲滔滔，血浪滚滚。

重温陆游诗："利欲趋奔万火牛。"

宋军抵抗西夏的野蛮入侵，范仲淹和韩琦是临危受命的主帅。范主张积极防御，韩要主动出击。宋军三十多万人马，数量占优势。但李元昊的军队士气正旺，宋军要破贼，当徐图之。范仲淹纵马到前线，"修完诸栅，训齐六将，相山川，利器械，为将来之大计"。又先后加固战略要地青涧城（今陕西青涧）、大顺城。他还派一支劲旅深入西夏境，攻破白豹城，破其四十一族帐，俘获人马甚巨。李元昊闻之而惊异。

西北前线的大宋子民饱受战争的创伤，范仲淹巡视诸城池数百里，挥泪对百姓。他上书宰相晏殊："戎马之后，原野萧条。"他凄然落笔："秋霖弗止，禾穗未收，斯民之心，在忧如割。"

他写下宋词中的边塞绝唱《渔家傲·秋思》："塞下秋来风景异，衡阳雁去无留意。四面边声连角起，千嶂里，长烟落日孤城闭。　　浊酒一杯家万里，燕然未勒归无计。羌管悠悠霜满地，人不寐，将军白发征夫泪。"

这是在康定元年（1040）秋，范仲淹将军五十二岁。

韩琦却让宋军主动出击，屡战屡败。范仲淹叫苦不迭。

李元昊发狂言："亲临渭水，直据长安。"

西夏军打到了渭州（今甘肃平凉一带）城下，沿线"屠掠居民"六七百里。关中震骇，朝廷紧急调整对敌方针，积极防御，而不是贸然进攻。范仲淹提出"渐复横山，以断贼臂，不数年间，可期平定"的长远目标。

此后，李元昊在西线战场上的攻势受挫。

民谣称："军中有一韩，西贼闻之心骨寒；军中有一范，西贼闻之惊破胆。"

南宋时，陆游呈《上殿札子》："范仲淹气压灵夏，故西讨而元昊款伏。"

君子文韬武略，君子气吞山河。

西夏与契丹辽国又交恶，李元昊的嚣张气焰终于熄灭了。

范仲淹将军威震西夏。

庆历三年（1043），范仲淹还京，担任枢密院副使。次年，担任陕西、河东宣抚使，在今之山西和陕西境内大规模整饬武备，一面应西夏的请求谈判和平条约，一面做战争准备，"以和好为权宜，以战守为实务"。这是朝廷对西夏战略的关键性转变，此后四十多年，宋夏不复有大战。神宗上台后总想打仗，大军主动进攻西夏，败得很惨，损兵六十万。宣和七年（1125 年），宋徽宗联金攻辽，结果被小小的金国掉头吃掉，北宋亡。蛇吞象成事实。

北宋一百多年间的几次主动进攻，均以失败而告终。范仲淹等人的积极防御的军事智慧，未能延续五十年，阻止雄心勃勃的神宗皇帝。

庆历新政是一件历史大事，是赵宋王朝在立国八十年以后的一次自我更新。北宋的"四冗"问题，冗官、冗兵、冗费、冗宗，有愈演愈烈之势。既得利益集团牢牢守护着既得利益。汉如此，唐如此，宋也不例外。不过，宋较之汉唐，士大夫的力量要强得多，敢于讲真话的朝堂君子层出不穷。

欧阳修："开口揽时事，论议争煌煌。"

朱熹："自范文正以来已有好议论。"

叶适："欧阳氏为本朝议论之宗。"

苏轼《上神宗皇帝书》讲得更透彻："历观秦汉以及五代，谏诤而死，盖数百人。而自建隆（赵宋开国年号）以来，未尝罪一言者，纵有薄责，旋即超升。许以风闻，而无官长。风采所系，不问尊卑，言及乘舆，则天子改容；事关廊庙，则宰相待罪。……台谏固未必皆贤，所言亦未必皆是，然须养其锐气而借之重权者，岂徒然哉！将以折奸臣之萌，而救内重之弊也。"

苏轼讲这番话时三十九岁。两上皇帝书，加起来八千多字。翻成白话文，不少于两万字。

宋仁宗庆历三年（1043），吕夷简病了，权臣夏竦垮了。范仲淹的恩师晏殊出任首相兼枢密使，这是新政发起的人事背景。另一个军事兼政治背景是：自庆历年初以来的宋夏战争，宋军屡战屡败，朝廷急于反思，言官们趁机进言。欧阳修、余靖、蔡襄、王素，这四个人相继出任谏官，汴京人戏之曰"一棚鹘"，意谓他们像鹰隼一般瞄准朝廷的弊端。

参知政事（副相）范仲淹上《答手诏陈十事疏》，拉开新政的大幕："我国家革五代之乱，富有四海，垂八十年。纲纪制度，日削月侵。官壅于下，民困于外。夷狄骄盛，寇盗横炽，不可不更张以救之。然则欲正其末，必结其本；欲清其流，必澄其源。"

这是庆历新政的宣言书。

赵宋王朝八十余年，富有四海，但问题多，而且严重。严重的问题需要重视，尤其需要皇帝重视。战争打醒了仁宗，逼迫他不得不擦亮眼睛。

宰相、副宰相和言官们把国家的问题亮给仁宗看。范仲淹《答手诏条陈十事疏》所陈十事为：（1）明黜陟；（2）抑侥幸；（3）精贡举；（4）择官长；（5）均公田；（6）厚农桑；（7）修武备；（8）减徭役；（9）覃恩信；（10）重命令。

钱穆《国史大纲》说，前五项为澄清吏治，后三项为富民强兵，末二项为赏罚分明。换言之，主要的问题在于吏治，新政要拿官僚开刀。冗官多了，官风坏了，贫富悬殊大了，社会就出现整体崩盘的趋势。十条新政，每一条都有具体的措施，对士农工商形成自赵宋开国以来最强的冲击波。

"得士者昌，失士者亡"，这是范仲淹提纲挈领的大思路，一切以得士为出发点。得好官，就得去掉坏官、庸官、冗官，而官与官已经形成的利益链条如何拆解？官壅，民困，兵弱，外敌入侵，内忧外患的局面如何应对？

利益链条上，不讲君子与小人。北宋君子的代表范仲淹，要对抗这个错综复杂的链条，让官场生态重归义高于利的局面。从孔孟到唐宋，义高于利始终是士大夫奋斗的方向。唐宋有过一些好光景，表明理想并不是不可企及。宋代在打破利益固化、阶层固化方面，明显好于唐代，但是，历经了几代人之后，"四冗"问题凸显，在仁宗朝愈演愈烈。冗兵耗费国家财政的大半，朱熹说："财用不足，皆起于养兵。十分，八分是养兵，其他用度，止在二分之中。"

司马光说："方今国用所以不足者，在于用途太奢，赏赐不节，宗室繁多，官职冗滥，军旅不精。"

概言之："享国"的官员多起来，百姓就穷下去，国力就衰退，国运就难保长久。

"抑侥幸"拿冗官开刀。"侥幸"即恩荫制度，是权贵之家永安富贵的一种特殊待遇。恩荫，指高级官员可举荐子孙、亲戚、门人不试而官，宋初"只及子孙，他亲无顾"，真宗朝渐渐扩大恩荫的范围。范仲淹请求限制恩荫的范围和人数，并且，恩荫的子弟也要考试，吊儿郎当的年轻人决不能进官府。

《百官图》针对的是官员，这一次针对的是官员的子孙、亲戚。

范仲淹毫无私心。一切为了国家，所以，"君子坦荡荡"。

仁宗下《任子诏》，准其所请。一时朝野大哗，文臣不乏切齿骂娘的，武将威胁要砸烂范家门。小人成群结队，小人气势汹汹。小人的后台紧急串门……

一般说来，小人之为小人，就在于嗅觉灵敏：能闻到任何涉及他的利益的气味。

君子争原则，而小人一味争利。一味争利就会不择手段。

争利不择手段，会导致什么结果呢？

君子与小人的激烈斗争中，阵营发生了变化。

庆历新政的鼓吹者余靖倒戈，上疏请罢《任子诏》。

开封府尹包拯上《请依旧考试奏荫子弟奏》反驳余靖："自（任子）敕下之后，天下士大夫之子弟莫不靡然向风，笃于学问，诏书所谓'非唯为国造士，是乃为臣立家'，实诲人育材之本也。近闻有臣僚上言，欲议罢去，是未之熟思耳。且国家推恩之典，其弊尤甚，因循日久，训择未精……"

双方唇枪舌剑，谁的背后人更多呢？可惜不是包拯。

皇帝听谁的？听人多的。皇帝再下诏，罢《任子诏》。

范仲淹仰天长叹。

一些官员喜形于色，奔走相告，额手称庆。

仁宗并不是站在小人一边。政治讲究势。再者，反对《任子诏》的各级官员中，大多数人是好的。

范仲淹去找欧阳修、包拯。君子去找君子，慷慨激昂之后，复归于叹息。

天子改诏书，奈何奈何。"抽刀断水水更流，举杯浇愁愁更愁。"

范仲淹担心官员们的反扑会导致更糟糕的局面：恩荫面还会扩大。

忧啊。君子居庙堂，如何不忧？君子身处风口浪尖，如何不忧？

　　　　　　　　　　　　　　　　　　　大宋十君子

"先天下之忧而忧"，这句名言很沉重。

不过，《任子诏》这件事没完。早着呢。像"十事疏"中所讲的大多数新政一样，抑侥幸，在仁宗后期得到了补充和完善。仁宗皇帝的风格是徐徐图之，慢慢改良。利益的藩篱要有步骤地拆除。

后来宋神宗、王安石熙宁变法，由于操之过急，终于导致政治、军事、民生的多重失败。

庆历新政中的"均公田"，为中下层官吏考虑利益，也惹了上层官僚。"减徭役"，减轻百姓负担，大大小小的官府都不高兴，因为触动了官吏的利益。"精贡举"则得罪许多寒窗苦读的士子。总之，八十多年的利益格局不动不行，动也艰难。

君子之争，也不可能完全排除利益的考量，于是，形势变得更复杂。

范、欧、韩等大臣，"常欲分君子与小人"，这是源于孔孟之道。但谁是君子谁是小人呢？谁是半君子谁是半小人呢？常常是一笔糊涂账。

小人自称君子，小人不会自称小人。

君子有所不为。小人为所欲为，肆意释放病毒的能量，病毒又加上伪装。

司马光《资治通鉴》有一段话堪称透彻："君子小人之不相容，犹冰炭之不可同器而处也，故君子得位则斥小人，小人得势则排君子，此自然之理也。然君子进贤、退不肖，其处心也公，其指事也实；小人誉其所好，毁其所恶，其处心也私，其指事也诬。公且实者，谓之正直；私且诬者，谓之朋党，在人主所以辨之耳。是以明主在上，度德而叙位，量能而授官；有功者赏，有罪者罚；奸不能惑，佞不能移。夫如是，则朋党何自而生哉！……故朝廷有朋党，则人主当自咎，而不当以咎群臣也！"

司马光、王安石、苏东坡，都是欧阳修的后辈。

庆历新政看上去失败了，范仲淹、韩琦、富弼、欧阳修等骨干人物被贬出京师，从中央大员变为地方大员，依然位高而权重。一些新政在州县得以悄然实施。一大批优秀的士大夫活跃于朝廷和地方，这是仁宗朝留给后世的宝贵的政治遗产。

大面积触动官僚体制和官员利益，历来不大行得通。范仲淹凭着一腔热血与真知灼见，把自己推向历史长河的风口浪尖。剪不断理还乱的利益格局，以深不可测的斥力把他边缘化，也使他作为士大夫的杰出代表亮出水面。

《岳阳楼记》："庆历四年春，滕子京谪守巴陵郡，越明年，政通人和……"

谪守，谪知（某州），是仁宗朝的常用语。神宗后期，把大臣贬到蛮荒之地就比较常见了。到哲宗亲政，更是把忠心耿耿的大臣们置之死地而后快。到徽宗朝，"矜小智"的痞子皇帝与恶棍宰相蔡京等辈联手，奢侈不休，终于绝望狂奔，反噬自身，摧毁了北宋王朝。

范仲淹、司马光、苏东坡，三代士大夫泉下有知，不知作何感慨。

"居庙堂之高则忧其民，处江湖之远则忧其君。是进亦忧，退亦忧，然则何时而乐耶？"接下来的两句，千余年来家喻户晓。词语的力量远未断绝。

范公名言："不以己欲为欲，而以众心为心。"

范公名言："不以物喜，不以己悲。"

黄庭坚说："此文正公饮食起居之间，先行之，而后载于言者也。"

知行合一的高风亮节不是说故事。当世风日坏，范仲淹的形象会显得孤单。而世风向好，范仲淹做的事、讲的话，又进入人们的日常语境。

历史有循环，但圣贤不会退场，君子不会缺席。任何一个国家都需要对先贤的持久仰望，对君子风范的追怀与认同。自断根系就是自掘坟墓。

庆历五年（1045），范仲淹出知邓州，在邓州待了三年。为政，写诗，喝酒，养生，漫游，下围棋，弹古琴，逗幼子，欣赏官妓们的歌舞。三个儿子，范纯粹、范纯仁、范纯佑，长大后皆有出息。纯佑生在邓州，母亲张氏时年二十五岁，范仲淹五十八岁。张氏原是范家侍女，在几个侍婢当中应该是比较慧丽的，她活了七十多岁。范仲淹的原配李夫人去世早，继娶的聂夫人也未能长寿。

古代官宦人家的子女，平均寿命有限，庶民家庭的平均寿命可能更低。

范仲淹在邓州过得很享受。范诗《琴酒》："弦上万古意，樽中千日醇。清心向流水，醉貌发阳春。"

三十年后，黄庭坚写诗追忆范公："公有一杯酒，与人同醉醒。遗民能记忆，欲语涕飘零。"

范公在邓州为百姓造百花洲，荡舟于花深处，"红雾湿人衣"。当地人回忆他的风采，诉说他的音容笑貌。见过他的人都想念他，有些人说起他要掉眼泪。

范公书法的代表作《伯夷颂》《道服赞》，黄庭坚赞曰："至其小楷，笔精而瘦劲，自得古法，未易言也。"杜甫瘦，王安石瘦，他们的书法也是瘦劲。苏东坡稍胖，字如墨猪，"绵中带骨"。可以猜想范仲淹的体型偏瘦劲，他的肠胃不大好，与早年艰苦有关。

他注意养生、养气，劝韩琦读《素问》，说："宜少服药，专于惜气养和，此大概养生之说也。道书云：'积气成真。'是也。"

范仲淹练气功也曾练偏，伤了身子。

范家近七十口，三代同堂在一个宅院，难免生口角。范仲淹有书信云："千古圣贤，不能免生死，不能管后事，一身从无中来，却归无中去。谁是亲疏？谁能主宰？既无奈何，即放心逍遥，任委来往。如此断了，既心气渐顺，五脏亦和，药方有效，食方有味也。"

这段养生文字，今日书法家们不妨写了送人。

君子的日常生活，为什么赏心乐事多？因为短暂者自知短暂，短暂者又操心深广，又情趣多多，又不以物喜、不以己悲。通身分布的兴奋点，几百年消耗不完。一首诗，一盘棋，几杯酒。一群好朋友、素心朋友，每天见到的人是想见的人，说的话都是想说的话，"闲暇则相思，相思则披衣"。

范仲淹是地方长官，部属向他露出好的一面。

居庙堂则不然，杂心人扑面而来。小人冒充的君子比比皆是。

张氏小范仲淹三十二岁，老夫少妻（妾）的格局，唐宋常见。王朝云小苏东坡二十七岁，生一子曰苏遁，苏为王写诗填词十几首。范的三位夫人，似乎与他的文学创作无关。士大夫囿于礼教，写母亲和夫人的诗篇甚少，苏轼的诗笔，也不写他亲身感受的伟大的母爱。

范仲淹存词有限，龙渝生《唐宋名家词选》选他三首，头一首《苏幕遮》："碧云天，黄叶地，秋色连波，波上寒烟翠。山映斜阳天接水，芳草无情，更在斜阳外。　　黯乡魂，追旅思，夜夜除非，好梦留人睡。明月楼高休独倚，酒入愁肠，化作相思泪。"

　　　　　　　　　　　　　　　　　　　　　　　大宋十君子

相思泪抛向谁？不得而知。

范仲淹到过数以百计的州、军、县，陆路水路几十万里，羁旅之思饱满。对世界的惊奇没完没了，对自然界的感受细腻深刻。这种惊奇与感受更多地属于古人，相应的诗、词、书、画也成了不可再生的"资源"。书法和水墨画超越古人，几无可能。

范词《御街行》："纷纷坠叶飘香砌，夜寂静，寒声碎。真珠帘卷玉楼空，天淡银河垂地。年年今夜，月华如练，长是人千里。　　愁肠已断无由醉，酒未到，先成泪。残灯明灭枕头欹，谙尽孤眠滋味。都来此事，眉间心上，无计相回避。"

政治家形象之外的个体情绪，读来别有滋味。玉楼空，伊人无处觅，唯见银河垂地。范仲淹思念谁呢？

"酒入愁肠，化作相思泪。"恋爱中男人的明月夜，残灯孤枕无眠。

范仲淹迁杭州，复迁青州，几年间车马辗转，从南方到北方，照例是美政之余享受着朴素的生活。青州人苦于支移，范仲淹废除了支移苛政。支移是官府命百姓把税粮运往指定地点缴纳，而人力物力和长途耗损均由百姓承担。杭州大水患，范仲淹首创以工代赈，救济十万灾民。

"一个人做一点好事并不难，难的是一辈子做好事，不做坏事。"

仁宗皇祐四年（1052），范仲淹移知颍州（今安徽阜阳），扶病启程，行至徐州不起。五月二十日，范公病逝于徐州。他生前不治家产，全家七十多口只能权居官舍守丧。

临终前，范公向朝廷上《遗表》，没有一个字说到家事。四十多年以后，司马光去世，弥留时神志不清，含含糊糊说了几天，都是国事。再十余年，苏东坡病逝于常州。生命中最后的时光，他还拖着垂死之躯，跪拜黄荃画的龙王图，为久旱的常州祈雨。

君子与君子在历史长河中接力。

从范公诞辰到苏公之死（989—1101），一百多年间，几代士大夫为国运长久而殚精竭虑，而呕心沥血，而犯颜直谏，而赴汤蹈火，而死不瞑目。

"路漫漫其修远兮，吾将上下而求索。"

朱熹盛赞范公："本朝第一流人物。"

北宋、南宋三百多年，范仲淹乃是最大的君子符号。

本书列范仲淹为篇首，以示高山仰止之情。

2020 年 7 月再改于眉山之忘言斋

寇准：宁折不弯

宋太宗赵光义曾言："朕得寇准，犹文皇之得魏徵也。"

唐代名相魏徵直言敢谏，成就佳话，留名青史。而三百多年后的建隆二年（961），寇准诞生，他也将成为一代名相。

寇准出生于秦川渭河北面的下邽小城（今陕西渭南）。这个小城也是白居易的故乡。至今此地将白香山、张仁愿、寇准并称为渭南三贤。张仁愿，武则天时期的名将，文武全才，作风正派。

寇准家境十分贫困，一家人栖身在村中的天王庙里。父亲寇湘虽在五代后晋时期中过进士，做过记事参军（相当于小秘书），可后晋灭亡，他便回了下邽乡下。战争的连绵和频繁，再加上连年天灾，寇家生活日益艰难。煎熬中，教育儿子成了寇湘的精神寄托。

"吾家嗣儒业，奕世盛冠裳。桂籍冠伦辈，天下知声光。"寇准出仕后的诗句中，就写到对自己能继承父亲的儒家学业深感满足和自豪，哪怕家贫，连像样一点的衣裳、帽子都没有，也无所谓。

精神满足了，内心充实了，谁还在乎身外之物。

可惜父亲去世得早，未能见到他培养的儿子考取功名。

太平兴国五年（980），十九岁的寇准辞别母亲赵氏，踌躇满志地赴京参加科举考试。

"清风如可托，终共白云飞。"这是他的少年诗句。

"少年心事可拿云。"那年，寇准高中进士。

与其同榜的进士还有李沆、王旦等，他们也是宋王朝建立初期的贤能之士。

当时，宋太宗为选拔治国安邦的栋梁之材，总要亲自把关，进行殿试，之后再录用进士。太宗不喜欢年龄小的考生，认为他们嘴上无毛，办事不牢。寇准正是这批同科进士中最年轻的，大家为他担忧。李沆和王旦友善地劝说寇准，殿试上报年龄时可以多报上几岁，以免落选。

二人的建议很是诚恳，甚至还将殿试的情形演练了一番，揣度圣上的语言，教寇准如何如何应答。寇准见二人模仿得认真，也显滑稽，不由哈哈大笑，起身，连连摆手。他向李沆二人抱拳道："准方进取，可欺君邪？"

太宗召见寇准。同科进士侧立殿外，看着昂首阔步走向大殿的寇准，都替他捏了把汗。

果然，太宗看见正步入御前的寇准，步履有力，身材挺直，面庞光洁……咦，居然下巴无一点胡须，心想："哪来的愣头青？"

太宗沉下脸来，拉长了声音问："你几岁啦？"

寇准虽有心理准备，也不由因这冷冰冰的突兀声音而怔了一下，旋即立定，理了理靓蓝色的衣衫，对着声音传来的前方行了跪拜礼，直身，道："回禀陛下，我今年十九岁。"

十九岁，太嫩了。

太宗抬眉扫了扫眼前之人，说："朕开科取士，是要选拔治理天下的官员。你年龄如此小，能知道治国安民的道理吗？"

寇准："做官，最重要的在于廉洁奉公，为主安民。"

他从容镇定，不卑不亢地继续说："陛下，眼前国家刚刚安定下来，当务之急是让天下百姓安居乐业，如此，国家方可安定强盛。为官者不就是要宣扬与落实陛下的政治措施吗？天子万年，安家定邦，黎民安乐，陛下无忧。这难道不是为官者的职责吗？若既能为陛下分忧，又能为百姓谋生，这难道不是评判好官的标准？为何陛下要依据年龄大小来定夺呢？"

寇准头也没抬，一吐而快。

接着，寇准又说道："陛下，史书上记载，当年率军击败匈奴，将他们驱逐至祁连山的将军霍去病，正十八岁；写出《滕王阁序》的王勃，当时也不过十五岁。才能的高低怎么能凭年龄的大小去衡量呢？同科取士，榜上有名，难道不是陛下选取有才能之士的初衷吗？"

寇准一口气说完，眼神不乱。

太宗已起身走下陛阶，迈步过来，打量寇准。

皇帝心想："此系何方考生？竟然有这番谈吐。"

但见寇准神色自若，目光坚定。太宗捋着胡须，面呈喜悦之色："这个后生刚直敢言，好！年纪轻轻就能金榜题名，此番见地也不俗，可堪大用。"

诚者，物之始终。不诚无物，是故君子诚之为贵。

殿试后，太宗破格授寇准大理评事衔，派他到归州巴东县磨勘。

归州巴东，湖北靠四川的一个小县。当年宋太祖派兵进川灭蜀，部将曾在此地肆意屠城，欺压百姓，导致此地现在虽然归属宋王朝管辖，但地方与中央的矛盾仍未得到有效缓和。寇准此时到任，不得不说是一次考验。

君子但尽人事，不计天命，而天命即在人事之中。

年仅十九岁的寇准，远离家乡，奉命来到西南山区长江边上的小县。

如何迈出自己"济天下"的第一步？

出生寒门的寇准，到了巴东，他不着官服，常一身粗布衣褂出现在田间地头，与百姓交谈，实地考察情况。通过明察暗访，寇准了解到很多问题：这儿过去的官吏勾结地方大户营私舞弊，乱派差役，鱼肉百姓。权势与金钱在这里大行其道，百姓苦不堪言，对官吏积怨已久。

寇准掌握情况后，首先革除乱派差役的弊端。

他在县衙门前张榜，按各乡劳动力情况，分派全年差役。提前计划、安排公平合理，既不误农时，还能使百姓安心服役。

接着，他又放出告牌，百姓可自由进出县衙诉苦。但凡有人阻拦或要挟勒索，一律先杖责一百棍，再据情节定罪。

此告牌一出，百姓议论纷纷。大多呈观望状态。

"人胆小于壶，揣想无限极。"

终于，正在寇准锁眉面对一摞摞疑问重重的案卷，琢磨着如何让当事人站出来说出实情时，门外传来"咚咚咚"的堂鼓声。

寇准正了正衣冠，大踏步出堂。

未到前厅，就见县丞刘美正在拖拽一个十几岁的孩子。那孩子双手死抱着门柱，大喊着冤枉。寇准见状，快步向前，大喝一声："刘大人，住手！"

刘美听得声音，抬起头，一脸慌张。

小孩趁势挣脱，扑跪到寇准面前："大人，小的有冤。我的姐姐被刘林抢走，我爹爹到县衙告状，反被说偷了刘林十贯铜钱，官府就把我爹爹关押了。"

一旁的刘美打断小孩，说："寇大人，莫听小孩胡言。他爹爹是刘林家的佃户，素来刁赖。偷钱一案，前任县令调查清楚，已结案多月，案犯已发配归州为役。这厮今日又来胡闹，扰了大人清静。大人勿需担忧，待我撵了他去。"

言毕，伸手又去拖拉小孩。

小孩边挣扭边哭喊："你瞎说，那十贯钱是刘林抢我姐姐时，硬扔下的。我爹爹没有偷钱。你们当官的，都瞎说！"

寇准看着纠缠的二人，心下已明白八九分，此事定与刘美有瓜葛。自己初来乍到，人地两生，不可贸然行事。

于是，他命人将小孩看押到柴房，不得放出。小孩被一粗壮衙役如提小鸡似的拎着走了，只留下他哭喊的声音在庭院里回荡。

寇准瞅了瞅刘美，说："刘大人，此案既然已结，这小孩还来喊冤，想必是刘林处理欠妥，咱们得帮一帮。不知刘大人可否带路，我想会见一下此人。"

刘美拿眼看了看寇准，见他一脸平静，想是这寇准年轻好欺哄，便清清嗓子回话："大人，明日我们同去，如何？"

翌日，刘美陪同寇准前去刘林所在的乡村。

才至村口，便看见有不少人站立于道路两侧，路中间摆了三张大方桌，桌上糕点、茶水、酒肉俱全。接风宴。刘美从寇准身后蹿到他右侧，躬着身，满脸堆笑："大人，刘林听闻您要来，早早地带了村民在此迎接。"

刘美边说边伸了右手过来，拂了拂几根粘挂在寇准官服上的断草。

寇准走过去，只见有一个着米白锦缎衣衫，头顶着青蓝色幞头的胖子走出人群，双手作揖，口中唱喏：“寇大人，草民刘林有失远迎，失敬失敬。”

随即，此人又环顾四下，周边立侍的人便都向着寇准方向作揖。

这人笑眯了眼，伸手做了个请的动作，道：“大人，小的备有薄酒，请上座。”

寇准也不推让，坐到正位上，刘美也快步跟过来入座。刘林命手下斟酒，自己凑到寇准右侧。

寇准端起茶水，小啜了一口，发话：“刘林，本官有事问你，你可得据实而答。”

刘林愣了一下，斜眼看向刘美。刘美仍是笑嘻嘻，微微颔首：“别怕，寇大人和我们一伙的。”

刘林这才赶紧答：“大人，何事相问？

寇准突然提高嗓音，喝道：“刘林，从实招来，你抢来的王家女子在何处？”

刘林心下一怔：“这下可好，答还是不答？”他拿眼瞥向刘美，不想刘美也愣住了，两眼瞪得像铜铃，神情呆若木鸡。

单刀直入，出其不意，寇准这招，狠！

刘林：“什么王家姑娘？”

他横下心，死不认账：“大人，何故出此言吓唬草民呢？”

寇准一声冷笑：“刘林，你若不知情，那就请在场的大伙说说吧。”

话音未落，人群中已有人议论开来。看来这刘林平时欺压百姓，大家只是敢怒而不敢言。

刘林见状，心知已无回转的余地，只得承认被抢的王家女子已做了自己的小妾。

寇准将茶杯掷地，"啪"的一声震得刘林一哆嗦。

寇准喝道："来人，将刘林押回县衙候审！"

接风宴上，刘林被捉拿。刘美傻掉了。

寇准又立即差人前往归州领回王大。当日升堂审讯，衙门被围了个水泄不通。

案件十分清楚，王大被冤，女儿被抢，刘林仗势欺人，还串通县丞刘美诬告王大。

寇准当堂释放王大，拿出一百两银子救济，叫人到柴房带出其儿子。父子二人在官衙内相见，抱头大哭，叩谢寇准大人。

寇准让他们去刘林家领回女儿。刘林流放边关，其财产全部没入官库。县丞刘美贪赃枉法，重责百棍，革职除名。随即，他又让文书重拟案件，向吏部反映前任县令渎职的问题。

结果一出，百姓沸腾。衙门外的鸣冤鼓响了好些天。

寇准趁热打铁，接连处理了一些棘手的积案，打击了不少贪吏与刁民。

这叫君子不妄动，动必有道。

巴东风气为之改观，人民也安定下来。

寇准做县令的后期，竟能无人诉讼，实属难得。而寇准在自己的诗中也写道："讼庭终日静，琴鹤亦长闲。"

巴东至今留有记载："莱公（寇准）初及第，知归州巴东县，手植双柏于庭，至今民爱之，谓之莱公柏。"

巴东任上，寇准初露头角，受到巴东人民的拥戴。但他有更为远大的志向，就是要为国为民办更多更好的事。

君子仕不为己，职思其忧。君子任职则思利人。

三年任满，寇准因政绩显著而升任大名府成安军。成安军在现在的河北成安县，是北宋北部边境的重要军镇之一。

雍熙三年（986），寇准在成安军的政绩又引起朝廷的注目。二十五岁的寇准以殿中承职衔调入中央。中央任职期间，寇准尽职尽责，出色完成了各项公务，得到太宗的赏识与嘉奖，被迅速提拔为尚书虞部郎中，兼任吏部东铨，成为朝廷考核官吏的主事官员。

寇准年轻有为，被委以重任，整日忙于国事政务，居然一直没有私人宅第。一是无钱，二是无暇。他以妻子宋氏的娘家为家。

淳化元年（990），旱灾接洪灾，洪水刚去，蝗灾又至。一时间，山东山西、河南河北、四川陕西，赤地千里，饿殍满地。

面对严峻的自然灾害，太宗一方面过着悠闲奢靡的帝王生活，一方面又担忧民心不稳，他的统治难继续。毕竟他深知眼前的大宋江山是如何得来的。

作秀，也许就是宋太宗开创的。

他下令各地蠲除税租，救灾济民；再亲自手写了一份诏书："元元何罪！天谴如是，盖朕不德之所致也。卿等当于文德殿前筑一台，朕将暴露其上。三日不雨，卿等共焚朕以答天谴！"

老天呀，百姓有什么罪过？你竟这样惩罚，大概是我的过失惹怒了你吧。如果你不肯原谅我而继续大旱，那我情愿让大臣们一起将我焚烧，以此回应你的惩罚。言之凿凿。

大臣们不敢多言。金殿上，大家抿紧了嘴巴。祸从口出，利益便无着落。

太宗见众臣惊恐不语，板着脸问道："众卿，如果朕无罪，何故天谴三年不息呢？"

此时，参知政事（副宰相）王沔持笏上前，高声道："陛下，依臣看，水旱之灾，实属自然之态。若真要论罪，也是上天要惩治有罪的百姓，和陛下您的功德并无关系。"

言毕，他笑吟吟地抬头望向太宗。太宗捋着胡须，咧开了嘴角。

众臣见状也纷纷附和。朝堂之上一片祥和。

但是，有人讲话了："陛下，《洪范》云天人相应，必呈天相。此次水旱蝗三灾齐发，上扰京师，定是天怒，以此严重警告朝廷。"

声音铿锵有力。

众人循声环顾，这才看见排立于大臣最后的寇准。

太宗心想："这个寇准太敢说了。得，还是退朝吧，以免闹得不快。"

他旋即递了眼色，立侍左侧的太监心领神会，尖了嗓子喊道："退朝！"

"陛下，且慢！"

寇准疾步上前，朗声说道："天谴，是因为朝廷之上刑不平、法有私，陛下定当彻查。"

太宗本在大家的褒奖声中正得意，突然间闯出个不识相的，内心已恼，起身欲拂袖离去。却全然未料寇准快步上来，一把拉住龙袍的一角，继续说："陛下，难道您不希望想您的贤明之德延续百年？"

太宗进退不得，只好面带愠色坐回龙椅，闷声说："寇爱卿请直言。"

寇准这才放下皇帝的衣角，退到陛阶下。

他正了正官服，持笏向太宗行了跪拜礼。立正后，神色自如道："陛下，此事须当面对质才行。请陛下把中书省与枢密院的大臣宣来，微臣就可以直言不讳。"

未几，太宗就把相关人员召进宫来，他瞪着双眼，微鼓着腮帮子，瞅着如松站立于前的寇准：朕倒要瞅瞅你要闹个啥样？

见人差不多齐整了，寇准便道："不久前，御史祖吉和盐铁判官王淮都因违法接受贿赂而被治罪。但，贪赃少的祖吉被处死，家产全部充公；而侵盗财产上千万的王淮，却只挨了顿板子，外放做官去了。同为贿赂，数额大者不治重罪，此不为量刑不公，执法有私吗？"

寇准故意停顿，拿眼逡巡四周。身体如山，影也不晃动。

太宗听得心惊，暗自忖度："这有名有姓，事实清楚，定是他查实过的。"

寇准清了清嗓子，接着说："只因那王淮是当今参知政事王沔的胞弟，陛下应清楚是何故了吧？"

太宗甚是惊讶。这王沔平常在御前做事乖巧，怎会如此不知好歹？

王沔听完寇准的话，心下也是十分惶恐，这厮何时将此事掌握得如此确切？这下见了皇上转向自己，心里咯噔一下，扑通跪在地上。

太宗见此，心中更是了然，脸上腾起怒色。

王沔伏地，头如捣蒜，口中念叨着："陛下饶命，陛下饶命！臣不该袒护胞弟，臣对不起陛下隆恩。陛下，还望念在臣一向忠心不二、为国为民的份上，饶恕臣吧。"

王沔伏地，哭诉得双肩不停颤动。

众朝臣你看我我看你，都把头低了下去，不敢作声。

唯有寇准高大的背影像镇妖宝塔般矗立在大殿中间。

太宗一脸铁青，这王沔不哭诉还好，这一哭倒是把利用职权包庇弟弟王淮的事实招了个底朝天。太宗气得发黑的嘴唇不停颤动着，半天挤出一个词："罢免。"

平时"聪察敏辩"的王沔，甚得太宗欢喜。如今丢的倒是皇家的颜面，皇帝如何不恼？！

王沔被罢免，不久，宰相吕蒙正、枢密使王显也相继被免职。太宗朝，一时地动山摇。

市井议论纷纷："二十九岁的寇准厉害，进中央政府仅被封了个吏部东铨的小官，竟然斗倒了参知政事，斗倒了宰相！"

"步武亲玉陛，献纳肩忠良。"

小官斗大官，这在宋朝并不少见。相对开明的政治，为宋代文人争相入仕打下了一个良好的基础。

牛犊敢搏虎，太宗牢记住了寇准。

淳化二年（991），寇准被任命为枢密副使（主管全国军事事务的主要官员）。同时被委以此重任的还有温仲舒，他比寇准中第早了三年。二人性子相投，又当朝同进，时人谓之"温寇"。

淳化四年（993）春，寇准与温仲舒并马踏青。二人行至汴河桥边，望着熙熙攘攘的来往人群，相谈甚欢。

突然，从左侧人群中挤出一个高大男子，扑通一声端跪寇准马前。眼疾手快的寇准勒马停住，正欲问话。却不想那高大男子竟边磕头边高呼："寇相，万岁，万岁！"

男子声音如洪钟，震得汴河上顿时安静。大家伸头过来，脸上全是诧异。

"寇相，万岁，万万岁！"男子伏于寇准马前，丝毫不嫌事大，还提高了嗓门吆喝起来。

"住口，你为何人，为何拦于马前？"

温仲舒看了看颇有些惊愕的寇准，转过脸喝道。

来人并不答话，又呼了几声响彻汴河上下的"万岁"，便遁入人群，跑了。

温仲舒急忙差人去拿。寇准拦住他："罢了，随他去吧。这情形想必是不会让人捉住细问的。"

攒动的人群渐渐散去，此中有一位朝廷武将王宾。这是一位好事者，散去后，他并未回家，而是策马来到枢密使张逊府上。

王宾添油加醋将汴河桥上高呼寇准万岁一事，说与张逊听。

其实此事，正是张逊所为。不过他个人想不出这样的计谋，背后有高人指点。

张逊是温寇二人的上级，但在许多问题上，寇准与其观点不一致。

小官不服大官，大官气得吹胡须瞪眼睛。

寇准性子倔，认准的事毫不退让，枢密院议事厅内常常针尖对麦芒。寇准才学高，能说会道，又加上身量高大，声音洪亮。争论几回，张逊就输了几回，弄得张逊在枢密院很没有面子。更为重要的是：张逊得知寇准正在搜集京城官员收受贿赂、买卖官职的证据。此举牵连甚广。自己当年为了上位而做的那些事，恐怕也是落入了寇准的案宗。寇准若将人证物证找齐，那自己不就要人头落地了？！张逊想得后背发凉：不行，得先下手为强。

仇恨的种子就这样种下。

高人设计，张逊行动，差人上演了汴河桥上高呼"万岁"的戏。

张逊又唆使王宾向太宗告发，告寇准有不臣之心，谋逆之罪。

此招甚狠，谋逆罪若成，不单是问斩杀头，还要诛灭九族。小人的心思十分狠毒。

太宗听王宾密告，心中不悦，派人寻访证人。这事起于闹市，闻者众多。太宗大怒，欲问罪寇准，幸而有温仲舒作证，寇准才得以获免。

寇准历经此事，知道不少京城高官想方设法要去掉他。

个人安危不值忧惧。身正不怕影斜。

"兴废由人事，山川空地形。"

不久，寇准将搜整的京城官员违法乱纪的证据，送到太宗面前。其中就有张逊。

太宗看着寇准递上来的一堆卷宗，眉头紧锁，既而怒不可遏地差人唤了张逊来，让寇张二人大殿对质。

张逊到后，直呼冤枉，信誓旦旦地指天为证，绝无寇准所指之举。同时，他跳到寇准面前，虽然身量矮了半截，但他的脚力不错，踮起脚，再伸长脖子，尽力在身形上创造优势。

太宗见此情形，哭笑不得。

寇准瞅着在自己面前张牙舞爪，脸红筋涨的张逊，斗志瞬间被点爆，丝毫不避让地迎向鼻尖下那张扭曲变形的脸，大声喝道："张逊，你向陛下言明，你曾夜送百两黄金前往宰相府，是为何故？你扩建官邸，账目中有一千三百两银子的去向不明，钱花去了何处？你私建府邸，所用资金巨大，你的俸禄如何支撑？你在汴河边建有私人宅院三所，蓄养侍妾、随从达五十多人，此费用又自何出？……"

张逊听得心惊，这厮何时将我老底查得如此之清？

太宗也听得怒目圆睁，天子脚下，这胆子也忒大。

张逊心虚，但声音更盛："你胡说，证据何在？"

寇准当前只有物证，还差有力的人证，便想请得圣旨再进行彻查。

太宗由最初看热闹到现在的不胜其烦，脸色也渐黑如乌云密布。在场大臣，面面相觑，这浑水不趟为好：张逊虽浑，但还算好相处；这寇准，就是个马蜂窝，不论是谁，他想炸就炸，逮谁蜇谁。

各自噤声，静观其变。

大殿之上，自己的大臣闹成这样，太宗脸上也有些挂不住。看着互不相让、争吵不休的寇与张，环视了一下噤若寒蝉的众臣，他呵斥道："你二人同为朝廷命官，却在大堂之上如此争闹，成何体统！张逊违法，寇准你却无实证，便在大殿上轻率直言，是为对朕不敬不慎。好，二人皆免职，即日寇准起程青州任知府，张逊左降右领军卫将军。"

寇准出京到青州后，太宗后悔了。他处理政务，遇到棘手之事，与众臣商议无果时，便会想到寇准。他有意召其回京，却遭当时复任宰相吕蒙正的阻挠。

吕蒙正史上称之为贤相，重德才。为何会阻挠寇准回京呢？

"虽有直言之风，而少包荒之量"，寇准太过刚直，搅得官场不得安宁，不利于和谐。这是吕蒙正对寇准的看法。

淳化五年（994），北宋出现了前所未有的危机局面：灾年先引发王小波、李顺领导的农民起义，后西夏又拥兵来犯。内外交困中，而太宗年事已高，腿疾加重，处理政事力不从心。他便又想起了刚正无私、年轻有决断的寇准。

于是，时年三十三岁的寇准应召回京，当上了参知政事。

年轻的寇准决心大展拳脚，实现自己的政治主张。"赴义忘白刃，奋节凌秋霜。薄才难变俗，贱节唯勤王。"

他变俗革新。皇帝立储，寇准主张"立贤不立长"；官吏升迁，寇准更是打破论资排辈的旧例，主张"进贤退不肖"。寇准大胆擢用人才。品端学粹、尽忠职守的人才得以快速提拔，不称职的无能之辈被降职罢免，一时树敌不少，大臣们常在太宗面前争论不休。太宗觉得朝堂之上的激烈争辩，有失执政者的体面。至道二年（996），又免去寇准参知政事的职务，外放邓州任职。

至道三年（997），太宗归天，真宗即位，寇准被召回汴京任工部尚书。可回京不久，又因与当朝官员不睦，被调出汴京。

为国为民，是寇准坚守的初心。

不能折中，玩不了睁只眼闭只眼的游戏，官场就不好待。

仕途多磨折，寇准内心凄凉，外出赴任路上写下"年来多病辜春醉，惆怅河桥酒旆风"的诗句。

寇准此番就任同州，毗邻家乡。

"返照明秋垒，孤村接暮涛。还如丁令至，故里满蓬蒿。""荒村生断霭，深树语流莺。"家乡还是荒灾年后的破败凄凉样，怎不让寇准感伤。

一到任上，他立即投身政务。父老乡亲十分感激，常有乡亲到同州看望寇准。

一日，寇准刚领了月俸，因在案几上忙事，便将银两置于案几上。正巧同乡老妈妈前来探望。一进厅堂，看见寇准身着官服，高大荣耀，而桌几上还放了不少银两，叹了口气，道："老太太果真不值呀！她等不及看到你的今天啊，可怜她西去时，连件好一点的寿衣都买不起。"话毕，失声痛哭。

寇准急忙上前，扶了老妈妈厅内坐下，这才不禁悲伤起来。老妈妈口中的老太太即寇准的母亲，一生穷困节约。

寇准受母亲影响，向来不重享受。此番言语，又让他自觉愧对亡母，也跟着痛哭。

此后，他生活上更为简朴。据说他的蚊帐，用了二十年都不曾换，破了就叫人缝补，然后继续用。他为官四十年，三度拜相，两居枢院，却连自己的私人宅第都不曾营建，被人唤作"无第宰相"。史书也记载他"终身不蓄财产。后虽出入将相，所得俸禄，唯务施予"。

景德元年（1004），辽政权皇帝亲率二十万大军南下侵宋。边关将士无法抵挡凶悍善战的辽兵，节节败退。边关告急文书如雪片般飞入京城，北宋朝廷内外一片震惊慌乱。

此时继位的皇帝是宋真宗，他年轻，自幼居深宫，此等局面不曾见过。见众臣子束手无策，他内心也深感惶恐。

如何安稳江山？

真宗急召他敬重的老师毕士安进宫商议。

毕士安已年迈，他拄杖踏入皇宫，小碎步赶去见皇帝，身体颤颤巍巍，几欲摔倒。陪同太监几次出手相扶，都被毕士安的拐杖挡了回去："不用，老夫还走得稳。"

毕士安"端方沉雅，有清识，善谈吐，所至以严正称"。他是力主抵抗辽军的大臣。

真宗见到老师，起身扶他坐下，道："老师，我想让您当宰相已非一天两天了。可如今国家多难，您看看谁能和您一块儿执掌相位？"

毕士安坐着，边缓气边听，然后凝望着他这个皇帝学生，答："当宰相之人，必有大才，方可安居其位，处理好国事。我年老无能，宰相之位怕是难以胜任。当朝有一人，对国忠义，威望甚高，办事果断英明，可堪此用啊！"

真宗急忙问："老师所言何人？"

毕士安拉住皇帝的手，铿锵有力地吐出两个字："寇准。"

寇准？真宗双眉微蹙："听说这人刚愎自用，十分固执呀。"

毕士安摆摆手说："陛下，寇准凡事均以国事为重，不计个人得失，不顾个人安危，此乃大节；他嫉恶如仇，不徇私情，秉公廉政，此德为朝堂上下之楷模。正因如此，他才容易得罪同僚，为一般人所忌恨。如今，强辽压境，国难当头，正是重用寇准这样刚正的人才之时呀。陛下三思！"

真宗望向老师。眼前这个老人是他十分信任的人，可是这寇准，听说连先帝龙颜都敢触怒，这人要是当了宰相，那自己不是过不了安稳日子了？

毕士安见真宗眉眼中有些迟疑，便又开口说："陛下，寇准刚正果断，有勇有谋，正是当前朝廷亟需之人才啊，陛下！"

真宗见老师老眼泛出了泪花，明白老师一片赤诚，慌忙道："老师，勿急。朕知道您一心为国，朕听从就是。"

于是，时年四十三岁的寇准升任宰相。

临危受命，君子不辞亦不惧。

初任宰相之位的寇准，马上面临一场严峻的考验。

寇准研究了辽军南侵边关文书，对真宗分析道："辽人侵扰边防是试探我朝的虚实，更大规模的进犯就在后头。如今当务之急是整肃军队，选任将帅，选派精锐部队戍守边关要塞，做好抗辽准备。"

真宗应允。寇准立即调兵遣将，尽最大可能加强军事重镇的防御力量，做好开战的准备。

君子以思患而豫防之，即君子防未然。

果然，辽大军不日之后便大规模入侵北宋全境，上报军情告急的文书一晚就多达五六封。但寇准全未打开，仍是谈笑自如，处之泰然。

知情的大臣急如热锅上的蚂蚁。真宗更是惊恐万状，天刚亮就紧急召集众大臣商讨良策。

朝堂之上议论纷纷。紧张，恐慌。

参知政事王钦若与工部侍郎签署枢密院事陈尧叟都惧怕凶悍的辽军，主张迁都金陵和成都，以避让而保全。

真宗毫无主见，转眼望着寇准："寇相可有退兵良策？"

寇准此间冷眼瞅着王钦若等妥协派的惊恐模样，对他们的迁都主张嗤之以鼻，并未说话。见真宗问向自己，他理了理衣冠，挺直了身子，大声说："陛下，如若采纳我的意见，不出五日，便可退敌！"

正在议论纷纷的朝臣，听了寇准掷地有声的话语，全收了声，屏了气，齐刷刷地望向那如山般屹立的身影。

真宗反应更是可爱，方才紧锁的眉头忽地舒展，面露惊喜之色："爱卿，快说，是何妙计？"

寇准回答："什么妙计都不如陛下御驾亲征！"

朝堂内当即鸦雀无声。众人惊愕，包括宋真宗。

良久，才听见一个尖锐的声音响起："此言荒唐。"

大家回过神，循声望去，只见枢密使王继英快步向前，走到真宗御阶前，施了礼，继续道："眼下接近严冬，天气寒冷，辽军并不敢深入。若陛下亲征，尚未与敌人交锋，我军士气已困损。现选择能征善战的忠勇将帅，奔赴战场，想必能抵御一时。陛下趁机再加强军队建设，等到有利时机，便可讨伐辽兵。"

朝臣闻之，附议者众。

真宗听毕，脸色缓和下来，想着可以不亲上战场，心中窃喜。

　　　　　　　　　　　　　　　　大宋十君子

真宗试探地说："爱卿，如今辽军兵力雄厚，又备战多时，即便朕亲征也未必有胜算。方才有人提议迁都金陵或成都，以避辽军锋芒，待时机成熟再与辽军争一高下，可否？"

真宗说此番话时，内心是纠结的。迁都必长敌人士气，但迎头短兵相接，又无胜算，两难。俗话说："留得青山在，不怕没柴烧。"

迁都倒是能保全皇室无损。

没有魄力的人，遇到问题，内心便会挣扎。

寇准看着真宗，眼神笃定："陛下，我的意见是，请陛下将出此逃跑主意的人杀了，剥其皮做战鼓，然后陛下敲着此鼓兴师北伐。"

话音越说越高亢，到最后几个词时，寇准又高了八度，连殿外侍卫都清楚听见他昂扬的声音。

王钦若、陈尧叟听得身子哆嗦，脸色阴沉得如夜色降临。两人对望了一眼，恨得咬牙切齿。可寇准职位在上，眼下他们是敢怒不敢言。

真宗心惊，脸上扫过一丝慌乱。

寇准说："陛下，您贵为天子，英明神武，大宋朝廷基业稳固，文臣武将又同心协力。由您率兵亲征，定能让辽人闻风自退。"

寇准停了停，环视四周后，又继续大声道："如若敌军抗拒，我们可派精锐部队不断骚扰、突袭，打乱辽军部署，同时增加边关兵力，坚守城池。时值隆冬，天气严寒，辽军远伐，一定补给不足，疲劳困顿，无心恋战。陛下，我军坚守城池，以逸待劳，蓄精养锐，即可胜券在握。"

寇准甩了个眼光给王钦若、陈尧叟，继续说道："既有胜算，何至于抛弃宗庙，远遁江南或四川？如此这般，岂不是告之天下，朝廷将士无能，以致民心涣散，四下恐慌？再者，倘若辽军乘机深入中原，大宋江山还能保全吗？”

真宗听得额上渗汗。

寇准这一席话，分析了宋辽双方的军事形势。妥协派一个个垂
下头；主战派高琼等军事将领，群情激昂，纷纷回应。那两个主张
迁都的，此时不敢出声，耷拉着脑袋，垂手呆立一旁。

真宗虽然胆怯，却也不甘心丢了祖宗基业，丢了中原。

心中的天平倾斜，眼睛开始有神起来。

寇准趁热打铁：“陛下正值壮年，建千秋功业正当时也！”

真宗一直盯着寇准，心中已有了答案。此时再巡视金殿一圈，
蔫不耷拉的是妥协派，主战的文臣武将都聚到大殿中央。

皇帝开口了：“朕意已决，与边关将士共赴国难。”

热血沸腾起来，人就会少了恐惧，生出勇气。

决定北上抗辽，真宗便认真地向寇准问起边关布防的事情来：
“爱卿，今辽军在黄河以北横冲直撞，河北重镇以天雄军最为重要。
此镇若是失守，河北就无安全屏障。依你所见，此地谁人驻守最为
放心？”

寇准看真宗亲征主意已定，此时当先分化其周围的妥协逃跑势
力，防止这些人干扰抗辽决策。略思忖，回答：“陛下，天雄军乃军
事重镇，当派您信任之人前去镇守。臣以为参知政事王钦若大人可
堪此重任。请陛下即刻委以重任。”

真宗听后，心想：“这王钦若平日忠心，甚得我信任，可用。”

于是，他未等王钦若回过神来，便命王若钦去镇守天雄军。

王钦若急急跨出一大步，大声说：“臣已年迈，难担此任。恳请
陛下另选他人。”

小人不耻不仁，不畏不义。

这下轮到真宗惊愕了："这人平日里不是唯命是从吗？"

寇准脸上闪过一丝冷笑，也迈步至王钦若面前，横亘在王钦若与真宗之间。他对着王钦若说："此次陛下御驾亲征，且不惧个人安危，我们做大臣的哪能害怕危险，计较个人得失呢？陛下信任你，方委以重任。你当为皇上分忧，勇于担当起镇守天雄军的重任才是。"

不等王钦若再说话，真宗挥了挥手，命道："王爱卿一直以国事为重，甚得朕心。今国家有难，当勇担重任，这坐镇天雄军一事，就有劳王爱卿了。"

王钦若听了，知圣意已定，再难回转。

寇准接过主战派官员递过来的一杯酒，举至王钦若面前："王大人，来，御酒一杯，为您饯行。"

真宗嘱托："王爱卿，速速回家收拾，明日起程。定要保天雄军无恙。"

王若钦受命，赶赴河北军事重镇——天雄军。等到了天雄军，看见四野尽是辽兵，心下大骞。当即令守城将士紧闭城门，无论如何不得开启。他求神拜佛，惶惶不可终日。

朝廷这边，妥协派的领军人物没了，主战派的声音更大了。

寇准夜不解衣，整日翻看边关文书，与武将商讨防御措施。他下令大将杨延昭、雷有终等人守关阻敌，派出轻骑兵沿途埋伏，采用移动骚扰战术，阻断辽兵归路。

又命武将王超领劲军屯中山，大将李继隆、石保吉东西列阵，准备左右钳敌。另设增援部队在中山主战场外围待命，对深入后方的辽军形成包围之势。

善战者，因其势而利导之。

一切布置妥当，只等真宗御驾亲征。

　　真宗虽同意御驾亲征，可内心还是惧怕。

　　其间，数万辽军因南侵受阻，辽主派出使臣主动提出议和。真宗暗喜，派遣崇仪副使曹利用前往辽国萧太后处进行议和谈判。真宗的条件是可以赐银两玉帛，但不可割让土地，而辽国偏偏是索要土地，和谈告吹。

　　辽军继续向南推进，京师受到威胁。

　　景德元年（1004）十一月初，在以寇准为中心的主战派的坚持下，真宗终于踏上了北伐的征程。

　　从开封出发，真宗率领的北伐军，一路上浩浩荡荡。而真宗却在主和派的怂恿下，半途萌生出南下避难的苗头。

　　节骨眼上，一起出征的寇准立即参见真宗，大义凛然地说："陛下如今只可北进一尺，不能南退一寸。陛下啊，河北将士听闻您御驾亲征，早已士气高涨，斗志正盛，随时准备浴血奋战，守疆保土。若此时陛下南退一步，势必会让边关军民深感失望，斗志会瞬间土崩瓦解，也会丢盔弃甲跟您南逃。而辽军必定乘胜大举进攻，那时兵败如山倒，陛下，您想去的金陵会保住吗？大宋的江山会保住吗？在天的先祖们会怎么看您呢？"

　　真宗仍然举棋不定。

　　寇准又请忠信勇武的殿前都指挥史高琼请奏："陛下只能北进，不能南退。国家存亡，在此一举！"

　　千人之诺诺，不若一士之谔谔。

　　真宗见将领态度如此坚决，又下了北伐的决心。

　　十一月下旬，真宗率领的亲征军抵达澶州。黄河从澶州中间穿过，将城郭一分为二。真宗登上南城的城楼，隔河瞭望。

　　　　　　　　　　　　　　　　　　　　　　　　大宋十君子

辽军在北城外安营扎寨。辽兵不时操练，看上去勇猛剽悍，气势逼人。

真宗不禁深深叹了口气。

陪在左侧的寇准，望了望真宗，道："陛下已至此地，若不渡过黄河督战，军士们会更加恐惧。陛下不必为辽兵气势所蒙蔽，此不过为虚张声势罢了。我大宋朝将士已经部署停当：中山有王超的精锐部队扼制敌人咽喉；大将李继隆、石保吉率有大军在东西列阵，左右钳敌；外围还有增援部队待命。辽军已在我军包围之中。陛下，将士都知道您御驾亲征，会拼命力保澶州无恙，更会为保全陛下而奋勇杀敌。陛下，您还有何顾虑不敢过河呢？"

跟在寇准身后的高琼也抬头望向真宗，道："陛下，寇相言之有理，现在机不可失呀。应立即过河对敌。臣愿保驾前行，誓死护陛下周全。"

真宗沉默。

寇准见此，立刻转身对高琼下令："事不宜迟，立即渡河。高指挥使全力护佑陛下。"

于是，高琼指挥卫士们抬着真宗坐上辇车，走上浮桥，过了黄河。

真宗无奈，江山与命他都想要。

真宗最终登上澶州北城的门楼，远近将士望见皇帝的伞盖，顿时士气大振，欢声雷动。高呼万岁之声不绝于耳，响如雷霆。

交战双方的军势此消彼长。辽军闻声惊愕，面面相觑。

到了北城，真宗将军务全部委托寇准处理，自己负责登楼亮相，一日两次。

寇准采取积极的防御战略，坚守城垒，养精蓄锐，以逸待劳。

辽军兴师动众，远离故土，补给短缺，显出疲劳之态。

辽军城下叫战，真宗亲命出击。得到休养的士兵闻令如同打了鸡血，斩杀与俘虏了大批辽兵。且见好就收，决不恋战。

辽军多次进攻失败，伤亡过半，士气日渐低落。

善用兵者，不以短击长，而以长击短。

两军在澶州城下对峙十多天。辽军派出骁勇善战的主帅萧挞览督战拼杀。宋军连胜多日，信心倍增，用连环机弩射中萧挞览要害。

当晚辽军主帅阵亡。孤军深入的辽兵，军心大乱，弃甲北逃者，一拨接一拨。

危难关头，形势大变。

势颓的辽军不得不采取战略退却，再次向宋朝提出议和。

初战告捷，寇准主张乘胜北伐，彻底击败气势渐消的辽军，收回燕云十六州，迫使北辽臣服于大宋。

然而，以冯拯为代表的主和派又包围了真宗。关键时刻，宰相毕士安也带病赶来澶州。他是真宗十分信任的老师，他的意见，真宗很重视。他虽然主张北伐抗辽，但也不放弃议和。

老师的态度模棱两可，倒是宋真宗下定了决心。

寇准不请自来，一番凿凿之言，真宗已是听不进去。他朝着寇准摆了摆手，坐到行宫的龙椅上，语重心长地说："寇爱卿，你说的道理不是朕不明白。只是你得看长远。若宋辽真要殊死一战，谁胜谁负还很难说。就算我们胜利，可你想过没有，那要伤亡多少军民？此番督战，朕见到尸横遍野，心如刀剜。朕实在不忍看到太多的伤亡了。"

真宗停了停，提袖拭了拭泪，望着双眉紧蹙的寇准，叹了口气："爱卿，何况数十年后，岂知边关无精兵强将把守？我大宋还被辽军欺压？如若子孙英明，自然可以抵御外敌，完成我辈未尽之事。不如眼下权且先与辽国讲和，让边境过过安宁的日子吧。"

寇准眼里噙着泪，动了动嘴唇，却终没有挤出一个字。他知，真宗决心已定，多说无益。

转身出了行帐，他喟然长叹。眼下只能竭力在议和条件上做考量，尽可能减少中原百姓要承受的负担。

次日，真宗便派人去谈判："只要辽方不提出土地要求，纵然每年一百万贯钱的财物也无妨，只求相安无事，不再起争端。"

一百万贯，几乎占当时财政收入的七分之一。

寇准得到消息，便在真宗帐外守候，等谈判特使曹利用一退出来，便捂了他的嘴，连拉带拽地将他"请"入自己的营帐。

曹利用待寇准松了手，边喘边指着寇准道："寇相，你这是做什么？"

寇准待他喘完气，定了神，才紧皱了眉头，说："曹特使，虽陛下许你议和的条件是一百万贯，但我的意见是不得超过三十万贯。你若多许，我定要取你的头，你可想好了。"

曹特使见寇准表情严肃，知道他刚正胆大，此事不依他，自己回朝肯定也是难以面对。于是应道："能少给一些自然是好，利用岂能不知。寇相，曹某定当全力以赴。"

景德元年（1004）十二月，宋辽两国签订"澶渊之盟"，宋每年给辽绢二十万匹，银十万两。自此，两国之间保持了七十余年相对和平稳定的局面，为双方经济、文化发展赢得了时间。

君子定乾坤，一定七十年。这是非常宝贵的七十年和平。

宋真宗之后的仁宗，把大宋带向了空前的繁荣。一大批杰出的士大夫走上政治舞台，范仲淹、欧阳修、韩琦、富弼、司马光、王安石、苏轼……

寇准之功，为朝野所称赞，却引来主和派与逃跑派的妒恨。其中，还朝的参知政事王钦若伙同奸佞小人，每天想计谋扳倒寇准。

时机来了。

功高震主本已是帝王之忌，而寇准决意兴利除弊，在任用官吏上，推行"进贤退不肖"，导致同僚怨恨。一时流言四起。

一次朝会完毕，真宗目送寇准离去，神情复杂。在侧的王钦若伺机上前进言："陛下敬重寇准，是因他保卫社稷有功吗？"

真宗道："是的。"

王钦若瞥了瞥四周，压低嗓音，故作惊讶地说："陛下，澶州一战，您不认为是耻辱吗？"

真宗诧异："怎么会是耻辱呢？"

王钦若一副极度忧心的样子，煞有其事地回答："兵临城下而乞和签约，这是《春秋》中记载的耻辱之事。澶渊的结果，不就是城下之盟吗？以陛下至高无上的尊贵地位而签订城下之盟，这不是最大的羞辱吗？"

真宗的脸色变了。

王钦若又添油加醋地说："陛下，听说过赌博吗？赌徒在钱快输光时，往往会把身家性命拿来做赌注，这叫孤注。澶州一战，寇准就把陛下当作手中的孤注，真够危险。幸亏陛下量大福弘，才得以免于祸患。"

想当初，真宗就是迫不得已才御驾亲征。此时听得王钦若一番逸言，立即感到后背发凉："当真要有个闪失，自己不就搭进去了吗？"

君子以行言，小人以舌言。

　　　　　　　　　　　　　　　　　　　　大宋十君子

王钦若的三寸舌真是一把刀。

景德三年（1006）二月，已疏远寇准多月的真宗，一纸诏书，罢免了寇准的宰相之位。

建大功反而遭贬，寇准心中明白，写诗云："自古名高众毁归，又应身退是知机。林风惊断西窗梦，一夜愁声忆翠微。"

寇准免相，出任陕州知州。

朝堂之上，王钦若等人又开始作祟，揣摩皇帝的心思。

真宗深以澶渊之盟为耻辱，怏怏不乐。王钦若借真宗崇仰道教、迷信天命的特性，力请皇帝仿行前朝进行"封禅"。

所谓封禅就是前往泰山顶上筑坛设祭，歌颂天地之功，以此震慑四海，使天下归心。

真宗心动。

他身边迅速围拢了一拨谄媚小人。除王钦若唱主角外，还有一个叫丁谓的人，也快速爬上参知政事的位子。

这个丁谓，才气过人，诗词文章皆为上乘，琴棋书画无不通晓。只是他有才无德，表面上正直不阿，暗地里专做一些钻营拍马、蝇营狗苟的事。

当初，丁谓了解到寇准惜才如命，便在盐铁判官任内用尽手段，让寇准认定他能干多智，可以提拔大用。当时，同科进士李沆有识人之明，察觉丁谓极其虚伪，就告诉寇准："丁谓确实很有才能，但德行不高，爱拍马屁迎合上司，为官手段也投机而诡诈，这样的人不能委以重用，否则其产生的祸害会大于一般之人。"

但寇准执意提拔丁谓，使其得到重用。

结果，丁谓擅权用事，结党营私，伙同王钦若等人促成封禅，大修道观。直到真宗驾崩，这封禅活动排演长达十五年，劳民伤财，耗尽国力。

外放任职的寇准，见大宋朝廷因忙于封禅，大肆搜刮天下，消耗民生。特别是在大中祥符二年（1009），他再次调任至边关军事重镇——天雄军，见此地变得残破、败落，内心无比痛恨惑主误国的贼子王钦若、丁谓等。

"乾坤含疮痍，忧虞何时毕。"

功成遭贬，不减报国之心。面对破败的天雄军，叹息尚未落地，寇准便开始着手整顿：发展生产，治理军队。第二年，辽国使臣路过，大为感慨："大人功高德重，名扬中外，何苦屈才守此一镇？"

寇准不卑不亢，掷地有声地说："我大宋王朝国泰民安，陛下才委我以驻守此重要边关的大任。"

此后，真宗忌惮寇准在地方挟权自重，加上王钦若、丁谓等人的不断诬陷，寇准便一直被东派西调。

"唯有梦魂归北阙，不知京洛路迢遥。"

"行尘漠漠起西风，来往征轩似转蓬。"

"层楼望尽樊川景，恨不凭栏烟雨中。"

"燕有情还至，花无主乱开。杜陵人不见，夜月自徘徊。"

十余年间，寇准东驰西驱，夙宵尽瘁。内心无限感慨，均赋文字之中。

天禧三年（1019），朝廷在小人手中折腾了十余年，内外交困。焦头烂额的真宗在束手无策的情况下，决定再次起用忠心为国的寇准。

五十八岁的寇准不听门生的善意劝告，毅然决然地奉诏入京了。他没想到，此次再度为相，有只黑手正向他伸过来。

天禧四年（1020）六月，真宗中风病倒，朝堂政事由刘皇后代理。寇准一心为公，入宫探望皇帝时，趁机请求屏开左右侍人，十分慎重地对躺在病床上的真宗说："当下，陛下中风不能主持朝政，皇太子是天下人的希望。陛下可将皇位传给他，并选端方正直的大臣辅佐。而丁谓一类奸邪小人，断不可留于朝堂。"

寇准走后，丁谓来了。

真宗将寇准的原话转与丁谓。丁谓听了，心中立刻盘算开来。随即对真宗说："陛下，您若真传位给太子，那以后您的病好了又如何是好？这寇相眼里没有陛下啊。见陛下龙体不安，便想拥太子为王。这拥立新主之功可谓大也。"

真宗听得气恼。

丁谓出来，赶紧拜见主政的刘皇后。太子非皇后所生，这不硬要从刘皇后手中夺权吗？

刘皇后素来厌恶寇准。加之其兄欺压百姓，犯下大罪，案卷报至相府，寇准坚决让地方官斩了他的头，这仇就结下了。

她在真宗耳旁说自己代理政事如何不易，寇相还不断挑剔，让她一个妇人在朝臣面前颜面尽失。

于是，复相不到一年，寇准再度被罢免，被拜为太子太傅。

真宗病重，刘皇后全面主持朝政，拜丁谓为相。二人借立太子一事构陷寇准图谋不轨，幸得老宰相李迪抗争力辩，寇准才免一死，被贬出相州。

刚到相州，脚未站稳，又接到旨令，再贬为道州司马。

道州，今湖南道县，当时是湘桂交界处的一个十分荒凉的山区小县。丁谓的目的是置寇准于死地。

寇准已近花甲之年，却还忍受屈辱和跋涉之苦。回想平生诸多往事，他十分愤慨。在《途次方城》中，他写道：

方城旧路四曾过，此度偏饶怅望多。

独倚客亭思往事，南阳何异梦南柯。

"君子能仁于人，不能使人仁于我；能义于人，不能使人义于我。"

君子暇豫则思义，小人暇豫则思邪。

前往道州，路过楚江时，寇准来到楚江边，想到屈原，想到自己的冤屈，思绪万端，无限感慨，挥笔而就一首《楚江有吊》：

悲风飒飒起长洲，独吊灵均恨莫收。

深岸自随浮世变，遗魂不逐大江流。

霜凄极浦幽兰暮，波动寒沙宿雁愁。

月落烟沉无处泊，数声猿叫楚山秋。

即便为自己的遭遇而愤恨，寇准仍仰慕屈原的巍巍忠魂。面对楚江，他表示定要坚守正义，决不随波逐流，与世沉浮。

笃志而体，君子也。

途经零陵的大陂时，寇准一行被一支反对宋王朝的少数民族武装拦截，行李马匹均被抢走。寇准与家人哀叹不已，只得折回驿站想办法。过了几日，突然有人前来送银两、物资，其中竟有他们前几日被抢的所有行李。大伙惊异，听得一汉子爽朗的笑声："寇相，寇相，对不住啦。"

只见一个孔武有力的男子大步流星地走了过来。

寇准诧异，此人他并不相识。这壮男子打拱深拜，道："寇相，多有得罪。小弟此来，特地赔不是了。望大人见谅。"

原来，这人正是大陂那拨反宋武装力量的头领。抢回去的行李打开后，他们见官府文书上有寇准大名，顿时大惊：这竟是"无第宰相"寇准的行李物件。于是便赶紧打马追来，不但物归原主，还奉上银两盘缠。头领更是亲自出动，前来赔礼道歉，盛情款待寇准一行，并派人护送他们过境。

天禧四年（1020），寇准到达深山丛林中的道州。道州百姓得知"无第宰相"到来，纷纷拿出砖瓦木材，一起动手，为寇准建成一处屋宇。直到现在，道州还保留着寇准栖身的寓所，人称莱公楼。

寇准在道州两年，为百姓做好事，谋福利。

而京城内，真宗病危，想要托付江山，想起了耿直不二的寇准。他叮嘱年幼的太子："你继承皇位后，国家大事定要依靠寇准与李迪辅佐。"

刘皇后听闻，心里发怵，急忙找丁谓商议对策。

丁谓在真宗驾崩后，立即串通刘皇后颁令：贬寇准为雷州司户参军，贬李迪为衡州团练副使。并且命令前往道州的钦差将天子剑悬挂在马脖子上。目的何在？竟是为让寇准误认为皇帝要赐他死，可自行了断。

道州官员见马项悬剑，都吓得不敢抬头。唯有寇准不卑不亢，坚持要钦差宣读圣旨。

丁谓们虽没能把寇准吓得自杀，却也让他不得不向着更荒凉的雷州走去。

相送的百姓拥在驿站路口，啜泣与叮嘱声不绝于耳。

寇准望着大家，老泪长流，不禁长叹："丁谓啊丁谓，我何时对你不住，为何要置我于死地？"

"曾为深冤无处雪，长年江上哭青春。平林雨歇残阳后，愁杀天涯去国人。"

雷州气候湿润多雨，六十一岁的寇准生活十分不惯，不久便生病了。再加治国安邦、扶危救难的壮志未酬，他心情忧郁，病情就一日胜一日地严重。

此时，权欲熏心的丁谓，好日子也到头了。刘皇后成为太后，大权在握。那个软硬不吃、难以驾驭的寇准已无威胁，她就把矛头对准了丁谓。

此人知晓太多，且贪欲太甚，不得不除。

因此，她便找人告发了丁谓索银卖官之罪，将丁谓流放至海南崖州。

消息一出，京城人士无不欢呼，甚至唱出"欲时之好呼寇老，欲世之宁当去丁"。

远在雷州的寇准听闻此消息，心中宽慰了不少。一是为自己，二是为天下。在丁谓途经雷州时，他派人送去一只蒸羊，指出丁谓不过是刘太后的鹰犬，被玩弄在股掌之间而已。

丁谓此时才恍然大悟，后悔痛哭。差人送信给寇准，他要登门赔罪。

寇准拒绝，不想再见丁谓。毕竟，这些年的一贬再贬、居无定所都拜丁谓所赐。更何况天下都让丁谓等一帮小人搞得乌烟瘴气，这是寇准心中的大痛。他的核心关切就是家国天下。

见又能解决什么呢？时光去了，壮志终究是负了。

倒是寇准的仆人们听闻丁谓要到雷州驿站，便计划着前去刺杀，以报寇相多年来的仇恨。

寇准知道了，亲手把大门关起来，自己抬了张椅子坐在紧闭的门边。同时，令大家聚在大厅一起游戏，连续玩了两日，他也在门口坐了两日。估摸着丁谓离开雷州，走远了，这才将大门打开。

生活有些事需要学会遗忘，有些事需要宽容，不计前嫌，安守宽和之心。

君子坦荡荡。

君子为何坦荡荡？只因君子私心少。

天圣元年（1023），寇准改任衡州司马。还未启程，他便感觉心力不济。于是差人火速从洛阳岳丈家取来他珍藏多年的犀带。这条犀带是当年宋太宗赐予的，总共就两条。另一条太宗自留了。

寇准沐浴后，穿戴整齐，束上犀带，神情庄重严肃地向北跪拜两次，然后上床躺下，安静逝去。享年六十二岁。

家人决定将寇准灵柩搬运回老家。谁能想象曾三次为相的寇准，家里竟然连搬运灵柩的费用都拿不出来。

万般无奈，他的夫人宋氏只好上书请求仁宗拨发钱银。

仁宗尚幼，仍是刘太后执政。她虽忌恨寇准，但人已经死在他乡，更何况寇夫人还是宋太祖开宝皇后的妹妹，论辈分还高她一辈。碍于皇家声誉与情面，她才勉强拨了些钱资。

寇准灵柩，回归洛阳安葬。

　　　　　　　　　　2020 年 12 月改于眉山之忘言斋

欧阳修：君子不器

　　欧阳修乃是宋代君子不器的标杆人物，他的个人修养之全面，今天的人会感到不可思议，以为他是外星人或神仙下凡。

　　我们不妨来数一数：欧阳修既是科考大才子，州试、省试（尚书省试）俱称冠，又是大刀阔斧改革科举的丰碑式教育家；是韩愈价值的发现者，宋代古文运动的发起者之一；是严谨的历史学家，《新唐书》和《新五代史》的作者；是国家总书目、三万多卷的《崇文总目》的主要编纂者，百科全书式的学界领袖；是文豪辈出时期的文坛泰斗；是建筑、种植的内行，是水利专家；是痴迷古物的金石学家；是出色的古琴演奏家；是高明的围棋手；是典雅的文人书法的开创者；是朝堂上敢于犯颜直谏的勇士，官场的斗士，敢摸老虎屁股的猛士，也是文质彬彬的绅士；是心胸开阔的君子，礼贤下士的高官，发现良马的伯乐；是数十年长足于道路的漫游者，山山水水的抚摸者、赞美者；是精于茶道的茶客、百杯不醉的酒徒、"人约黄昏后"的情郎，是瓦子勾栏、歌台舞榭的积极分子……

翰林学士博学严谨，朝廷重臣一派庄重，而平日里的欧阳修却是表情丰富，举手投足活泼可爱，幽默，风趣，有点逗，有时异想天开，有点孩子气。哪儿有快乐，他就往哪儿奔。作为才高八斗、趣味横生的高官，欧阳修过得很享受。文化的全能和生活的全能，二者兼具，今人几乎不可想象，遑论与之比肩。后来，欧阳修的一个弟子似乎比他更厉害，他就是百炼而成"坡仙"的苏轼。

他的另一个弟子叫王安石。还有一个叫曾巩。唐宋八大家，宋代占六个，其中五个是他的门人。

欧阳修自号六一居士。酒一壶，棋一局，琴一张，集古一千卷，藏书一万卷，复以一老翁优游于五者之间，是谓"六一"。

醉翁形象越千年，跃然于纸上。

君子不器，孔子本人带了好头。学究天人，又游于六艺，骑马、驾车、射箭、弹琴、算账、吹吹打打。早年的孔子"多能鄙事"，干过不少杂活、脏活、累活，上山当过放牛娃。不以鄙事为陋，不以知书为傲，"申申如也，夭夭如也"。身体永远在路上，心灵向万物敞开。天地人神巫，五体合一，在时间中凋败，又在时间中重生。万物之灵，不器、不固，是以生生不息……

君子不器，在当下和未来都是大题目，或者说，是个大难题。现代社会，分工越来越细，个体不免沦为某种用度——器——而求生。城市是钢筋水泥浇筑的城市，充斥着工业化的轰鸣。肉身渺小、羸弱，精神为利益纠缠不止。生存展不开，生命的饱满、充盈无从谈起。于是求解脱，求"别处"，却一头扎进了互联网。

虚拟网络乃是生活世界之大怪物，其遮蔽更甚。代码、程序、逻辑推演，活生生的万物被重构，整齐划一，收缩成图像。数以万亿计的图像，幻化声色，聚而成毒。眼睛"吸毒"，耳朵辅之，其余感官尽可摒弃。代码是无所不能的，应有尽有，仿佛蜘蛛结网，可以连接、重构整个世界，进而重构生命本身。尽可以爬来爬去，尽可以超越时间、空间，但休想触碰到任何的真实。

一张屏幕锁死一张脸，让他出门看看，他说，世界就在眼前。

自然给予人们活生生的世界，互联网再造一个，并妄图占领生活乃至生命的制高点。这是生命史上前所未有的大笑话。

网络一代，"自然缺乏症""运动缺乏症""伙伴缺乏症"早已是常态，且不谈形形色色的心理症、惰性顽疾。青少年意志力的调动总是被动，创造力从何谈起？

我们真担心：长此下去，动脑、动手的能力会持续下降，心之不灵常态化，人的良好基因会弱化，人类文明的几千年累积将会付之东流。

网虫乃是懒虫的同义词。宅着活，起身难。一片片呆若木鸡。

网虫麻木不仁，对自然，对人事，对亲朋。

电脑掌控人脑，摆置身体，乃是21世纪最大的异化。但愿三十年内有较大转机。但愿吧。

皇皇哲学大著《存在与时间》，有专章批判瘾头。这部划时代的大书，写于1926年。大师当年三十六岁。

2018年，世界卫生组织把"游戏障碍"，即通常所说的游戏成瘾，列为一种精神疾病分类。这是各国科学家长期研究的成果，它标志着：人类向网瘾宣战。

人类拥有超强的技术不过几十年，适应并掌控它需要时间。但在这个漫长的过程中，海量的个体要付出生命质量降低的代价。

人是什么？是"在一般营养液中蠕动着的带一点人味儿的东西"吗？这是德国现代作家穆西尔讲的。有部电影受了启发，叫《黑客

066　　　　　　　　　　　　　　　　　　　　　　　大宋十君子

帝国》，拍摄于 1998 年。

怎么办？今日回望汉唐宋，庶几还有效。

宋代的士大夫尤重修身。"修身"一词，要再三掂量。

本篇重点讲欧阳修的君子不器，其次讲他与小人斗争。

我们看他，看欧阳修，如何朝着四面八方动起来。

伟大的欧阳修生得瘦小，所谓其貌不扬，主要集中在他的嘴巴和牙齿。他看书多，十倍于一般读书人，眼睛高度近视。"耳白于面，唇不包齿。"嘴唇短，牙齿不齐，牙床掩不住，要露出形状与颜色来。他说话的欲望强，常常忘记闭上嘴巴。一双耳朵又白得奇怪。有个和尚端详他的面相，说："你耳白，将来要做大官。你唇不包齿，将来有人陷害你。"

唇不包齿，蜀人是叫作"地包天"的。

四十余年后，眉山城有一个道士称苏轼"一双学士眼，半个配军头"。

和尚、道士都说中了。

少年欧阳修对自己的脸比较敏感，很努力地合唇包齿，难免拉动五官。他兴趣又多，兴起时，之前的努力都白费。往往嗟叹。天长日久，也懒得费劲了，随他去吧。

《三国演义》里面有个庞统，庶几像欧阳修。

今人有个词：丑乖。

君子修身，亦修容貌。后者是前者的馈赠，表情、仪态、神韵，覆盖了五官的奇怪组合。长达半个世纪的人世修炼，使这张脸有趣、庄严、和蔼，充满了持久的魅力。一个国家级的领导人，面部肌肉异常活跃。毋宁说，这张著名的丑脸是朝着英俊的方向，越来越有味儿。

欧阳修一辈子生活在漂亮女人们中间，这里边定有奥妙。什么样的奥妙呢？

毕加索个头小，仅有一米六，他往巴黎女人堆中扎的劲头，更胜于中国宋代的欧阳修或张子野。

欧阳修，字永叔，景德四年（1007）生于四川的绵阳，当时称绵州。这里也是诗仙李白的故乡。尚在婴儿期，他就随宦游的父亲欧阳观迁至江苏泰州。四岁，父死。

母亲郑氏，时年二十九，膝下一儿一女，不改嫁。宋朝寡妇改嫁不难，比如范仲淹的母亲。郑氏出自名门，识文断字，养育儿子，如同苏轼的母亲程氏。郑氏通《毛诗》《春秋左氏传》，程氏能通晓八十多万字的《汉书》。

三叔欧阳晔在随州做推官，郑氏携儿女投奔他，在随州生活了二十年。推官掌司法，月俸十五贯，不多，紧一紧也够生活。两个家犹如一个家。欧阳修想知道死去的父亲长什么样，郑氏笑道："视尔叔父，其状貌、起居、言笑，皆尔父也。"

欧阳修视叔父如生父。

有些事他一生不提，比如父亲的第一任妻子姓甚名谁。

在古代和前现代，严谨的、决不随意开口的人占多数。不语、不问，并非不知不觉，多是为尊严留些余地。而眼下许多人，任何事张口就说。轻佻、轻浮、轻薄，已是常态。

随州蔽塞，"百年无一士"，欧阳修一待十八年，下决心要走仕途。

需要细看的是：他启蒙早。

城南有一大户，姓李，家里园子大，书多，小孩也多。欧阳修常与之玩耍，捉迷藏、打水仗皆不在话下。园子名为"东园"，欧阳修《李秀才东园亭记》云："……城南李氏为著姓，家多藏书，训子孙以学。予为童子，与李氏诸儿戏其家，见李氏方治东园，往求美草，一一手植，周视封树，日日去来园间甚勤。"

其时，欧阳修七八岁。读书刻苦，又迷上了栽树种草。苏东坡小时候在眉山栽种松树，干得很起劲，后来种橘、竹、桑、兰、菊、黄扬……东坡尝言："吾性好种植。"

这里显然有多重启蒙。向书卷，向自然，耕耘知识，耕耘生命。君子多好劳作，这在古代是常识。诸葛亮躬耕于南阳，苏轼躬耕于东坡，陶渊明更为彻底，"晨兴理荒秽，带月荷锄归"。勤学、勤劳，方能收获智慧。智慧是有生命的。今人培养孩子，往往忽略后者。

哪方水土不养人？东园的树苗越长越高，小欧阳在闭塞的小城茁壮成长。能动脑，又能动手，为生存之灵动，打下坚实的基础。

我们非常不愿意看到的是：眼下的少年儿童，二者皆被动。

读死书，不劳动。

被动久了，生活主动性横竖起不来。

而主动性乃是一切生命享受的最大前提。笔者此言，不避重复千百次。

欧阳修读书勤，李家书房几乎被他翻了个遍。某日，他在一个破筐子里翻出六卷《昌黎先生文集》。李氏见书本残破，索性赠予欧阳修，让他带回家。

这一年欧阳修十岁，初识韩愈古文。这是中国文化史、教育史乃至政治史的一大幸事。没有这个开端性的发现与痴迷，宋代的士大夫会失掉一座灯塔，科举的僵化也无从扭转。韩愈的身影是在宋代大起来的，谁发现了韩愈？欧阳修。谁发现了陶渊明？欧阳修。谁发现了苏轼？欧阳修。

"晋无文章，唯陶渊明《归去来兮》一篇而已。"欧公一句话，扫掉两晋三百年多少文章？

欧阳修又称，书法不可为怪。弃人间百事而专攻一书事，本末倒置也！

这仿佛是针对今天的书法界讲的。装神弄鬼、追奇逐怪的所谓书法家正在八方游走。卖艺，以卖为荣。卖得丑态百出，卖向牛鬼蛇神……

还是回到欧阳修吧。

欧阳修《记旧本韩文后》云："予少家汉东，汉东僻陋无学者，吾家又贫无藏书。州南有大姓李氏者……予为儿童时，多游其家，见其弊筐贮故书在壁间，发而视之，得唐《昌黎先生文集》六卷，脱落颠倒无次序，因乞李氏以归。读之，见其言深厚而雄博。然予犹少，未能悉究其义，徒见其浩然无涯，若可爱。"

不能完全看懂，却爱上了。这残破不齐的六卷韩文，欧阳修觉得里边有好东西。"好之者不如乐之者。"

浩然无涯，若可爱。欧阳修小小年纪，就对大海般的文字有感觉了。就是这点"可爱"，日后长成了参天大树，长成了林子，长成了森林：司马光、苏东坡等一大批士大夫受其惠。文化的接力棒，几代精英传下去。直到今天，我们依然对唐宋文化顶礼膜拜。

李白、杜甫的价值是谁发现的？韩愈居功至伟。

"李杜文章在，光焰万丈长。不知群儿愚，那用故谤伤。蚍蜉撼大树，可笑不自量。"

历史会自动淘汰多余的东西吗？一部五千字的《道德经》，淘汰多少万亿网络速成的文字？

欧阳修论文："大抵道胜者，文不难而自至也。"

"弃百事而不关心……愈力愈勤而愈不至。"

海德格尔："少一些哲学，多一些思想的细心；少一些文学，而多一些文字的保养。"

十七岁，欧阳修参加科举考试，不中。二十岁再考，又不中。张榜之日，他眼巴巴地望着，羡慕得紧。有个叫高若讷的，名列三甲，将来是要做大官的。大约名字比较特别，欧阳修多看了一眼。

三百里外的汉阳有位大人物，胥偃。翰林学士兼汉阳知州，四品高官。欧阳修前去投奔他。失意的举子如何靠近大人物呢？呈上文章。以欧阳修当时的境况，不可能提着什么值钱的东西去敲门。

门，却向他敞开了。

胥偃看欧阳修的文章，乐了。不仅接见这个年轻人，而且请吃肉。欧阳修当日回客栈，回味着这不同寻常的肉，兴奋到天亮，写答谢信，充满感激地提到"一肉之赐"。

初见面就请吃肉，可见欧阳不寻常。

欧阳修正式拜胥偃为师，住进了胥府的高墙深院。

门生是一种社会身份，是走仕途的桥梁和阶梯。

深院有深闺，一个少女的身影时常晃动，她是胥偃未许人的二女儿。欧阳修岂敢奢望？一面读着书，一面隔着墙洞望望她的丽影而已。他门第低微，又长成那样，在女性面前常常不知所措。

既然抬头见人要羞涩，要苍白，要去想自己的耳朵……不如埋头用功吧。

埋头读书时，嘴唇放松了，唇包齿的频率大大降低了。偶尔想起园子里的胥家小姐，嘴唇才动起来。

文字能见人。文字是欧阳修的另一张脸。才华横溢的少年，俨然美姿容。

胥知州看他用功，请吃肉就是家常便饭了。

宋代有钱人家，多吃牛羊肉，一般不吃猪肉。

胥偃升官调京师，带欧阳修随行。胥偃的二女儿豆蔻初开，上车下船，一路上蹦蹦跳跳。她看欧阳修的脸，已经断断续续看了两年，习惯了，觉得这位大哥哥长得比较特殊而已，性格、学问都招人喜欢。一年后她嫁给欧阳修，似乎是一件顺理成章的事。

天圣八年（1030），欧阳修高中进士，春风得意马蹄疾。这一年的金榜，放出去的进士近千人。

十年寒窗苦。欧阳修致信友人曰："仆少孤贫，贪禄仕以养亲……"

新科进士，皇帝亲赐宴席以示庆贺，名为"琼林宴"，地点在开封城新郑门外的琼林苑。宴会后，进士们题名，刻石，继而打马游街，浩浩荡荡的人马出东华门。东京一百多万人目睹这一盛况，欢呼状元、榜眼、探花的名字。四十丈宽的御街人山人海。汴水上虹桥卧波，桥面人头攒动，桥下百舸破轻浪，壮士击大鼓。唐朝的进士哪有这等殊荣？

东京还流行"榜下捉婿"，上等人家的家仆早已摩拳擦掌，要把新科进士捉到家中做女婿。有时候难免混捉一气，把已婚的进士捉了去，而个别昧良的进士将错就错……

苏轼名句："腹有诗书气自华。"

天下学子饱读圣贤书，正气垫了底，日后去对付歪风邪气。大多数学子是这样的。

这是中国古代的顶层设计，让语言的力量去平衡人性中不好的东西。宋代加以强化，糊名、誊录、扩招，寒门学子与贵族子弟大致处在同一起跑线上。"将相本无种，男儿当自强"，于隋唐是梦想，在宋代是现实。

赵宋开国百年，君子之风常在。科举改革立了大功，而欧阳修更是功莫大焉。

京城有个怪人，名叫穆修，中过进士，也做过官。他性子直，好读古书，以古观今，愤世嫉俗。同事讨厌他，几番诬告，他也懒得申冤，干脆辞官不干了，比陶渊明还倔。他穷，却跑到汴京来宣传韩愈和柳宗元。他借钱刻印了几百部柳宗元的文集，在京城最热闹的大相国寺摆摊售卖。一日，几个读书人径直取了书读，穆修大怒，骂道："汝等不知净手吗？肮脏之辈如何配读柳宗元？"

读书人吓跑了。穆修一年卖下来，把自己卖成了一个笑料。笑料有了名声，有权贵出钱请他撰文，他再骂："几个脏钱也配赎我文名？"他一生穷困潦倒，郁郁而终。

欧阳修闻之，叹息不已。

穆修的遭际说明两点：

第一，君子修身，要格外留心自己性格中的缺陷。"道心唯微"，细微深处的不良倾向最难觉察。孔子强调"毋必，毋固，毋我"，乃因士人易犯绝对自我的毛病。盲目、固执，多生悲剧，且往往与愿望背道而驰。孔子本人是善于变通的。包括做学问，旁通很重要，举一而反三。不能反三者，便是迂夫子。

第二，韩柳古文应当推广，但推广应知策略。欧阳修要到身处高位时，才能有效地开启改革文风的大事业。

宋代前中期，文坛流行四六体"时文"，也称太学体。这是块敲门砖，欧阳修玩得很出色。后来却对友人说："今世人所谓四六者，非修所好。少为进士时，不免作之。自及第，遂弃不复作。在西京佐三相幕府，于职当作，亦不为作。"

敲门砖，他用了就扔。这是一种转身的能力。

君子独立特行，要讲究时机。欧阳修在洛阳知府钱惟演手下做秘书时，按规定，写公文要用四六体时文的风格，但他并不照做。他不写的前提是钱惟演赏识他。如果上司要他遵循公文体，他不可能放心大胆搞他的古文试验，发扬光大韩柳的文化价值。

君子成大器，一定是循序渐进的。碰壁而知迁回，知势亦能审时。君子不器，方成大器。

由此可见，修身难。

欧阳修二十几岁中了进士，一手拿官帽，另一只手牵着新娘。

宋真宗《劝学歌》："……书中自有黄金屋。……书中自有颜如玉。……"

欧阳修搂着"颜如玉"，住进"黄金屋"。

他和胥小姐亲吻缠绵的细节想必很有趣，唇短不须启，牙齿有些别扭。一双近视眼，看花容月貌，看了又看，看得他心花怒放。

欧阳修做官的第一站，是到西京洛阳去做推官。这个仕途起点高。

在北宋，洛阳是仅次于东京汴梁的大城市。八朝古都，人口数十万，文人多，文坛很热闹。为首的是钱惟演，他是吴越王钱俶的儿子。钱惟演作为洛阳最高长官兼著名诗人，麾下拢集了一大批俊才。喝酒，写诗，雅集，游冶，喧哗，这些优秀分子，享受当下亦名播后世。

唐宋读书人之所谓修身，盖在于贯穿一生的人文修养。

"文章千古事，得失寸心知。"

洛阳三年，欧阳修异常活跃。二十五六岁，风华正茂，什么都想试试。白天都在用功，夜里有时胡闹。钱惟演风流，大伙儿跟他风流。

欧阳修回家有娇妻，出门有官妓，唐宋六百年，风气如此。衙门着官服，灯下读古书，脑子里装着国事，文事，家事，琴事，棋事，酒事，集古事，风流事……

所有这些事，并不发生剧烈冲突，冲突是今人的心理投射。

正人君子、道德楷模的自我期许，并未因出入绮陌红楼而受影响。这一点要细思量。读柏拉图《会饮》可知，古希腊的几位大哲都是同性恋者。

精神与身体生长同步。原则性不丢，灵活性保留。

同属高官和正人君子，韩琦、包拯、王安石、司马光、曾巩、苏辙是与欧阳修、范仲淹相反的例子，不好色。苏东坡介于两者之间。这"三派"，未闻因妓女问题而发生道德冲突。

北宋官妓之盛，过于盛唐，却没有发生社会伦理道德的大面积滑坡。上有孔孟之道，下有民间习俗。道德不关风与月……

苏轼诗云："静故了群动，空故纳万境。"静如处子而动如脱兔，说的便是洛阳推官欧阳修。他在洛阳的那些风流韵事，本文不谈。尽管这类风流与君子不器有关联：读书万卷，依然灵动。

洛阳人尹洙，年龄比欧阳修稍大，博学强记，识古通今。当时的儒者，一头扎进古书的不少，能出来的不多，是为食古不化者。欧阳修与尹洙皆能"化古"，谈韩柳古文，甚洽，甚欢。二人的才华在伯仲之间，洛阳文坛，有人称"欧尹"，有人称"尹欧"，似乎盼着二人决一高下。

　　一年初夏，钱府双桂楼落成，欧、尹各写一篇楼记庆贺。欧阳修笔快，倚马千言，书法又漂亮，得了唐朝虞世南书法之精髓。钱惟演点头认可，命人将楼记刻上石碑。回头望望尹洙，尹笑道："我写双桂楼记，五百字足矣。"

　　欧阳修为尹兄奉上笔墨，心里却是不大服的。

　　尹洙下笔，写了五百字，却不示人。四下有人调侃："尹先生不肯出手，莫非自认不如？"

　　尹不答。次日一早，改定了，手抄几份，示与众人。年轻的欧阳修读得冒汗。尹文古朴简洁，大有韩柳之风。五百字，明显胜过欧阳修的一千多字。洛阳才子皆傻眼：真是楼外有楼山外有山啊！

　　钱惟演问欧阳修："永叔，你以为哪一篇好？"

　　欧阳修挥袖擦汗，对尹洙说："俺心悦诚服，俺甘拜下风。"

　　钱惟演笑道："一篇短文，倒让你这个大才子汗长流。"

　　欧阳修五十多岁看青年苏轼的文章，也是看得浑身冒汗。为什么会冒汗呢？此事容后再表。

　　欧阳修在府衙对尹洙甘拜下风了，回家却老想着这事儿，半夜一跃而起，掌灯命笔，直到天亮还在绕床琢磨。他大幅度删削自己的文章，竟然比尹文还少二十三个字。次日再删，发现一字都动不得。

　　欧阳修的惜墨如金，大约因此事而起。君子见贤思齐。"君子周

　　　　　　　　　　　　　　　　　　　　　　大宋十君子

而不比。"后来他的散文执宋代之牛耳,《醉翁亭记》《秋声赋》《泷冈阡表》等美文,千载流芳。

海明威写《老人与海》,十几万字压缩到两万字,结尾改了三十九次。这位享誉世界的大作家,版税收入甚巨,但每天从早写到晚,只写六百字左右。二十世纪的西方作家大抵如此,写得慢,挣钱是其次的。

年轻的欧阳修在洛阳看尽牡丹花,喝遍桂子酒,带着他的古琴,他的围棋,他的集古雅好。醇酒妇人的生活并未消磨他的意志,夜里用功是常态。《新唐书》已在酝酿中,他要披阅山一般高的史籍。老贵族钱惟演送他东西,问他最想要什么,他说银烛台。

红袖添香夜读书。

欧阳修疼爱自己的妻子,可惜胥氏命短,在洛阳刚生下一子,便染疾不起,去世时还不到十八岁。欧阳修痛苦万状。其《胥氏夫人墓志铭》云:"……胥氏女生子。未逾月,以疾卒,享年十有七。后五年,其所生子亦卒。……清泠兮将绝之语言犹可记,仿佛兮平生之音容不可求。……"

欧阳修继娶杨氏,一个高官的女儿。杨氏亦命短,十八岁夭亡。杨氏娇艳,行动如弱柳扶风。欧阳修和她"有过于画眉者的夫妇之私"。汉代张敞为美妻画眉,传为佳话。欧阳修犹过之,日日与娇妻如胶似漆。偶有离别,杨氏流泪。欧阳修《长相思》云:"花似伊,柳似伊,花柳青春人别离。低头双泪垂。"

欧阳修鳏居两年后再娶薛氏,薛氏的父亲官更大——户部侍郎,相当于财政部副部长。其时欧阳修调京城,仕途看好。婚姻是个交往平台。

君子得位而行道。景祐三年（1036），欧阳修三十岁，在仕途猛冲猛打，得罪了宰相吕夷简。事情缘起一位标杆式的君子，范仲淹。

范仲淹时任吏部员外郎，是个虚衔，无权干涉朝廷人事。而宰相吕夷简任人唯亲，在朝廷各部门安插门徒，他看不惯，唯能"极谏"。他连续上奏，再画《百官图》，当众质问大宰相。《百官图》有名有姓有头像，将宰相的权力网络硬生生抖了出来，姓吕的气得咬牙切齿。而范仲淹不惧，誓要拿勾结成风的官吏开刀。

这个头一开，影响赵宋几代士大夫。君子之风刮成长风，这在古代很罕见。

范仲淹初任右司谏时，欧阳修写了一封《上范司谏书》，其中说："故士学古怀道者仕于时，不得为宰相，必为谏官，谏官虽卑，与宰相等。天子曰不可，宰相曰可，天子曰然，宰相曰不然，坐乎庙堂之上，与天子相可否者，宰相也。天子曰是，谏官曰非，天子曰必行，谏官曰必不可行，立殿陛之前与天子争是非者，谏官也。宰相尊，行其道；谏官卑，行其言。言行，道亦行也。"

这段话很关键。宰相是一品官，谏官是七品官。小官"与宰相等"，敢同天子争是非，是北宋中期的一大盛景。真宗末年始置谏院，独立于三省，宰相也无权直接干涉。制度保障之后，谏官能否发力，多视其自身有无足够的勇气。而这勇气的聚集、流布，大抵为范仲淹、欧阳修们所推动。之后的名臣，包括韩琦、富弼、包拯、司马光、吕诲等，都做过谏官。神宗时，苏轼写《上皇帝书》《再上皇帝书》，洋洋八千多字，几乎字字尖锐，不难看出他的师尊欧阳修对他的直接影响。

后人评价说，谏官是宋代朝廷的元气所在。广开言路，宋朝明显胜过唐朝。在风起云涌的熙宁年间，小官挑战大官的例子比比皆是。比如王安石两个弟弟，王安礼和王安国，都跟哥哥唱对台戏，一度兄弟不往来。王安石看中了黄庭坚，而黄庭坚宁愿待在大名府做冷门教授，不到汴京来当大官。王介甫的高足郑侠，更是舍得一身剐，要把丞相拉下马……

一部庙堂君子史，几乎就是斗争史。

范仲淹连上四疏，持续猛攻，大宰相焦头烂额。于是罗织罪名，指责范仲淹"勾结朋党、离间君臣"。余靖、尹洙上书论救，甘愿与范仲淹同罪。百官多惧宰相势力，不敢发声。知谏院的是高若讷。十年前，欧阳修曾钦佩这个名字，眼下唯恐唾之不及。

高若讷时为谏院长官，然作木讷状，在朝堂上不发一言，私下倒偷偷指责范仲淹的人品。欧阳修得知，愤而进《与高司谏书》，痛斥其"罪在默默"，是谏官的耻辱，君子的败类。这篇火气十足的书信，自然会引火上身。欧阳修明白的，但他必须得碰碰钉子。流几滴血，方能让塞蔽的朝廷透一点风口。

景祐三年（1036），范仲淹、余靖、尹洙相继被贬，欧阳修贬夷陵县令。次年，吕夷简罢相。

几年后，大官小官悉数回京，继续对峙于庙堂。

君子斗小人，斗百官之首的大宰相，未分胜负，而扬名于世。年轻的蔡襄作《四贤一不肖》诗，盛赞四位君子，大骂高若讷。他书法好，京城百姓争相传抄，甚至传到北方的辽国。高若讷默而保身，终于把自己保成了一个笑话。

"宁鸣而死，不默而生。"范仲淹与欧阳修就此结下深厚友谊。君子与君子走到一起了，日后将形成宋代最为可观的君子联盟，让立国百年的赵宋王朝，君子之风长盛不衰。

夷陵是座小山城，官风不坏，民风淳朴。欧阳修因力忤权贵遭贬谪，赢得广泛尊敬。上司为他建了新居，日子优哉游哉。地处长江西陵峡口的夷陵是有名的古战场，秦将白起伐楚，火烧夷陵；三国吴蜀交战，陆逊火烧刘玄德的连营七百里，也发生在夷陵。

宋代州、县分上、中、下三等，夷陵属于下县。

欧阳修贬夷陵，却过得相当滋润。孔子说："君子居之，何陋之有？"荒原蓄地力，盛长文明花。苏东坡写道："问汝平生功业，黄州惠州儋州。"

且看欧阳县令在夷陵写下的名文《夷陵县至喜堂记》："……夷陵风俗朴野，少盗争，而令（县令）之日食有稻与鱼，又有桔、柚、茶、笋四时之味，江山美秀，而邑居缮完，无不可爱。是非唯有罪者之可以忘其忧，而凡为吏者，莫不始来而不乐，既至而后喜也。"

欧阳修的高足苏东坡贬惠州，提笔写下两句："日啖荔枝三百颗，不辞长作岭南人。"惠州人数百年来受惠于苏子，曰："一自坡公谪南海，天下不敢小惠州。"

而自从苏轼出眉山，天下皆知眉山也。

欧阳修在小县夷陵，叩访民风民俗，凭吊古战场，把江山之秀美收入笔底。其七言律诗《戏答元珍》云："春风疑不到天涯，二月山城不见花。残雪压枝犹有桔，冻雷惊笋欲抽芽。夜闻归雁生乡思，病入新年感物华。曾是洛阳花下客，野芳虽晚不须嗟。"

"冻雷"是什么雷呢？

君子所到之处，哪有穷乡僻壤？欧阳修不到夷陵，哪里知道民间疾苦？

洛阳才子气，正在养成浩然之气。

《新五代史》在夷陵动笔了。

景祐四年（1037），欧阳修调湖北乾德县令。新夫人薛氏跟随他上路，并无一句怨言。欧阳修五年三娶皆得良妻，不知道是运气好呢，还是一般士大夫家庭的姑娘都具有良好的修养。毕竟立国七十余年，几代人诗书传家。

诗书传家，耕读传家，是培养君子的千年好土壤。

薛夫人既是贤内助，又把夫君看得紧。

贬谪三年后，欧阳修被朝廷召回，任职于馆阁，编撰北宋最大的一部书目《崇文总目》。他在皇家图书馆遍览史籍，写史论若干，为史学家欧阳修打下了更坚实的基础。

薛氏生一子，取名欧阳发。一家老小乐融融。

学者欧阳修的生活，非常安静。

汴京繁华，娱乐场所比洛阳更多，欧阳先生没感觉。他是具备多种可能性的优秀男人，除了为官、为学、为艺术，不会被其他的角色长时间霸占。扎女人堆告一段落了。他有正事，有将要开始的文化伟业，真是忙不过来呢。此间对他来说，安静就是忙碌。

一双近视眼，读破万卷书……

所谓优秀人物，角色的转换了无痕迹。古代官员，有此能力者多多，欧阳修更是出类拔萃。这当然与修身有关，与小时候的生长环境有关。

人是谁？人是向可能性存在的一个物种。

人有一种同自身的关系，动物没有这种关系。

人对自身有规划，有引领。所谓君子不器，这是关键。生命冲动的最初形态是朝着多个方向的。就生存而言，可能性高于现实性。

一味地现实，现实注定收缩，蒸馏，干瘪。追随杜威的胡适博士哪里懂得这一层。

汴京生活成本高，欧阳修并不富裕，他写信对友人说："某于此，幸老幼无恙，但尤贫，不可住京师……"之前他跟着钱惟演，尚能得些外水，如写表题匾之类，到了京师，这些收入减少了，且物价贵，他家用不足。

"君子固穷，小人穷斯滥也。"

欧阳修不挣烂钱的，"君子爱财，取之有道"。他对钱的态度，后来直接影响了苏东坡。

适当的拮据反而有助于精神的飞升，颜回是个典型。宋代，颜回的地位很高，配享孔庙，为"四配"之首，位在孟子之前。

孔、孟、颜，都首重精神力。追求物质生活乃发于动物本能，这个本能要加以限制，社会更要加以平衡。

孟子曰："上下交征（争）利，而国危矣。"

庄子曰："物物，而不物于物。"

苏子曰："某天生不爱蓄此物（钱）。"

宋代士大夫看历史，直接看到当下。唐朝的教训太惨重。

欧阳修说："夫世无师矣，学者当师经。师经必先求其意，意得则心定，心定则道纯，道纯则充于中者实，中充实则发为文者辉光，施于世者果致。"

君子为什么能固穷？因为他得了六经的精髓，心定，道纯，中实，写文章有光芒，付诸社会实践有效果。

约一年后，欧阳修转官太子中允，官俸有所提高。

三十出头的欧阳修要上班忙公务，要养家糊口，要介入诗文改革运动，要接待许多来访者，要花大力气编纂《崇文总目》。

生命冲动，多点开花。

这种花古代多。

刘德清《欧阳修传》云："《崇文总目》四十五类叙释文字，三十类出自欧阳修手笔。这类题解性文字，涉及各类学科的渊源、发展及其流派，涉及该类学术的社会意义及其评价，如果不是深明学科精微，洞察群书得失，就难以下笔成文。"

《崇文总目》是国家的文化大工程，是对所有学科的汇总、分类与评价。年轻的欧阳修承担了两万卷书的叙释文字，历时三年多，这个工作量是常人难以想象的。

同时，欧阳修还写《新五代史》，写《新唐书》。他需要对付的是浩如烟海的史料，数以千计的历史人物。打进去更要打出来，否则就泥古。

一个人几乎具有无限的力量。这里说的是宋代。

欧阳修能让历史当下化。他既是大学者，又是生活大师，又是热血智者。嗜酒，嗜茶，醉心于艺术，痴迷于女性。他跟自号迂叟的司马光明显不同。司马光确实有些迂腐，他的艺术修养有限，极少填词，书法中规中矩，对音乐，庶几是个外行。

生活中的司马光是比较刻板的，这妨碍了他的思考力发散开来。写历史学巨著，打开他的历史视野，却形成他的现实遮蔽。元祐初，在汴京闻到做宰相的气味时，他想逃跑，高太后不让他跑。他有自知之明：书斋人物治国难。此前在洛阳他待了十五年，离官场很遥远了。

欧阳修的学术生涯、文学生涯，始终伴随着仕途上的起起伏伏。

智者一般趋于冷静。热血智者说的是什么？我们来看历史事件。

庆历元年（1041）初，一向和和气气的仁宗皇帝突然紧张起来。西夏举国犯边，宋军连吃三场大败，战火直逼长安。仁宗急了，痛感国力下降的根本原因是官员整体"庸贪"：既平庸又贪婪。于是急而求治，要赶紧拿出措施来整顿吏治。但谁来主持呢？

此时欧阳修任翰林学士知制诰，负责起草诰书。皇帝有了锐意，很难得，机不可失。他上章力荐范仲淹、韩琦为执政，同时连章弹劾吕夷简。这叫"举贤辟佞"。弹章中有"夷简罪恶满盈，事迹彰著"的句子，几乎让仁宗失尽颜面。姓吕的"罪恶满盈"，皇帝难辞其咎。他断断续续做了十多年宰相，党羽遍布，弄得整个朝廷失掉生气。仁宗痛下决心，彻底罢免了吕夷简，起用范仲淹为参知政事（副宰相），韩琦为枢密副使（军队副统帅）。变革大旗似乎立起来了，君子备受鼓舞，百官人心惶惶。

岁暮的一天，大雪纷飞，枢密使晏殊在新建的西园设家宴，嘉宾如云。欧阳修即席赋《晏太尉西园贺雪歌》，结尾几句让主人不快："主人与国共休戚，不唯喜悦将丰登。须怜铁甲冷彻骨，四十余万屯边兵。"

前线战士在流血，最高军事长官却在京城造园子。宴会的雅兴顿时被扫空了。众宾客举杯悬停，默而不语。晏殊亦不语。

范仲淹却道："好诗！"

宴会草草收场。此后，晏殊有所收敛。不得不收敛。范仲淹、欧阳修这些人，连皇帝都敢惹。

庆历三年（1043）春，欧阳修任知谏院。另外三个谏官，分别是王素、余靖、王仲仪。

王素是名相王旦的儿子，后来他的儿子王巩成了苏轼至交。

欧阳修对王素开玩笑："你是名相之后，尽可大胆言事，朝廷不会降罪于你。我们三个出身贫寒，比不得你。以后得罪人的事都由你牵头吧。"

王素笑道："君子当仁不让。"

王素独斗权臣，东京人称他"独打鹘"，鹘即是隼，一种长喙猛禽。王素一个人冲锋陷阵，隼一般盘旋在高空，侦察着官场，看准了攻击目标便俯冲下来。有风险，王素自去承担。这个名门之后是条汉子。

四月初，新任枢密使夏竦到任。此人是吕夷简的老对头，玩弄权术不亚于后者。且手段阴毒，连吕夷简都害怕与他共事。欧阳修决心摸一摸这只大老虎的屁股。他和王素一道联络御史中丞王拱辰、御史席平等人，连上十八道奏谏，终于罢免夏竦。枢密使一职改由杜衍担任。

这一次，欧阳修打头阵，朝中台谏合力，做他的坚强后盾。

斗争也是一门艺术，讲技巧，讲策略。谏院侧重向皇帝谏言，御史台负责监督百官。台谏合流，对整个朝廷形成强大的威慑。

君子与君子联合起来，组成了一支战斗队。如今，东京百姓不称"独打鹘"了，称"一棚鹘"。

谁是领头鹘？庐陵欧阳修。

谏院和御史台的言官们，在仁宗朝汇成一股清流，荡涤朝廷数十年积下的浊水。清与浊，短兵相接，正面交锋。

仁宗皇帝增加了谏官的编制。

石介，时任国子监直讲，类似最高学府的教授。君子风盛，他欣喜若狂，写《庆历圣德颂》，高唱赞歌。天下学子争传，甚至传到千里外的蜀地，年仅八岁的苏轼读得满眼向往。石介指夏竦为"大奸"，称："皇帝明圣，忠邪辨别。举擢俊良，扫除妖魅！"夏竦气得吐血。他招来和尚道士，设斋坛，牌位上书"夙世冤家石介"。他行古代最毒的巫蛊之术，发誓要置石介于死地。两年后，他得偿所愿。

石介的文章四海流传，将君子之风吹向民间。欧阳修兴奋了，推荐石介做谏官。范仲淹不同意，说："石介正直，但性格太烈，过于一根筋。如果他做了谏官，一定会纠缠皇帝去做那些根本不可能的事。稍微违忤了他的意愿，他就会死谏，叩头流血。"言下之意，石介这样的人，容易坏事。

范仲淹一席话，欧阳修想了很久。看来，君子有君子的毛病。

孟子反复告诫："徒善不足以为政。"君子单凭一腔正气，是不可能天下无敌的。水至清则无鱼，人至察则无徒。君子与小人的斗争永远是长期的斗争。君子求道，小人逐利，滋生后者的土壤远多于前者。朝堂君子，切不可高估自身，尤其不可低估小人的力量。必要的时候，君子要学会与小人共事。

淮南转运使吕绍宁，向朝廷进献十万贯"羡余钱"。这钱名义上是地方赋税的盈余，实则是大刮民脂民膏，捞足了油水又讨好皇帝。这根利益链条上，一串小人堂而皇之地献媚，百姓遭殃，皇帝茫然。这种情形，历代不绝，有个专用词，叫"雍蔽"。

"领头鹊"欧阳修要冲进火牛阵，切断那根已伸到皇帝手中的利益链条。

欧阳修上《论乞不受吕绍宁所进羡余钱札子》，质问吕绍宁：自宋夏开战以来，天下困乏，民生凋敝，南方府库哪来的大宗剩钱？姓吕的刚到淮南任职，究竟用了什么方法搞来进贡的十万贯钱？这背后有何玄机？欧阳修请求仁宗下令彻查，惩治贪官污吏，救万民于水深火热。

战乱促成治乱之意志。仁宗当即准奏。谏官们备受鼓舞。吕绍宁辈大呼不妙。

五月，欧阳修、王素奏请仁宗皇帝，阻止了凌景阳等三人召试学士院。凌是晏殊推荐的，欧阳修上《论凌景阳三人不宜与馆职奏状》，指凌平庸，另外的夏、魏二人，因贪污受过处罚。欧阳修一针见血地说："窃以累年以来，风教废坏，士无廉耻之节，官多冒滥之称。"

这句话是对范仲淹的呼应。范仲淹曾经呼吁："得士者昌，失士者亡。"

仁宗批准了欧阳修的请求。凌未能入学士院；夏、魏被取消了召试资格，二人的后台却是吕夷简、夏竦。

知谏院欧阳修，把矛头同时对准三个朝廷大佬。

七月，参知政事（副宰相）王举正以资政殿学士知许州，拟由范仲淹接替其位置。范仲淹辞不受命。王调动他所有的人脉关系，稳住中书省的这个重要职位。欧阳修上《论王举正范仲淹等札子》，指责王平庸无能，应当罢职让贤。王坚拒，不让贤。双方展开了拉锯战。谏官余靖、王素、蔡襄纷纷上奏章，协助欧阳修。

八月，范仲淹调中书省。姓王的灰溜溜离开了汴京。

"领头鹘"领着"一棚鹘"，为变革大业披荆斩棘。

八月下旬，欧阳修上《论韩琦范仲淹乞赐召对事札子》，请求仁宗皇帝召对韩、范二位大臣。召对是小范围与皇帝对话。九月初，天高云淡的日子，仁宗垂询天下兴废的大事。范仲淹却道："事有先后，久安之弊，非朝夕可革也。"言下之意，他希望皇帝的进取心能够细水长流，让变革大业安稳落地。毕竟欲速则不达。二十多年后，另一位改革家王安石同样说："缓而图之则为大利，急而成之则为大害。"

仁宗似乎等不及，下手诏，开天章阁，以皇帝的最高礼遇表明他的决心。史载，"仲淹皇恐，退而上十事"。"十事"即"条陈十事"，是庆历新政的纲领性文件，一半以上的措施指向官僚集团。

十月，欧阳修上《论乞主张范仲淹富弼等行事札子》，云："及见近特开天章，从容访问，亲写手诏，督责丁宁……天下之人延首拭目，以看陛下欲作何事，此二人所报陛下果有何能？"

皇帝下决心，欧阳修帮着他做决断。

天下大事，时也，势也。欧阳修洞若观火。君臣一心，庆历新政获得了一次关键性的发力。

作为严格意义上的学者和年轻的文学大师，欧阳修的政治眼光与勇气，令人钦佩。他也有不成熟的地方，无须讳言。毕竟他还年轻，政治经验不足与范仲淹并论。让人诧异是：他跃入激流、奋不顾身，却又能逸出自身。生存如此灵动，不固不器，他是如何做到的？其基础性情态是什么？

庆历三年（1043），欧阳修三十七岁。

他在朝廷得罪了很多人，导致"谤书盈箧"。

这一年，范仲淹等发起声势浩大的"庆历新政"，矛头直指贪官、庸官。同时改革赋税，抑制豪门大族。欧阳修知谏院，居言路之要津，担当新政的理论家和舆论家。他团结台谏，全力配合范仲淹，被小人指为"朋党"。于是奋笔书写著名的《朋党论》，公开亮出朋党的旗帜，鼓吹贤人政治。"臣闻朋党之说，自古有之……大凡君子与君子以同道为朋，小人与小人以同利为朋，此自然之理也。"

朋党为赵宋家法所深忌。欧阳修试图冲破"家法"的束缚，团结君子，可谓大义凛然。当然也有反作用。君子高扬"朋党"大旗，小人们也便清醒了。他们平日逐利，各有斗争，一旦发现君子是最大的敌人，也立刻团结起来。其战斗力强，火力分布隐蔽，诡计多端。他们的决心同样不用质疑。为了既得利益，为了子孙百代永享利禄，小人们能豁出命去。

小人集团的首领，是掌兵权的枢密使夏竦。

新政与反新政，在皇帝的眼皮子底下展开了一场恶战。

欧阳修重炮连发，弹劾十余官员，措辞和弹劾吕夷简的奏章一样激烈。翻翻《欧阳文忠公集》，真是令人感慨。儒家文化深入血液的政坛人物，其大无畏，可不是写在纸上的空言。

小人疯狂反扑，马不停蹄，联络王公贵戚，结成利益联盟，挑战道义军团。宰相晏殊一言不发，"一曲新词酒一杯"，玩弄着他的政治谋略。所谓玩弄，遇火则结冰，遇风则成石。他成了中书门下的一尊石像，于人无害。

小人集团的攻击一波接一波，吕夷简、夏竦拼老命了。义利之争进入白热化，能左右风向的唯有龙椅上的皇帝。新政之风由仁宗而起，但决定风势的不在京城，却在国门之外。

庆历四年（1044），宋夏停战。西夏称臣，宋赐岁币三十万贯以达成和平，史称"庆历和议"。

几年来，仁宗在紧张与不安中备受煎熬。眼下终于瘫坐在龙椅上，长长地舒了口气。他很舒服，不想动了。夜色笼罩着整个皇宫，平静、祥和。他闲看着，很满意。烛光莹莹，忽而闪烁起来，连同烛照的影子一同跳动不止。他有些不安，于是吹灭了烛火，和衣而眠。这一夜他睡得很甜。

和平当然是好事，但偶尔会有副作用。

翌日上朝，仁宗眉头舒展，久违的和气又回到脸上。似乎有点烦，大臣们还在吵来吵去。他们在吵些什么？哦，君子斗小人。范仲淹、韩琦、欧阳修……他们自然是君子，不会错的。但他们结党！一斗便有党，一贯如此。唉。君子结党，小人也跟着结党。外患刚平，内患又生。烦啊，真是烦。不能清净些吗？百年承平就在眼前了，还斗个什么？君子求道，小人逐利，大家各得其所嘛！哦，道义、原则，这些比较麻烦。逐利倒简单，些许利禄就能闭嘴了，安分了。道义，终点在哪儿呢？什么又是原则？守家法，召和气，难道不是本朝的原则吗？和气，最重要的是和气。要和，不要生事……

和风一吹，把范仲淹、韩琦、富弼们都吹出了京城。

庆历新政，不到一年即草草收场。

欧阳修冒险上书，奏呈《论杜衍范仲淹等罢政事状》，凛然道："夫正士在朝，群邪所忌；谋臣不用，敌国之福也"

敌国何在？澶渊之盟、庆历和议，能管百年。哪怕管十年，也不妨少歇！

于是贪官庸官执手相庆，一跃而上，哄抢战利品。范仲淹等人腾出的京师官位，足够他们享用一阵。但一阵过后呢？他们胃口太好，子子孙孙胃口更好……

小人享国依旧，君子远在江湖。

史称仁宗"宽仁而少断"。他的优点缺点同样明显。

庆历五年（1045），欧阳修权知真定府事。此前，保定兵变，兵乱平息后，两千多名投降的士卒分散在河北各州军。富弼出任河北安抚使，下令把降卒一夜间全部处死。欧阳修顶风冒雪，飞马三百里见富弼，坚决阻止富弼杀两千人。时值半夜，两个人在官府激烈争吵。富弼怕降卒生乱。欧阳修大喊："你下了命令也没用，我在镇州（真定府治）决不执行！"

富弼后来说："欧阳修救了两千人，也让我免于一场大祸。"

作为北宋名臣之一的富弼，也保住了他的身后名。

富弼是庆历新政的中坚人物，庆历五年，夏竦攻他正紧。如果他杀降卒，必定授人以口实。家人族人必受牵连。

半个月后，富弼被罢免了枢密副使。还汴京，不许入城。恰遇欧阳修回京述职，他一见欧阳先生，忍不住大泪滂沱，推金山倒玉柱，要跪谢欧阳修……

这一年，欧阳修却遭遇"张甥案"：有人弹劾他，说他和领养的"甥女"张氏有染。这姓张的妇人，是欧阳修妹妹的已故丈夫与前妻生下的女儿，四岁寄养欧阳家。长大了，嫁给欧阳修的侄子欧阳晟，过几年，却与仆人勾搭成奸。奸情败露，官府问罪，张氏惧，咬上了欧阳修，说她出闺前早就被欧阳修勾引过了。这事立刻让新政的反对者拿去做文章，引得朝野哗然。人伦事大，私通养女和挟妓风流不可相提并论。

报复他的官员一拥而上。

欧阳修百口难辩。仁宗并不相信，却苦于找不到帮助他的理由。新政官员纷纷落马，而仁宗本意，是想保住几个人的，以免旧势力猖獗、坐大。其中就有忠直的欧阳修。不料出了这档事儿。

欧阳修贬滁州，时年四十岁。他做京官正处于上升势头，身佩御赐的绯鱼袋。这种荣誉性的佩饰，通常是升官的信号。升执政也是可能的。

因家丑而出京，欧阳修更想不通。车马上路，闷闷不乐。

滁州（今安徽滁州）是一座富庶的山城，青山绿水，野鹤闲云。

官场失意，又遭恶意中伤，很多官员要颓唐，一蹶不振，抱怨，生病，乃至不起。古今例子太多，统计数字庞大。这说明什么呢？

说明盯利益的官员蛮可怜的，生存逼仄，短视，无趣，气量小。而所有这些是有着逻辑关系的，它们环环相扣。

上台风光，下台踉跄。

毋宁说，所有的风光都是为踉跄打前站。

其实这台上的所谓风光，未必经得住仔细考察：一味盯私利的家伙脸上要绷着，肌肉僵硬，血液不畅。那些个贪官，半夜三更怕敲门……

当官如果不想这样，那就早做准备，学学欧阳修。一学他为百姓胸怀坦荡，二学他的诸般修养，君子不器。我们来看后者。

修养进入了骨髓，遇事则发。

美感可不是说说而已，美感是一种能力。欧阳修在官场日久，这种能力不降反升：青山绿水仿佛久违的情人。入则仕，退则山水，这是种能力。能退之人，妩媚的山水敞开怀抱接纳他。不能退的倒霉蛋，身处蓬莱亦不自知，就像个见不得光的小虫子，往朽木底下拼命地钻。

小人格局小。小人活得像某种东西。

滁州城南有丰山，欧阳修到任不久，筑丰乐亭，并写《丰乐亭记》。后来他写信对梅尧臣说："去年夏中，因饮滁水甚甘，问之，有一土泉在城东百步许，遂往访之。乃一山谷中，山势一面高峰，三面竹岭回抱。泉上旧有佳木一二十株，乃天生一好景也。遂引其泉为石池，甚清甘，作亭其上，号丰乐，亭亦宏丽。……"

写信如叙家常，全无浮华文采。宋人信札颇耐读，纸上文字靠近口语。这细微处，是能看出古文运动的一个努力方向的：世俗化，却又不失文化传承之所谓"雅"。

北宋士大夫文化的巨大生命力，是恰好在雅与俗之间，是两边受力。雅俗分流，往往两败俱伤。宋文化滑向元、明之俗，则已俗得无趣，沙里淘金费工夫。

小诗《丰乐亭游春三首》其三云："红树青山日欲斜，长郊草色绿无涯。游人不管春将老，来往亭前踏落花。"

春将老，是把春季视为若干层次。苏轼有词句："春未老，风细柳斜斜。"欧阳修眼睛不好，感受季节却细腻。早春，阳春，暮春，初夏……丰乐亭是休憩之所、聚集之地，上有古木森森，下有清泉淙淙。亭与山，仿佛向来是一体。圆圆的落日斜斜地挂着，偏偏绿又无涯：夏季将至也。三三五五游人，丰乐亭前闲踏落花。

人若有情，景色自丰。丰反衬寡：名牵利绊之人，走到哪儿都看见单调。

诗人何在？酒和音乐何处飘香？请看号称北宋第一散文的《醉翁亭记》："环滁皆山也。其西南诸峰，林壑尤美，望之蔚然而深秀者，琅邪也。山行六七里，渐闻水声潺潺，而泻出于两峰之间者，酿泉也。峰回路转，有亭翼然临于泉上者，醉翁亭也。作亭者谁？山之僧曰智仙也。名之者谁？太守自谓也。太守与客来饮于此，饮少辄醉，而年又最高，故自号曰醉翁也。醉翁之意不在酒，在乎山水之间也。山水之乐，得之心而寓之酒也。若夫日出而林霏开，云归而岩穴暝，晦明变化者，山间之朝暮也。野芳发而幽香，佳木秀而繁阴，风霜高洁，水清而石出者，山间之四时也。朝而往，暮而归，四时之景不同，而乐亦无穷也。……"

古文描绘风景，看来比白话文强。全篇二十一个"也"，十三个"者"，犹如反复回旋的复调。文字如泉水之溢，一派天然。人，亭，山，泉，鸟，皆含醉态：酒醉，色醉，情醉，意醉。几百个常用汉字，醉倒多少后来人。

范仲淹贬邓州，"不以物喜，不以己悲"。苏轼贬黄州，"也无风雨也无晴"。君子步入所谓的仕途低谷，其情态大抵类似。

居庙堂之高，不坠青云之志；处江湖之远，善养浩然之气。

君子齐家治国平天下，靠什么？靠修身。

欧阳修写诗为文，都提到"滁人"，也即当地的百姓。君子为官，眼睛盯着百姓，是为文化本能。《大雅·泂酌》："岂弟君子，民之攸塈。"与民同在，上下和谐，从西周到北宋再到今天，愿景始终一致。审美的卓然姿态，悲悯的博大情怀，似乎有某种内在联系。人性之善与君子之德，相互连接亦相互放大。桥梁在于审美，审物之美，更审人之美。官员为什么要读书，要审美？孔子云："君子成人之美"，"己所不欲，勿施于人"。

庆历七年（1047），欧阳修再次致信梅尧臣，说："某此愈久愈乐，不独为学之外有山水琴酒之适而已。小邦为政期年，粗有所成，固知古人不忽小官，有以也。"

粗有所成，是欧阳修谦虚，他为滁人修水利，建城市的排水系统，凡事亲历亲为。他上表请朝廷减赋税，整顿不良官吏。十万滁人感激他，他爱去的丰乐亭、醉翁亭，成了滁人常去的地方。此间，欧阳修继续撰写七十四卷的《新五代史》。为政著书之余，方有可爱的醉翁形象：那字里行间透出的由衷的喜悦。如果他不务正事，一天到晚聚众取乐，这餐馆那酒楼公款消费，透支"公使钱"，那他写下的多半是狗屁文字。

胸有正气者，能写好文章。

君子方能才高八斗，小人是花花肠子弯弯绕。

孔子曰："君子病无能焉，不病人之不己知也。"

君子只担心自己能力不够。

孔子又曰："君子求诸己，小人求诸人。"

欧阳修在小邦滁州干了三年，被调到大邦扬州做太守。

扬州属淮南东路，历来是繁华地，南北交通枢纽，军事重镇。欧阳修总揽军政大权，少不了迎来送往，与一拨接一拨的外地官员周旋。夜深人静，又铺开纸笔写大书。半年，政务军务理出个头绪，他忙中偷闲，盖了一座平山堂，亲手设计，指挥施工。堂在南郊的蜀冈上，背靠森森古木，面向冈下的千里沃野。

宋人叶梦得记载说："欧阳文忠公在扬州，作平山堂，壮丽为淮南第一。"

古代文人为官，通常懂得建筑艺术，往往乐于亲自参与，塑造风格与细节。欧阳修在小城建丰乐亭，于大城修平山堂，用的是官钱，而全民皆可享。扬州人好游冶，从此多了一个足以向外地人夸耀的去处：平山堂。堂前有棵柳树，为欧公亲手栽植，扬州人亲切地称它"欧公柳"。蜀冈曾经刮大风吹歪了柳树，群众赶紧相约去扶正，培土。民心如此。但凡是个好官，人民群众自会爱戴、亲近。歪官斜官狗官，人民群众惹他不起，躲得远远的，冷眼看他吃喝玩儿，豪华官车来去威风，年复一年，糟蹋百姓的血汗钱。小民憋着气等待时机，比如等狗官调走的那一天，一齐上街吐唾沫，跺脚，放鞭炮。

天闷要下雨，人憋要出气。

欧阳修设计了壮丽的平山堂，兴犹未尽，又挥笔为它填词，留下一首与建筑相匹配的传世佳作。《朝中措》："平山栏槛倚晴空，山色有无中。手种堂前垂柳，别来几度春风。　　文章太守，挥毫万字，一饮千钟。行乐直须年少，樽前看取衰翁。"

有人指出，既然写晴空所见，为何说山色有无中呢？莫不是欧公近视，看不见？此一说在扬州流传，绝妙的佳句，原来出自眼疾哩。欧阳先生听到了也不生气，莞尔一笑。他本人幽默，自能欣赏幽默。再者，他知道扬州人的笑声里，含着对他的爱意呢。

2019 年夏，我和眉山东坡文化讲师团的学员们游学杭州与扬州，杭州记忆深，扬州印象佳。杭州酒店那柔软的惬意不用提了。"大梦谁先觉？平生我自知。"绿波红浪不须夸，西湖新月枝头挂。"故乡无此好湖山。"扬州的夜晚可谓般般销魂，三轮车夫做导游，弯来拐去说不休，恐怕全国唯一。

嗬，好个平山堂，山风呼呼地吹，学员蹭蹭地上。"认得醉翁语，山色有无中。"

次年，欧阳修调颍州（今安徽阜阳）做太守，扬州的继任者姓薛。这薛太守不晓事，也在平山堂种下一棵柳，传令下去，州县官员一律称"薛公柳"。此人不坏，一庸官尔，喜欢摆谱，拿腔捏调的派头。他巴望着扬州百姓也能尊一声"薛公柳"，然而很失望，没人理他。他很生气，喝闷酒，上头了，要下令全城百姓一人喊一声"薛公柳"，被幕僚劝止。

姓薛的一调走，薛公柳即被劈成一堆，百姓分得"薛公柴"，烧得很开心。平山堂里，单留一棵枝繁叶茂的欧公柳，南宋犹存。

欧阳修居扬州一年，遗爱千载，也不奇怪，君子人嘛。异日他的学生苏东坡在登州（今山东蓬莱）做了五天太守，留下"五日登州府，千载苏公祠"的美誉。真是有其师必有其徒。欧阳修又隔代师从韩昌黎、白居易，白居易则紧跟伟大的人民诗人杜甫，"穷年忧黎元，叹息肠内热"。

君子为美政，不消再举例。

颍州有西湖。天下西湖三十六，颍州西湖的风光仅次于杭州西湖。欧阳修写颍州西湖，写绝了，如同稍后的苏东坡写杭州西湖，也写绝了。大诗人所到之处，山水生辉。伟大的眼睛，伟大的笔，怎不令享受着他们的语言艺术的我辈一再感激？

《采桑子》十首，全是写颍州西湖，近代词家夏敬观评价："十词无一重复之意。"我们选两首拜读。

"轻舟短棹西湖好，绿水逶迤。芳草长堤。隐隐笙歌处处随。　　无风水面琉璃滑，不觉船移。微动涟漪。惊起沙禽掠岸飞。"

"群芳过后西湖好，狼籍残红。飞絮濛濛。垂柳阑干尽日风。　　笙歌散尽游人去，始觉春空。垂下帘栊。双燕归来细雨中。"

旋风般地做事，梦幻般地享受。

君子不器也，天天叫享受。

《圣贤传·孔子》之结束语："自然所赋予的身体的潜能，文明所赋予的精神的潜能，今之国人，深思才好。"

皇祐四年（1052）三月，欧阳修的母亲郑氏去世，享年七十有二。他受母亲的养育之恩，又从母亲口中听到父亲的故事。丁忧期间他追思父母，作《先君墓表》，后来在熙宁三年（1070），以此为基础，写下动人的《泷冈阡表》。母亲贤而知礼，父亲堪称良吏。他在母亲身边长大，备受母性的温柔呵护，令人联想杜甫和白居易。君子皆孝子，此无疑焉。三个大文豪，都不乏慈悲心，性情亦多有相通处。杜甫因遭遇安禄山之乱而变得坚硬，拖着一家十口，辗转数千里，广大的悲悯洒向带血的土地。白居易、欧阳修生活在和平年代，于政坛皆有锋芒，于生活，则沉醉于富贵温柔乡。不过，二人都容易受伤。

欧阳修当年被诬陷与养女张氏有染，至今耿耿于怀，有机会就要狠狠地发泄一通。

丁忧结束后他官运更好，以丁忧前的应天府（今河南商丘）知府迁吏部郎中，充龙图阁学士，又进爵，食邑八百户，佩紫金鱼袋。作为吏部高官，他兼任"流内铨"，掌官吏的进退赏罚，大权在握。由于其正直，庸官贪官盯上他，先下手为强，通过太监向仁宗皇帝讲他的不是。

欧阳修任流内铨仅六天，即被迫辞职，一气之下，闭门写《新唐书》，不复于吏部视事。不久，新的任命下达：判三班院。这官职掌武官的升降赏罚。欧阳修管不了文官，就去管武将。北宋抑武人，这类例子多。起因是开国皇帝赵匡胤担心武人造反。

当时的宰相陈执中，是个典型的庸官，而庸官的一大特点是聪明，凡事执两端，两头取利，和气生财。他的家人族人大肆敛财，他眼花耳背，什么都不知道。

"君子视思明，耳思聪。"小人反是。官场小人通常善于装聋作哑。

表面上的庸官，暗地里往往是贪官。欧阳修弹劾陈执中，言辞异常激烈，一如当初弹劾吕夷简。他总是对宰相毫不客气，包括对于他有恩的宰执大臣晏殊。"吾爱吾师，却更爱真理。"晏殊有一次指着韩愈画像对宾客说："这个人像欧阳修，我只看重欧的文章，并不欣赏他的为人。"

宾客们把晏殊的话传开了。欧阳修笑道："晏丞相是个好人。"

言下之意：仅此而已。

如果能攻皇帝，欧阳修一定会攻的。这种君子的大无畏精神，令人感动复感慨。朝廷叫他出使辽国，他迟迟其行，直到陈执中下台才放心上路。

谁坚持让谏官欧阳修离开朝廷？晏殊。

临行前，仁宗皇帝对欧阳修说："永叔啊，用不了多久，朕就让你回汴京。"

欧阳修奏曰："臣子担任知谏院，只怕身在沙漠，奏折到不了陛下手中。"

当天晚上，欧阳修上《论台官上言按察使状》。初，二府（宰相府和枢密院）合议，专选正直而勇敢的官员担任按察使，分赴各路，秉公执法甚厉。贪官庸官纷纷退职，以求自保。同时集体反扑，动用小人的一切招数与门道，上达"天听"。皇帝犹豫不决了。欧阳修力谏皇上，一定保护各路按察使的权威。

欧阳修带着一群将卒，向北远走茫茫大漠，往返六千里。他在马背上迎着漫天黄沙吟诗："旷野多黄沙，当午白日昏。风力若牛弩，飞砂还射人……"

出使顺利，回京受通令表彰，欧阳修又要升官了。

嘉祐元年（1056）夏四月，汴梁一带持续大雨，黄河泛滥成灾，京师内涝成泽国，死人无数。六月，大雨甚至淋垮了太社、太稷坛，仁宗震惊，下诏百官反思朝政阙失。天灾起于人祸，古人是这么认为的，这很好。敬畏天地是常态。

大雨大灾中，欧阳修又干了一件大事：把一代名将狄青给参掉了。狄青时任枢密使，最高军事长官。欧阳修参他的理由是：军中威望太高，怕他灾乱中哗变。皇帝准奏，八月，狄青以同平章事、护国军节度使判陈州。狄青失兵权，一年，郁郁而终。

两个宰相，一个枢密使，栽在欧阳修手里。谏官发力，有时候误伤了好人。

欧阳修一手参人，另一手荐人。北宋他荐人第一：荐包拯、范仲淹、韩琦、吕公著、文彦博、王安石、司马光、曾巩、三苏父子……这些人几乎全是北宋名臣。也有看走眼的，比如力荐恶狗般的吕惠卿，举荐佞人李清臣。吕善于伪装，欧阳修让他给蒙了。

欧阳修能荐这么多人，和他任科举主考官也有关系。

嘉祐二年（1057）的礼部试，是宋代科举考试的转折点，也是宋文化的转折点。而完成这次重大转折的，就是欧阳修。他蓄力已久，并有了一个团队。所谓文以载道，科举改革其实是思想运动，让天下举子扩大心胸和视野，扔掉雕词琢句的骈俪文。北宋科举，分诗、赋、策问三大块，其中的赋即是四六骈文，时称太学体，用险韵，求僻字，直追以司马相如为代表的汉赋。欧阳修亦是骈文高手，却是宗师六朝小赋，比如陶渊明的《归去来兮辞》。初盛唐是浮华文章的鼎盛期，像唐太宗，虽有贞观之治，却很喜欢空洞华丽的辞藻。大概这位初唐明君，暗地里希望像汉武帝那样拿语言做排场。

语言的排场，乃是权力的变式。

欧阳修变革科举显得十分轻松。三年一次的礼部试由他主持，称知贡举，另有范镇、王珪等人协助他。这些人都是举足轻重的大人物。梅尧臣为小试官。

成千上万的考生"中夜起坐，裹饭携饼，待晓东华门外"。进考场个个紧张，有人抽搐，有人昏倒。几位考官则于经院饮酒赋诗。欧阳修《归田录》记载："凡锁院五十日，六人者相与唱和，为古律歌诗一百七十余篇……笔吏疲于写录，僮史奔走往来。"

这一年的进士榜，放出去八百七十七人，创历届之最。这八百余人为官各地，播下古文运动也即思想运动的种子。全国的读书人，于嘉祐二年（1057）改变了寒窗用功的方向。

宋代士大夫文化之雄浑博大，欧阳修居功甚伟。

不过，麻烦随之而来。

锁院五十日，诗写舒服了，酒喝安逸了。醉翁骑醉马，摇晃出大门，忽见满街的书生朝他冲来，团团围住他的高头大马，喊口号的，扯衣袖的，要拉他下马，暴打一顿。幸有士卒闻讯赶来，欧阳修才打马溜走。

《宋史·欧阳修传》记载："（欧阳修）知嘉祐二年贡举，时士子尚为险怪奇涩之文，号太学体，修痛排抑之，凡如是者辄黜。……场屋之习，从是遂变。"

欧阳修的儿子欧阳发回忆："……榜出，士人纷然，惊怒怨谤。其后，稍稍信服。而五六年间，文格遂变而复古，公之力也。"

有新思维的人高中黄金榜，沿旧习者名落孙山后。

考生中有苏轼，名列第一。因是糊名考试，考生各有代号，欧阳修怀疑这么出色的文章可能出自他的弟子曾巩之手，为避嫌，将其录为第二。

如果没有嘉祐二年的科举变革，苏轼未必能考上。

而苏轼考不上，不歪歪扭扭走仕途，其巨大的文化能量就聚集不起来，强劲喷发更无从谈起。众所周知，苏轼是文化的全能者，是在文化的巅峰期继往开来的大宗师，伴之以不可思议的人格魅力、生命活力，足以垂范后世千万年。宋以后的士子，没有不读苏东坡的。他强于任何皇帝、将军、富豪、好汉。原因很简单：他提升了人之为人的境界。他是令现代人目瞪口呆的生活大师：对生活永远高涨的热情和无穷无尽的想象力，像恒星一般燃烧。

没有欧阳修，苏东坡会被淹没吗？还有苏辙、程颢、曾巩、张载……嘉祐二年的进士榜，灿若星河。

历史有偶然性。王东坡、李东坡，叠不出一个苏东坡。

欧阳修看苏轼的文章，"不觉汗出，惊为异人"。他在京城奔走呼号："老夫当避路，放他出一头地也。""三十年后，世上人更不道着我也。"

多么敏锐的眼力。多么可爱的君子风度。

苏轼正式成为欧阳修的弟子，自豪地说："有大贤焉而为其徒，则亦足恃矣。"

嘉祐四年（1059），欧阳修加封龙图阁学士，权知开封府，是全国最大的地方官，后任即为包龙图包拯。嘉祐名臣，真是接二连三。但欧阳修力辞，提出两个理由：身体不好；写《唐书》。宋仁宗再给他加封食邑，他只好硬着头皮上。为政之余挤时间写历史大书。此后若干年间，他不断升官，升至枢密副使、参知政事，参与中枢决策了。令人惊奇的是，为政如此繁忙，为学如此严谨，欧阳修还能腾出几只手，写诗，填词，作赋，挥毫，推广古文，研究金石书画，品茶，饮酒，弹琴，对弈，欣赏并指点歌舞伎，主持东京文坛的超级沙龙，睁大病眼为国家挑选人才……欧阳修以身示范，带动一大批追随者，在北宋这个特殊的时期，将中国传统文化推向最高峰。

君子不器，欧阳修堪称百代之表率。

张方平到东京，欧阳修与他斗酒，一斗百余杯，大笑而起，脚下不乱。醉翁真可爱，庶几是个美男子呢。

我们向他致敬!

欧阳修在中枢的位置上一待八年。为政为文,醇酒妇人。一面是严肃而有成效的工作,一面是赏心悦目的日常生活,要精神有精神,要身体有身体。病体也能活跃。欧阳修笑起来像个孩子。他心里特阳光。平时滔滔不绝谈天说地,却不夸自己的文章,如同蔡襄不夸书法,晏殊不夸风流,王安石不夸治国,司马光不夸品德,苏东坡不夸豪放,苏子由不夸沉稳。

宋人喜欢生活在别处,意在凸显生命的潜能。

古代文化的巅峰期,完整的生活世界得以初现。文化精英们有足够的能力走向世俗,却不失士大夫品位。有庄严的大视野,于是有韵味儿十足的小细节。

宋人的生存姿态,对今天是个提醒。

宋人活得认真。生活的意蕴层环环相扣。社会对个体行为的评价系统呈多元化,风俗厚,道德淳,敬畏天地,审美成风尚,视汉语为家园,权钱价值观远不足以覆盖一切,"一眼看穿"的计算型思维,并未随着商品的丰富而统治人的大脑。

人,是各式各样的,各有追求,于是各呈风貌:你喜欢不是我喜欢。

所有这些,值得思考。海德格尔:"追问乃是思之虔诚。"

思,正未有穷期……

欧阳修的词,犹如白居易的诗,能穿越社会各阶层,高门深院、寻常巷陌,广泛传唱。不断有人向他报告,他的哪首新词或旧作又风靡了哪一座城市。高兴了他就自己谱曲,打着拍板,浅斟低唱。比如著名的《蝶恋花》:"谁道闲情抛掷久。每到春来,惆怅还依旧。

日日花前常病酒，不辞镜里朱颜瘦。　　　河畔青芜堤上柳。为问新愁，何事年年有。独立小桥风满袖，平林新月人归后。"

末两句空灵，收拾了前边铺开的春愁。

这不像出自一位高官之手，但宋代高官，有此能耐者多也，多也。官场固然复杂，利益固然诱人，却未能令人绞尽脑汁、全身心投入其中而难以自拔。这里修身是关键。早年蓄志用功，中年还在努力，活得丰富而又坚实，尽可能拓展生存的境域，融合异质性的东西。于是有了持续的优哉游哉。

优哉游哉可不是种花养草，它是广泛的修养激活生命潜能的一种人生情态。

海明威说："决不会在公园的长椅上打发暮年的时光。八十五岁还要享受男欢女爱。"

海德格尔八十岁给阿伦特写情书，精美的信笺夹着风叶草。

雨果是木匠。托尔斯泰是农民。爱因斯坦爱弹钢琴。维特根斯坦是一所中学出色的园丁。鲁迅先生干体力活一丝不苟。……

《论语》："子曰：'君子道者三，我无能焉：仁者不忧，知者不惑，勇者不惧。'子贡曰：'夫子自道也。'"

仁者亦忧，忧国运。

"是进亦忧，退亦忧，然则何时而乐耶？"

欧阳修身体不大好，又嗜酒，病酒当为常态。这个病体却拥有古今一流的生活享受，且不谈他的一系列伟业。范仲淹童年、少年缺营养，其意志力的持续喷射，壮观如火山。两位旷代大贤，倒是让绝大多数拥有健康体魄的男人望尘莫及，差得远。什么原因呢？这个有趣的现象，却是本文的题外话。

赵朴初先生写道："为善不辞心力，为学只争朝夕。多少英雄山岳立，向雷锋学习。"

雷锋叔叔有着婴儿般的笑容，他的照片，笔者看不够。"雷锋"是爱的同义词，爱生发一切。

当生活遮蔽愈演愈烈之时，我们有能力回到源头性的追问吗？

君子何以不器？

2020年10月再改于眉山之忘言斋

司马光：庙堂风范与日常风度

司马光字君实，号迂叟，复号齐物子。人称温公。他是君子的榜样，是小人的"眼中钉"。如果评选宋代十大道德模范，司马光应该名列第一。

君子与迂夫子有某种联系吗？有的。

迂叟司马光真够迂的，一迂几十年，否则就不会有三百万言的《资治通鉴》。他中年七上辞状，拒绝做枢密副使（类似国防部副部长），冷面揖别老友王安石，此后再也不谋面。洛阳十五年，他不盖豪宅，不置豪宴，夏日钻地室写大书，数九严冬不生炭火。贵客来了也不生火。像苏东坡那样并不拒绝享受的人，冬日造访温公，冻得连连搓手，却又舍不得走。

温公自言："食不敢常有肉，衣不敢纯有帛。"

君子不违仁。"不违"即君子之规尺。司马光一生有数不清的"不"字。如果说欧阳修、苏东坡展现了君子之张力，司马光即诠释了君子的约束力。在极尽繁荣的北宋，享乐成风的年代，他带头不搞奢靡，生活近乎寒酸。他以此表率天下官员，也敲打他们，令他们不悦。他们说，君实太迂。若司马君实不迂，哪有这么强悍的、一竿子插到底的君子精神？

本文写庙堂的君子司马光，也写生活中的君子司马光；写君子与小人斗争，也写君子与君子斗争。并尝试着回答：为什么君子和君子会有斗争？

司马光是山西夏县人，生于天禧三年（1019），官宦世家。祖父司马炫走得早，留了一大笔家产。父亲司马池一分不拿，都给了族人，自力更生，读书入仕，其家风可见一斑。宋代官员调动频繁，东西奔波，难免累及家人。王安石便吃了这个亏，童年不幸福。司马光是幸运的，夏县老家族人多，他可以安心成长。他有个哥哥名叫司马旦，大他十几岁，司马光待他如父。

幼年的司马光蹦蹦跳跳。他一生下地就呼吸着书卷的气息，父兄捧书卷的模样给他留下最初的印象。户内和户外渐渐分化成两个天地，花木虫鸟的世界是活生生的世界。孩子们成群结队，春夏秋冬不消停，小小司马光跟在后头，显得有点呆头呆脑。

他不是天才。据他自己讲，小时候看书背书记不住，比同龄小孩儿差远了。父兄大约为此责备过他。于是暗暗下狠劲，别人背三遍，他就背十遍。七岁那年，他背完了一整部《吕氏春秋》。父兄惊异，出题考他，能答。父兄赞赏，司马光也高兴，从此"自是手不释书，至不知饥渴寒暑"。

笨鸟先飞，飞到了同龄人前头。某日玩耍，一名同伴爬水缸，跌了下去，拼命挣扎却出不来。孩子们吓蒙了，作鸟兽散。唯司马光临危不乱，搬起石头砸缸，救下同伴的命。十二岁那年，他随父亲入川，过秦岭栈道，一条巨蟒拦路。他夺过父亲利剑，一剑刺去，巨蟒跌入山谷，他们接着赶路。仿佛无事。

君子讷于言而敏于行。这个外表依旧木讷的孩子，于无声中成长着。多年苦读，长学识，也长自信。笨鸟展翅，只轻轻一扑，忽觉身如雄鹰，迅猛且灵动。

《宋史》评价，司马光小小年纪（七岁），即"凛然如成人"。

有个关于核桃皮的故事：家里的女仆用开水除掉了核桃的青皮，司马池回家后问谁想的这巧法子，司马光站了出来，煞有介事讲了一通，结果挨了一记耳光。他撒谎，不诚实。脸上火辣辣的痛，六十多年后他还记得。耻感植入皮下，深入内心，绽放出道德之花。

君子养心，莫善于诚。真实、诚实，是一切的前提。父亲要他做诚实的君子，君实二字，当由此而来。父亲的教诲，司马光终身不违。及至盖棺定论，世人评价他，单用一个"诚"字。

宝元元年（1038），司马光中进士，同年娶陕西转运使张存的女儿张氏。这一年他二十岁，事业、婚姻双喜临门。张氏大家闺秀，知诗书，识大体，美而贤。此后的漫长时光，她与丈夫朝夕相处，琴瑟和谐。

司马光初仕，担任华州（今陕西华县）判官，对公务很上心。回家持笏而坐，口中念念有词，温柔的妻子常常忍俊不禁，偶尔蹦出一句俏皮话，能博相公一笑。当然，也不乏玩乐。他和一个叫石昌言的眉山人连骑共游，造访古迹。"虽嬉戏之间，亦不忘于正也。"嬉戏未见于史料，而讲"不忘于正"，大约他也有胡闹的时候。可惜这方面的细节，我们无从得知。

正史中的司马光总给人一本正经的印象，这应该只是局部的真

　　　　　　　　　　　　大宋十君子

实。生活不可能一味正经，夫子尚且"唯酒无量，不及乱"。永远刻板的读书先生，要么迂腐，要么偏执，哪有能力进入活生生的世界，更遑论治理万象纷呈的大宋帝国？

迂叟司马光有不迂的一面。

华州干了一年多，司马光调任苏州判官。从秦陕到江南，从黄土黄河到青山绿水，从高亢的秦腔到吴侬软语，满眼都是异地风情，步步皆为他乡风物。宋代官员赴任往往不着急，一路慢慢悠悠，很享受。过荒山野岭，宿鸡毛小店，听人故事和鬼故事。日升日落，朝晖夕阴，君实读经典，又读天地大书，读社会大书，每一天都是崭新的一天。

他书法端正，写诗一般，几乎不填词，更不知"四六"（骈文）。苏杭越的丽人娇娃惹不动他。他的心在书上、路上和妻子的身上。做官五十年，张氏陪他四十五年，跟随他辗转京城与州县。宋代士大夫，夫妻情好的例子多。生活偶有灵光一闪，就够了。张氏倒主动张罗给他纳妾，不成，反闹出许多笑话，至今仍为趣谈。

宝元二年（1039），司马光的母亲去世，他回夏县丁忧；两年后父亲去世，他接着守孝。他瘦了一大圈，"平生念此心先乱"，痛苦不自言。他守在家乡的涑水旁，读书撰文，愈加勤奋。他关注百姓生活，为穷苦人发声。人们敬他，尊称他涑水先生。

守孝长达五年之久。

丁忧期满，司马光任丰城知县。干得很出色，"政声赫然，民称之"。离任时，百姓、同僚为之送行。他平时极少饮酒，这回却敞开了喝，"不辞烂醉樽前倒，明日此欢重得无"。醉酒赋诗，这恣意的情态在君实生平非常少见。可见他很快乐，难得这么快乐。

岂弟君子，民之攸塈。"塈"指用泥涂屋顶，"攸塈"有安居、安息之意。君子主政地方，与民同乐，往往自在、自如，状态极佳。苏东坡做过八任地方长官，每次都舍不得走。王安石更是长期坚守地方，对京城的召唤视若无物。可惜，司马光主政地方的时间太少，另一次干了不到一个月。他的史学才华太过于出色，皇帝总爱留他傍身。如果给他多一点时间，"迁叟"是否会向着"不迁"再进一步？

民之乐，多纯粹，司马光也能接受的。身处京城，他往往乐不起来。尽忠，尽职，拒奢靡，拒享受，他给自己立下了许多规矩，以对抗他痛恨的享国之风。享乐则伤民，他做不到。他活得不自然，却没办法。他被大量的"不"字包围着，天长日久，强化了他的固执，也形成了他的盲区……

关于这些，我们后面再谈。

丰城两年后，司马光奉旨回朝，几年间担任了若干职务，其中重要的工作是在史馆修史。他写《项羽诛韩生》《汉高祖斩丁公》《秦坑赵军》……写了几十篇，为后来写作《资治通鉴》打下基础。复做地方官员，他在郓城、并州任通判，再调开封府推官，一路行使监督职权，负责考察地方官吏。以史为鉴，明是非，朝廷认为他是块好料子，后来又让他做了五年谏官。他连任谏官时间之长，冠绝当时。

史学修养加之基层历练，让司马光对政治有了信心。信心催生抱负。而小官有了抱负也是件令人烦恼的事：缺乏施展的空间。四十岁，他吃惊地发现自己有了几根白发，对着镜子想拔掉，转念又说："拔之乃违天。"

不惑之年，烦恼的不止司马光一个。王安石，字介甫，时任三司度支判官。他学问大，不输君实，抱负更大，也更加憋得慌。他脾气不好，出了名的"脸黑"，看谁都像"流俗之人"，少有朋友。某日，安石搬家，在开封府旁挑了新居。旁人议论纷纷，终于得出结论：这里离司马光比较近。

京城多君子，介甫独重君实。两人是一见如故，相互吸引。平日不是你拜访我，就是我拜访你，家事国事天下事，大谈特谈，越谈越来劲。两个清瘦的男人，胸中皆有万卷书，笔下俱有千钧力。介甫激烈，君实稳重。博古鉴今，介甫有奇思；居仁由义，君实明尺度。他们看似一对好搭档，并且有共同的目标：要辅佐皇帝，让赵宋王朝国运延续。

国运要延续，盖因有中断的可能。当时北宋已历五朝，官僚安享盛世，君子忧心忡忡。日趋严重的"三冗"问题，让以繁荣著称的赵宋王朝几乎喘不过气来。士大夫的自觉意识，也由此达到鼎盛。范仲淹首举改革大旗，失败了，余音不绝。王安石、司马光、苏轼……后继者迭出。

北宋中后期的政坛，这三人上演了一场大戏。

司马光酒量不大，王安石滴酒不沾，但两个人碰在一起永远有说不完的话题。生命的多重奏使个体持续兴奋，只嫌时间不够用。

宋代优秀的士大夫们，一生兴奋点无数，美政，琴书，诗词，美食，美酒，团茶，学术，艺术，官妓，漫游，怀古，访古，骑射，僧道，建筑，种植……宋词的兴旺发达，与官妓的空前活跃有着深广的联系。

司马光对曲子词和唱词的官妓都不感兴趣，他对古物感兴趣，有空就往大相国寺跑，舍得掏钱买。亲爱的夫人典当首饰也要支持他。痴迷古物乃是追怀历史的衍生情态。一轴古画，一件青铜器，一卷唐人抄本，半刀澄心堂纸，半丸潘谷佳墨……这些古物像弹射装置，把司马光弹向历史的悠远与幽微，发不尽思古怀古之幽情。一旦得了宝贝，他会兴冲冲去拜谒"集古"大师欧阳修，请教鉴赏细节。手头缺钱时，他眼睁睁看着心爱的古物让别人买了去，快快不乐，叹息弥日。痴迷。买回家的东西，断不肯卖出去。古玩，妙在一个玩字。司马光为官著书之余，最大的兴奋点就是寻觅古物。

王安石迷古书，迷《尚书》《周礼》，越读越迷，"不知忧乐之存乎己"。熙宁初他在金陵丁母忧，一千个日子睡在铺谷草的地上，青灯黄卷，蔬菜馒头。孝子司马光和孝子王安石惺惺相惜，迷古物的司马光与迷古书的王安石互为知己。二人的友谊看上去要地久天长。包拯，吕公著，范纯仁，刘贡父，刘恕，不时与君实、介甫共游汴京城，惊叹她的繁荣。还有一个博学的吕惠卿。

关于汴京城，我多写几句。

北宋中期的人口已近一亿。据学者考证，汴京人口达一百多万。全国三百二十多个府、州、军，数千个城镇，人口规模远胜唐代。城镇人口的占比，宋代是历代之最。百姓有迁徙自由，"轻去乡土，转徙四方"已是常态。失地的农人、无产的"客户"大量涌入工商业，于是百工活跃，商业发达，市井生活的丰富前所未有。

京城有座白矾楼，高度超过皇宫，显然违了礼制。一干太监强烈要求拆掉，大臣们倒不以为然，拒绝扰民。太监势微，大臣势大，皇权保持克制，"与士大夫共治天下"。最终名楼得以保留，民意战胜了礼法，开明之风可见一斑。

宋代君权、相权、谏权，有某种程度的相互制衡。宰相能驳皇帝的圣旨，谏官能言皇帝的过失，揭宰相的短。经年累月，制衡达成了某种平衡，争执却不伤整体的和气。开明之风，由上及下，成型为民间充分的开放与自由。城镇是长期自然生长起来的城镇，类似悠久的自然村。推动力来自民间：农工商兴旺了，与之相应的东西应时而生。建筑精美，器物讲究，服饰多样，美味佳肴更是数不清。孟元老《东京梦华录》，记东京城市生活甚详。张择端《清明上河图》，叫人一窥北宋后期的市井繁荣。民间自发的乐子层出不穷，花样翻新。生活之意蕴层的形成，缓慢而又扎实。老百姓不分老幼男女，活得投入，几十年活不够，这是为什么？

苏轼总结，主要是因为道德与风俗罩着大局。此二者，源自遥远的尧舜时代。财富是民间的自发追求，不独市民村民，寒窗士子亦然。而士农工商的价值排序始终不变。义是价值规范，利是本源性冲动。宋代近乎奢华的生活局面，同时又有道德的大面积覆盖。南北各地的乡风民俗，蕴含大量的道德因子，士大夫加以强化。道德风俗有固化，有过头，有弊端，总体说来是好的。

宋代生活世界的敞开度明显高于唐代。敞开的反面叫遮蔽。有遮蔽，就有解蔽。

汴京城坊、市相通，高官也能去市场，而唐代城市是不允许的。相约黄昏后，月下影成双，宋代突破了束缚人性的礼教樊篱，男女情爱的自主趋势，构成了礼教运动的反运动。换个词叫解构。

元宵节，寒食节，端午节，中秋节，类似全民狂欢节，民众连日走东窜西，持续兴奋。早市、夜市、鬼市（通宵营业），店铺林立，每日吸引大量市民，高鼻子蓝眼睛的异域人士也在其中。大虹桥横跨汴河，精致的小桥卧波于支流，汴河两岸万家灯火，舟楫千帆竞渡，不舍昼夜，人如织，车如龙。好玩的去处永远数不清，美感渗透生活的各个角落。

一言以蔽之：生机盎然。

"立纪纲，召和气"，邓小南先生以此为赵宋家法之核心。和气乃天地阴阳之对冲，冲淡了强力意志，冲出了生机勃勃。赵宋卓越的开国智慧，值得重新审视。她实有异于汉唐，亦非近代以来世人所向往的"强帝国"形象。世人尽可以指责其种种毛病，却无法忽视其在政治、文化、经济、思想、艺术、科学等方方面面所取得的卓越成就。文明的道路上有野蛮，但绝非仅有野蛮。这或许是今日，人们对赵宋一朝再次提起极大兴趣的缘由所在。

和平不易，治世难得，要警惕，更要珍惜。

近人丁传靖编著的《宋人轶事汇编》，多取自宋人笔记，讲司马光的篇幅甚多，一如讲王安石，讲苏东坡。且说包公请喝酒，赏牡丹，司马光小酌数杯，对包龙图表示尊重。王安石却一直板着脸不举杯，劝他饮美酒，他生气。包公面黑，王安石也面黑，两个倔男人在盛开的牡丹花下，面对面，黑对黑。司马光记云："介甫终席不饮，包公不能强也，光以此知其不屈。"

王安石是一条黑牛，有时候是一条蛮牛。宋人称安石为牛形人，敢当天下先。黄庭坚说："王介甫终日目不停转。"

司马光有几年时间与王安石同朝做官，交往比较频繁。王安石写《言事书》，司马光写《论财利疏》，志在延续国运。赵宋立国近百年了，士大夫们珍惜国运，甚于珍惜个人和家族的命运。为什么？国败，家不保。中唐的惨痛教训要汲取。从范仲淹那一代人起，延续国运的声音又持续了两代人。嘉祐二年（1057）苏轼高中进士，致信章子平说："自今日起为许国之始！"如此发宏愿，有其时代氛围。而目睹过庆历新政流产的王安石，对国家的问题有深入的思考。他要做一名医国手。国家的病症是"三冗"：冗官，冗兵，冗费。如何施治呢？这是医国手面临的另一个重大问题。

司马光对王安石钦佩有加。同样的，还有文坛领袖欧阳修。其《赠王介甫》云："翰林风月三千首，吏部文章二百年。"欧公赞王安石诗如李白，文如韩愈。安石回赠："他日若能窥孟子，终身何敢望韩公。"他自视为孟子，把恩师欧阳修比作逊于孟子的韩愈。欧公一笑而过，并不介意，继续看好王安石。而京城的士大夫们，纷纷指责王安石自负太甚，全无君子风度。韩琦、吕诲，包括脾气火暴的苏老泉，骂他的人不少。苏老泉写《辨奸论》，到处散发，言"不近人情者，鲜不为天下患"。意指王安石这样的人，他日得志，是要误国的。

众议沸腾，司马光看法不变。

君实瘦，介甫瘦，两个瘦男人都有千钧力，能否形成合力呢？君子与君子联手，会带来国家的福音吗？

人们拭目以待。

宋仁宗嘉祐六年（1061），司马光知谏院。谏院是谏官们办公的机构，谏官也称言官，对朝廷大事和百官提意见，要敢于唱反调，敢于得罪人。司马光一上任，就有《陈三德上殿札子》，说"人君之大德有三，曰仁，曰明，曰武"。

仁宗，明君，独缺勇武。老皇帝身体不好，司马光委婉地指出他的毛病。

又有《言御臣上殿札子》，说"致治之道无他，在三而已，一曰任官，二曰信赏，三曰必罚"。治国先治吏，是君子普遍的共识。他的好友王安石也曾上《言事书》，苦口婆心，要教皇帝择人。

不久，又上奏《进五规状》。五规是：保业，惜时，远谋，重微，务实。这五个方面是"守邦之要道，当世之切务"。他希望皇帝要有清醒的头脑，要深知"太平之世，难得而易失"。他统计，自周王室东迁到五代末年，一千七百余年间，统一只五百余年，乱世多于治世。所以要防微杜渐，"销恶于未萌，弭祸于未形"。

皇帝、群臣，乃至天下，皆有可变者。司马光微言大义，用力不多。治世难得，他珍惜，珍惜大于变革。在他看来，国家之病，或不在根，而在寄生其间的食禄者。如同百年大树，要想长得好，需得修枝裁叶。

"故治之于微，则用力寡而功多；治之于盛，则用力多而功寡。"这是他的态度。与王安石、苏东坡不同，司马光缺乏主政一方的长期经验，要他拿出一整套兴国良方那是难为他。而久居京城，他对朝廷弊病却极为敏感。谏官的位置可能是他最好的发力点。他上《论宴饮状》《辞免裁减国用札子》《言遗赐札子》，强烈要求国家削减开支，尤其要禁止官僚集团奢靡之风。君子之道，有必不为，而无必为。他在"不为"二字上下足了功夫。

他说："今以富大之州，终岁之积，输之京师，适足以供陛下一朝恩泽之赐，贵臣一日燕饮之费。"

他质问仁宗："何独不忍于目前之群臣，而忍之于天下百姓乎？"

贵臣大啖"生民之膏血"，司马光持续猛攻。凡贵臣之所欲，他唯恐除之不尽。他成了食禄者们的"眼中钉"，自言"与人立敌，前后甚众"。

嘉祐八年（1063），在位四十多年的仁宗驾崩。皇帝有遗产百万，按例赐予群臣。司马光得千贯，尽数充公。他以此亮明态度，希望百官向他看齐。显然没人理他。

英宗继位，他把"人君三德""致治三道"呈献给新皇帝，后来复呈神宗、哲宗。他说："臣平生力学所得，至精至要，尽在于是。"他不多说，也许是说够了。他做了五年谏官，跨越仁宗、英宗二帝，上了一百七十多封奏章，也曾痛批朝廷"上下偷安，不为远谋"。而仁宗老，英宗病，官僚享乐依旧，君实斥之无用。老朋友王安石早已离京，隐在江宁不肯出山。

英宗身体不好，享国四年便驾崩了。他在位时，《资治通鉴》的庞大工程得以立项，设书局，拨专款，为司马光配了几名年轻助手，如刘贡父、刘恕、范祖禹。二十岁的神宗登基，改元熙宁，司马光修史的工作继续受重视。他做了翰林学士，替皇帝起草诏令，繁忙的朝政之余写他的史书。《史记》大抵是司马迁的个人行为，汉武帝不感兴趣。《资治通鉴》则不然。这部史书初名《通志》，神宗命名《资治通鉴》。

司马光的本意，是写给学子考生们看，后来规模渐大，成了君王们治国之必读。

熙宁初，现实的波澜取代了历史波澜。二十岁的神宗坐上龙椅，王安石"高人出山"，携带着他的变革大计。君臣一致，迅速结成强大的变革意志。司马光欢呼雀跃，称"介甫独负天下大名三十余年……起则太平可立致，生民咸被其泽矣"。

"生民咸被其泽"，司马光对老朋友怀着无限期待。"官乱于上，民贫于下"，几年前，王安石对仁宗如是说。

然而君子队伍一分为二，反对王安石的不少。很多大臣嗅到危险的气息，近乎本能地抵制新法。忧国运，而不是忧他们得来不易的乌纱帽和钱袋子。这叫文化本能。宰相韩琦、曾公亮进谏神宗；三朝老臣富弼，警告龙椅上的年轻人勿生战争的念头。神宗看地图常流泪，他盯着燕云十六州，回想太宗屁股上的箭伤，攥拳发抖。他要雪耻，要打大仗，首先要充实国库。

韩维、王珪等大臣支持变法，吕惠卿、曾布、章惇、苏辙、程颢……一大批青年才俊集结于安石麾下。御史中丞吕诲弹劾王安石，司马光为老友挡枪，说："众喜得人，奈何论之？"

变法队伍蓄势待发，司马光睁大了眼看。然而仅仅数月，他便与王安石针锋相对了。

三年一度的郊祀（祭天地），堪称君臣的狂欢节。这一天，皇帝会赏赐百官，上至宰辅，下及小吏，累计花费超过一千万贯。国家一年岁入，亦不过六千万贯。其时河朔遭遇旱灾，大量百姓艰难度日。司马光要免除对官员的赏赐，用于救济灾民，这是常识。朝廷不是缺钱吗？国用不是不足吗？为何还要做此无谓的耗散？

而王安石语出惊人："国用不足者，以未得善理财者故也。"

司马光说："天下财利，不在官就在民，所谓理财，无非是变着法子夺民财。"

安石曰："不然，善理财者，民不加赋而国用丰饶。"

温公罕见地有了愠色，言："安有此理！"当着神宗的面，这对老朋友公开辩论，几乎翻脸。安石辩不过，不说话了。神宗忙称君实有理，实际上，在替介甫解围。

有些话，皇帝不好明言。

古之理财，重在劫富，且往往是战争的序曲。司马光通贯古今，一清二楚。商鞅用于乱世，助秦扫六合，而终亡于暴政；桑弘羊施于治世，差点让汉武帝断送国运。司马光对汉武帝评价不高，文功武治以残民为代价，他反对，态度坚决。他看着眼前的神宗与安石，看出了汉武帝与桑弘羊的影子，越看越像。

汉武帝"有亡秦之失而免亡秦之祸"（司马光语），盖因强汉极盛，能打胜仗，外忧不及内患，足够让他下《罪己诏》，挽回国运。赵宋可效仿乎？几次主动出征都输得一塌糊涂。富国容易，强兵难，"干戈一起，所系祸福不细"（富弼语）。老臣们的忧虑实有苦衷。

熙宁二年（1069），王安石任参知政事（副宰相），亲自主持变法机构：制置三司条例司。这是一个直接听命于皇帝的新机构，权力几乎超过三省。神宗年轻气盛，心思都写在脸上。老臣们越看越忧，转头盯着王安石，越盯越气。

知谏院范镇，当着皇帝的龙颜怒斥王安石："陛下有纳谏之资，大臣进拒谏之计；陛下有爱民之性，大臣用残民之术。"王安石的黑脸顿时更黑。范镇自请外放，不劳王安石驱赶。变法意志不可移，君子之志同样不移。于是求去以明志，成了熙宁初君子们的常态。

司马光连连写信，力图挽回老友。他指出王安石的四条错误：侵官，生事，征利，拒谏。王安石《答司马谏议书》逐一为自己辩护，情绪不温不火，而字字坚定，称得上一篇好散文。在宋神宗的御座前，吕惠卿挑战司马光，吕辩不过，气得发抖，竟然大动肝火，出言不逊，连皇帝都摇头。司马光始终"气貌温粹"，一派大儒风度。

司马光说："介甫之意，必欲力战天下之人，与之一决胜负。不复顾义理之是非，生民之忧乐，国家之安危。"又说："今介甫为政，尽变更祖宗旧法……使上自朝廷，下及田野，内起京师，外周四海，士、吏、兵、农、工、商、僧、道，无一人得袭故而守常者，纷纷扰扰，莫安其居。"

司马光是主张养民的。仁宗时，他上《论财利疏》，言"养其本原而徐取之"。他的思路是令农工商各务其本，有余财，而后取。在他眼里，奢靡之风由上及下，已逐渐危及民风。贵臣"穷天下之真怪，极一时之鲜明"，百工投其所好，重器物之华贵而轻实用。富商勾结官僚，取垄断之暴利，打压小商小贾。倒是务本的农人受尽盘剥，税负劳役皆重于唐代。问题出自官僚集团，民间往往是被动的。改革不以吏治为先，反而变着法子取民财，"安有此理"？

庆历新政主攻官僚，司马光支持。今人评价，王安石整治官僚集团的勇气，其实远不及范仲淹。

治国不治吏，是熙宁新法的通行证，也是王安石的死结，绕不开的。他本欲对地主富商进行精确打击，"法非不良也，而吏非其人"，导致打击面严重扩大，伤及全民。反对新法的队伍中，君子占了多数。后人称之为"保守派"，司马光成了保守派领袖。没办法，他得保守君子之良心。

熙宁三年（1070），王安石拜相。宋神宗搞平衡，升司马光为枢密院副使，要他留在京城，专注军务，莫问新法。司马光"坚辞"不就。皇帝再请，君实再辞，短短十余天连上五封辞状，朝野大哗，年轻气盛的宋神宗嗟叹连连。

司马光说："臣徒以禄位自荣，而不能救生民之患，是盗窃名器以私其身也。"

邦无道，而富且贵，耻也。司马光去志已决。神宗留不住，除非罢除青苗、市易等新法，追回奔赴各路的提举官。

他提醒昔日的至交王安石："诏谀之士，于介甫当路之时，诚有顺适之快；一旦失势，必有卖介甫以自售者矣。"

有一次，两人在朝廷激烈争辩后，王安石想坐司马光的车回家，司马光含笑说："介甫，你可以坐我的车，但你身上的虱子不可以上车。"

王安石愣在台阶下，众大臣掩面而笑。

有人问司马光："君子不与小人同乘一辆车吗？"

司马光反问："难道王介甫是小人吗？介甫与跳蚤不可并论。"

他是指王安石身边的那些小人。

此言一出，东京盛传。

安石不信，要把跳蚤养成君子。新进的年轻人活蹦乱跳，借新法之便迅速上位，然而朝为君子，暮为小人。几年后，吕惠卿出卖王安石。最器重的门徒，打击恩师既准又狠。

司马光在汴京住很多年了，对汴京有感情，但决计全家迁洛阳。夫人张氏舍不得，垂泪连日。富弼、文彦博、张方平、吕公著等大臣，纷纷携家带口离开京师。

有一天，王安石对官员们说："君辈坐不读书耳。"

有人反问："尧舜之世有何书可读？"介甫默然。

侍读学士孙固评价王安石："狷介少容"。

出京前，司马光上《奏弹王安石表》，不复称介甫而直呼安石："而安石首倡邪术，欲生乱阶，违法易常，轻革朝典。学非言伪，王制所诛。非曰良臣，是为民贼。……"

这道火气十足的弹劾奏章表明，司马光有意气用事的一面。他在另一篇文章中写道："然光与介甫趣向虽殊，大归则同。介甫方欲得位以行其道，泽天下之民；光欲辞位以行其志，救天下之民，此所谓和而不同者也。"

此文与弹文的写作日期相隔不远，而说法大异。

君子和而不同，小人同而不和。

孔夫子的洞察力毕竟不凡。

司马光出知永兴军（今陕西西安），干了不足一月，调洛阳御史台。永兴军一路，领京兆、河中二府，辖十七个州、军，北面西夏，为军事重地。朝廷下令修城筑楼，同时大规模征兵，战争意图不言自明。司马光上书，呼吁避免主动与西夏开战，理由是"公私困敝，不可举事"。朝廷同意了，但不久便把他调走了。

司马光的和平主张，后来被证明是有远见的。元丰四年（1081），神宗五路伐西夏，大败，次年再败于永乐城。前后损兵六十万，国家和皇帝都大伤元气。宋神宋当庭痛哭，染疾不起。

北宋一百多年间，三次大仗，都是主动出击，结果都是一败涂地。攻则屡败，守则能胜，两宋皆如此。神宗是一位好皇帝，但他太急了，变法心急，求战更急。然而富国有术，强兵无方……

七月，关中大旱。司马光奔赴各地救灾，同时上书朝廷，请求免除农民积欠的青苗贷款。掌司农司的吕惠卿全不理睬，百姓自是雪上加霜。司马光直接给宋神宗写密奏，指责皇帝"唯安石之言是信"。神宗下诏，把他调到许州去，希望他路过汴京时入京面谈，他拒绝。君臣僵持了三个月，皇帝让步了，同意司马光去洛阳。时在熙宁三年（1070）末。

司马光的意思很明白：如果宋神宗肯听劝，那么，他才会去汴京。

王安石拒绝皇帝的召见，司马光同样拒绝，可见北宋士大夫的风骨。为什么把他调离永兴军呢？司马光想不通，后来想通了。八百里秦川是种粮的好地方，贷青苗款的农户多，赋税重，朝廷岁入可观。

神宗不改青苗法，君实就拒绝入京面圣。改了青苗法，介甫就拒绝做宰相。所谓君子精神，也是一种钉子精神，都拧着。

去洛阳写他的《资治通鉴》吧，不能影响当今皇上，且做后世的帝王师。

熙宁年间，大起大伏的内心转向冷静的历史叙述，司马光写这部书憋了多少心劲，是不难想见的。讲历史，是为了当下和未来。

熙宁四年（1071）春，年过半百的司马光抵达西京洛阳。当地官吏在他居所周围插满尖利的竹签，他一看就火了。"君子坦荡荡"，何惧之有？除非是当官的不为民作主，才害怕一方老百姓。

王安石的半山庄园不设防，连围墙都不砌。司马光对此很赞赏。

围墙竹签当天被拔去，门外也不设持枪守卫的士兵。

书局随司马光搬到了洛阳，身边的助手，只一个范祖禹。刘贡父贬到泰州去了，刘恕回江西老家。范祖禹字纯夫，范镇的侄子，也是苏东坡的好朋友和秦少游的亲家，学识文笔称一流，后为翰林学士，他撰写的官文、草拟的诏书，"当世称第一"。

南宋朱熹盛赞："范祖禹下笔，一个字合当一个字，更改不得。"

七尺男儿范祖禹也是朝廷硬汉，高太后听政的元祐年间，冒死谏宋哲宗，被贬到荒凉之地，死于贬所。司马光身边的人都像司马光，犹如苏东坡身边的人都像苏东坡。

君子身边有君子。

王安石却遭到亲信吕惠卿背后捅刀子。

君子背后总有小人。

熙宁六年（1073），司马光于洛阳国子监旁买地二十亩，盖居所，辟园子，名"独乐园"。《独乐园记》云："孟子曰：'独乐乐，不如与人乐乐；与少乐乐，不如与众乐乐。'此王公大人之乐，非贫贱者所及也。孔子曰：'饭疏食饮水，曲肱而枕之，乐亦在其中矣。'颜子一箪食，一瓢饮，不改其乐，此圣贤之乐，非愚者所及也。若夫鹪鹩巢林，不过一枝；鼹鼠饮河，不过满腹，各尽其分而安之，此乃迂叟之所乐也。"

迂叟写了一首小诗《乐》，云："吾心自有乐，世俗岂能知？不及老莱子，多于荣启期。缊袍宽称体，脱粟饱随宜。乘兴辄独往，携筇任所之。"

诗一般，其志可嘉。老莱子即老子，荣启期是晋代隐士。

史称司马光"性不喜佛老"，而洛阳十五载，老庄式的逍遥却来照面了。

宋人笔记《渑水燕谈录》："司马温公优游洛中，不屑世务，弃物我，一穷通，自称曰：齐物子。"

齐物即万物等量齐观。庄子"以不齐为齐"。王安石罢相后退居金陵，研究老子学说。苏东坡将儒道释内化为日常举止，融入他的诗词文赋。这三大文化板块相异而相生，宋代臻于极致。官员们常与和尚道士交朋友，苏东坡是典型。"空余鲁叟乘桴意，粗识轩辕奏乐声。"东坡晚年如是说。君子不困于穷途，盖有老庄将之引向天地万物。

洛阳的高官巨富多，阔园子随处可见，民间有"天下名园重洛阳"之说。李清照的父亲李格非作《洛阳名园记》，记录名园十九处。豪门的园林动不动就二三百亩，司马光的园子只有五亩。

苏东坡眉山老家的园子也是五亩，他造访司马光的五亩园，写诗说："中有五亩园，花竹秀而野。"他早年在汴京的居所南园，有高槐古柳，"一似山居，颇便野性也"。西方人的园林修剪整齐，处处人工痕迹。还是中国的园林舒服，逼近了自然本相，微缩了奇山异水，亭台楼阁隐于其间，人与草木虫鱼亲如一家。

自然，是她本来所是的那个样子。《道德经》首创了"自然"这个决定性的概念，庄子大力推广，惠及艺术、器皿、衣饰、建筑，惠及不同地域的生活方式，引领为政者的无为而为，"治道清静"。司马光、苏轼等人都推崇西汉的曹参。

而太平盛世时间长，贵臣要永保富贵，要加固利益藩篱，于是穷人注定更穷。司马光等一批士大夫对唐朝的突然衰败高度敏感，朴素的日常生活是为全国的官员以身作则。

司马光的政治主张之一是：节用。国家缺钱，在于用度太奢，赏赐不节，宗室繁多，官职冗滥……不节俭，不自律，就没资格向老百姓伸手。

为什么要朴素、要节俭？因为官风对民风的影响最直接。

五亩园有啥不好呢？为什么非得搞二百亩三百亩的园子？官员大搞奢靡，小民水深火热。皇帝大搞奢靡，终于国将不国。渡江南迁，直把杭州作汴州，奢靡之风几时休……

司马光抬眼便是百年，史笔逾千年，而利欲熏心之辈活在他眼皮子底下。利字当头，义是幌子。富贵百年，子子孙孙还要富贵，要坐享其成，要封妻荫子，要荣华富贵十代八代。这股力量极大。司马光们对此有相当清醒的认识。

君子与小人的斗争未有穷期。高瞻远瞩与鼠目寸光的斗争是长期的斗争。

令人叹息的是：君子也会斗君子……

北宋末期，皇帝嬉皮，朝廷小人扎堆，奢靡之风大盛。蔡京在东京的豪华园子达四十里，强拆民居一千多家。而蔡氏一门，竟然出了三个宰相。浪荡之尤的宋徽宗，纵容一帮唱曲踢球装怪的臣子，鼓励他们大刮民脂民膏。

君实泉下有知，不知作何感想。自赵宋立国一百六十多年来，多少人为了国运长久，而付出毕生的精力！

温公居独乐园小阁，"侍吏唯一老仆，一更二点即令老仆先睡，著书至夜分，乃自雹火灭烛而睡。至五更初，公即起，发烛点灯著述，夜夜如此"。《资治通鉴》是这么写出来的。西汉一个司马迁，北宋一个司马光，两座史学高峰。

彼时游人欲游览独乐园，按洛阳惯例要交一笔"茶汤钱"（相当于今之买门票）。"有园丁吕直，性愚而鲠，公以直名之。夏月游人入园，微有所得，持十千（一万钱）白公，公麾之使去（意思是：你留着自用吧）。后几日，自建一井亭，公问之，直以十千为对，复曰：'端明要作好人，直如何不作好人。'"司马光做过端明殿大学士。岂弟君子，遐不作人？作人即育人。天长日久，仆人们也像司马光了。

司马光卖马，洛阳人盛传。卖马可不是一件小事，因为小事嵌入一连串的小事，小事就不小。古训曰："勿以恶小而为之，勿以善小而不为。"

宋人笔记《萍州可谈》载："司马温公闲居西京，一日，令老兵卖所乘马，嘱云：'此马夏月有肺病，若售者，先语之。'"

老兵领了温公的话，牵着马儿上集市。温公乘马，欲购者众。一老者出价五十贯。老兵语，此马有肺病，价钱打对折，于是拿了一半钱去了。这事儿由此传开。一传十，十传百，西京传东京，古代传当代，当代传未来。一件孤立的小事传不广，传不久，几十年点点滴滴做好事，毫不张扬，做好事的人又是大名鼎鼎的司马光，

　　　　　　　　　　　　大宋十君子

合当传后世。

有个朋友点评："君实，脚踏实地人也。"温公深以为然。那个朋友又说："君实，九分人也。"这世上本无十分人，得九分非常高了。如果评选中国古代的十大道德模范，司马君实落选的可能性很小。若是宋人投票，君实先生当为第一。

又一年，司马君实从外地归洛阳，发现独乐园多了一座厕所。可见园子里厕所少。

司马问守园者："何处得钱？"

守园者答："积游赏者所得。"

司马再问："何不留以自用？"

那园吏说："只相公不要钱。"

相公不爱钱，仆人亦捐资。园子是大家的园子，人不分贵贱。五亩园优哉游哉，花竹秀而野，由其自由生长。先生写累了，园子里看看树，听听鸟，嗅花，观鱼，干一点体力活，那才叫悠闲，情绪思绪双重饱满，又如柳絮般随风轻飘，整日飘不散。

日常生活中，一举手一投足，最能显现君子风度。

迂叟自有迂处，讲原则寸步不让，与人唇枪舌剑争论，却从来不生气，向孔圣人的风度看齐。他也能圆通。吕公著来访，带了一堆美味。"温公笑而延之"，招来几个老友大快朵颐，吃了再说。嘴巴肚子俱满足，而心里却不舒坦。事后语人："吾不合放此人入来。"

半年后，吕公著邀约范镇，两袖清风再拜独乐园，温公迎于门外的古槐下。槐者，怀也。温公迎送佳客，方至门外古槐。范镇要亲睹《通鉴》风采，司马光领着，钻地下室。洛阳夏日炎热，君实入地纳凉，在地下室里写史。洛阳民间争传："王家钻天，司马入地。"

其时洛阳有个姓王的大臣，家宅高三层，顶上名为"朝天阁"。

三巨公笑谈饮酒，下酒菜只有二荤一素一豆，倒是做得精美可口。这事儿又传开了，苦了多少洛阳官吏被迫学样。开门吃斋，闭门吃肉，大吃大喝只能偷偷摸摸的，见不得人。

君实的道德自律也不是天生就。他曾被朋友拉出去游山玩水，丝竹歌舞流连，玩了五十天，不归独乐园。道德君子放浪了一回。回园子，迎头碰上老仆，不禁有些叫苦。这老仆一向挑他的毛病。

司马光想躲，却被老仆逮住。当了众人的面，老仆语气严肃，批评道："这许多日，相公何曾看得一页书？"

温公顿时很惭愧，一贯倔强的脑袋耷拉于老仆身前，像个犯了错误的小学生。

一时间园丁、门吏、丫头们围了上来，七嘴八舌，俨然民主生活会，批评与自我批评不绝于耳。

丫头引经据典："圣人云，君子不贰过。"

司马光点点头。

园丁质问司马光："相公去过瓦子勾栏吧？"

瓦子勾栏是宋代城市的娱乐场所。

司马光承认："去过一二回。"

园丁来劲了，又问："相公是否还去过章台妓馆？"

司马光一时脸红筋涨，嗫嚅道："听曲，听曲而已。"

宋代的官员们常与官妓、私妓盘桓，有些人不止听曲。

老仆板着脸说："今日听曲，明日呢？"

这位翰林大学士赶忙表态："不听了，从此不听了。我对曲子词，向来不大感兴趣的。"

老仆皱眉头："感兴趣就去听吗？莫要听成了露花倒影柳三变，

听成了桂子飘香张九成。"

据说独乐园的鸟儿能背唐宋诗词。

古人云:"伯牙鼓琴,而六马仰秣。"

有一年,司马光往乡里讲学。一村父问一个有关经书的问题,他答不上,曰:"某虑不及此。"

村父大喜,整日在村子里转悠,逢人便说:"吾难倒端明学士也。"

圣人云:"知之为知之,不知为不知,是知也。"

君实学问高而不知其高也,他始终望着更高。

谦谦君子,学无止境。

元宵节,夫人张氏出门看灯,君实在书堆中探头说:"家无灯耶?"张夫人道:"看灯复看人。"君实佯嗔:"我是鬼耶?"

夫人愣了一会儿,终于笑得捧腹。民间争传此事,传了一千年,笑到现在。

司马光的幽默可见一斑。

吕惠卿做了宰相,写信问候温公的起居,"温公不答"。北宋的奸相,这吕惠卿与蔡京有一比。当面是人背后是鬼,说的就是这个吕惠卿。王安石重用他,他反咬王安石,又与他的部下撕咬不止……安石不幸,把跳蚤养成了狗。

温公无亲生子,却不语,不责备于夫人。夫人自责,忙着替他张罗小妾,他不同意,一拒再拒。宋代士大夫,佳妾不少,如东坡侍妾王朝云,色艺俱佳,"素面翻嫌粉浣,洗妆不褪唇红"。她又乐于帮助人,"好事心肠,著人情态"。东坡为她写诗填词十多首。

独乐园有个侍女,生得标致,亦知书达理。张夫人有意,叫侍女单独为温公奉茶。侍女对着铜镜顾盼良久,素服靓妆,自认分寸得体。步入书院，香茶奉于案前，而温公不觉，著书不暇窥佳人。侍女不甘，往书架抽了一册《尚书》，良久，念了几句。

炉香绕茶香，茶香又含了脂粉香，佳人捧书倚栏，温公只听得几声聒噪。他抬头，"蹙眉久之"，终于斥曰："院君（张夫人）不在家，你来书院做甚？"

侍女慌了："不敢做甚，不敢……"

于是羞颜而退，出院门"哭奔"。张夫人再也不提这事。

司马光不贪财，不恋色，不要阔园子，不以病马充骏马。

逍遥子逍遥于物外。

想要升官发财的人，都不来独乐园找他，街上遇见也绕开他的驴子。

洛阳有官员与官妓有私，相约于寺庙。适逢温公也去了那寺庙，撞个正着。官妓越墙而逃，温公爬墙而追……那个官员顿足曰："苦也苦也，一世前程，尽毁裙钗！"

温公爬墙追妓，拽她散开的裙带，气喘吁吁拿了证据在手，返身回步，面孔庄严，一手提裙带，其状甚滑稽。温公对狎妓的官员严加训诫而已，放他一条官路。官员道声阿弥陀佛，千恩万谢地去了。

江南三个州的太守与官妓有私，荆公（王安石）拿掉了他们的乌纱帽。按宋制，各地官妓"供声色娱目"，不得"私侍枕席"。由官妓转为家中的侍儿歌女者，另当别论。

道德与风俗，覆盖南北三百州。士大夫精神罩着大局。小局不论。

司马光远离声色固然好，否则，他不可能专心于纷繁的国事与庞大的修史工程，却也因之而形成盲点。戒声色戒过头了。

琴者，情也，士大夫多善于琴棋画。司马君实不弹琴，也不大解琴心。词者，本属艳科也，士大夫竞为倚声，君实不为。他的书法，庄严有余而灵动不足。我怀疑他对美味的兴趣也受制于他的节欲意志，犹如王介甫的怪异举止受制于偏执性格。范镇送的一件被子，君实用了十几年，补了又补。棉絮硬如铁，他还舍不得换。

孔子曰："奢则不孙，俭则固。"

节俭是美德，但易生固执的毛病。夫子洞见入微，君实未能深思。性格决定他在这些事情上思不细，影响他的执政理念与行事风格，这是后话。可见，拿捏理性与感性的分寸有多难。英国哲学家罗素以他的数学家朋友怀特海为例，说意志力太强的人易生大毛病，这也是罗素反观自身得出的结论。

包括老庄孔孟在内的任何人，都有生存论意义上的遮蔽，老庄少一些遮蔽，盖因他们拒绝进入名利场，避免过多的人事纠缠。孔子拜见老子后，羡慕地说："老子是一条龙。"龙的舞台是万里长空，龙没有天敌，龙是自由的同义语。

思想以自身为根据赢得更多的思想，先秦诸子造极也。

跃入生存的万顷波涛、而能拍浪弄潮者，做官四十年的苏轼是个例子，"我坐华堂上，不改麋鹿姿"。热爱生活一生不休，惊奇世界一生不休，意志强，固化少，生命冲动直抵弥留的时光，所以，我称苏东坡是历史上罕见的、近乎完美的男人。

林语堂先生的《苏东坡传》未能思及这一层。林的国学功底好，哲思寻常耳。

洛下的独乐园，清静又热闹。范镇来，张方平来，范纯仁来，富弼来，苏轼来，吕诲来……司马光笑迎佳客，五亩园俨然隐形的政治枢纽。九个大人物在洛阳发起"真率会"，朴素的欣悦年复一年，东西两京的官吏们关注着，心态有异，评价不一。南宋犹有真率会的群体画像。范纯仁是范仲淹的儿子，后来做了宰相，正直如乃父。吕诲大义凛然，堪称朝堂勇士。他误服庸医的药，在洛阳去世，临终前他紧紧拉着司马光的手，说："天下事尚可为，君实勉之！"说完就咽气了。对国家的担忧，也是对子孙后代的担忧。

司马光为吕诲写墓志铭，言辞激烈，直指当朝宰相王安石，一些官员躲在家里不敢去听。王安石倒显得大度，称赞说："君实之文，西汉之文也。"王安石还把司马光写的墓志铭摹本挂在墙上欣赏。

宋神宗欲趁西夏内政不稳，举五路兵马伐之，以绝边患。张方平非常不安，从东京汴梁跑到西京洛阳，找司马光紧急商量。由苏轼起草、张方平呈送皇帝的《谏用兵书》，一针见血指出："贼民之事非一，而好兵者必亡。"

奈何皇帝听不进去，未久，发动了庞大的战争机器，先小胜，后大败，大伤国家元气。司马光闻之，连日泪洒五亩园，池塘细雨皆是泪。

范镇居许昌，常到洛阳来，拽着司马光溜出独乐园，瞒着憨直的老仆吕直。范镇大君实十一岁，有着强壮的体魄和坚毅的内心。二人远足，攀危岩登峭壁，六十几岁的司马光要搀扶范镇。那须眉尽白的范蜀公一口气登上山顶，手抚青松转身而笑。二公相约：后死者为对方撰写墓志铭。温公去世，范蜀公如约命笔，请"宋四家"之首的苏东坡书写，刻石。东坡自乌台诗案后，有些怕，迟迟不研墨。范蜀公摇头，自提鼠须笔。当年，知谏院范镇弹劾王安石，自请离京，苏轼去送他，说："公虽退，而名益重矣！"范镇叹曰："使天下受其害，而吾享其名，吾何心哉！"

北宋的政坛，各级官府中君子层出不穷。尤其是在仁宗朝。

苏东坡来独乐园有点任性，想吃肉，想饮酒，尽管这位大文豪是出了名的小酒量。他在饭桌上咂咂嘴巴，温公由着他，添了几样蜀地名菜。冬日不生炭火，夜里不添蜡烛，是独乐园的规矩。东坡嚷嚷冷，夜里黑洞洞，温公只好叫吕直生炭火，添蜡烛。

烛光照着君实中过风的瘦脸，东坡先生真是崇拜啊，写诗云："儿童诵君实，走卒知司马。"东坡诗一出，很快传到东京，传入王安石的耳朵……

吕直一直称司马光为秀才，东坡说："当呼相公。"吕直改了口，温公长叹："好端端一仆，让东坡教坏了。"

司马君实有句话："吾无过人者，但平生所为，未尝有不可对人言者耳。"

真话讲了一辈子，生平只撒过一次谎，是在六岁那年。如今身在高位，在北宋后期异常复杂的官场中，君实的高风亮节，可谓造极也。

活动变人形，君实绵历世事而人形不变，初衷不改。真人"真"到家了。讲诚信，言出必行。"君子一言，驷马难追。"

洛阳真率会之外复有"耆老会"，十二个元老定期相聚，以史为鉴，纵论国是。司马光年纪不够，范镇拉他入会。依然吃得简单，每每剧谈激烈。国运堪忧啊。温公大论滔滔之后，常常沉默良久。火山的沉默。岩浆之上地表的沉默。暴风雨袭来前的宁静。

汴京城里有个门吏叫郑侠，王安石的高足，黄庭坚、晏几道的至交。此人家贫，一大家子盼他养活。得中进士后，安石几次要提拔他，荣之以爵禄。不从，他认定新法害民，遂不与恩师共事。他待在毫不起眼的安上门（东京城门之一），做个薄俸小吏。各地还不起青苗贷款的农民、遭灾离乡的流民不断涌入京师，郑侠含着悲悯、冒着风险画长卷《流民图》，越职调驿马驰送深宫，附上疏一封："如陛下行臣之言，十日不雨，即乞斩臣宣德门外，以正欺君之罪。"

其时京兆一带数月未雨，赤地千里，黄沙蔽日。民以为是天兆。

高太后和宋神宗看图看哭了。诏下，罢青苗、市易诸法。三日后，大雨如注，万姓欢呼。

变法派大怒，请示王安石，欲置郑侠于死地。安石不语，却向皇帝递了辞呈。

这消息像风一样传开去，请求废罢熙宁新法的奏折雪片般飘向皇宫。司马光上奏《应诏言朝政阙失事状》，一口气讲了六条，其中说："广散青苗钱，使民负债日重"；"免上户之役，敛下户之钱，以养浮浪之人"；"置市易司与细民争利"；"中国未治而侵扰四夷，得少失多"。

熙宁七年（1074），宋神宗罢免王安石，同时，拒绝大臣们的吁请起用司马光。

次年，王安石复相，吕惠卿狗急跳墙，将安石的私信偷偷呈给神宗，妄图离间君臣。他复斗安石的独子王雱，使其郁愤，暴病而亡。王安石伤心伤肝，心如死灰，熙宁九年（1076）二度罢相，退居金陵的钟山。

元丰八年（1085），三十八岁的宋神宗驾崩。十岁的宋哲宗坐龙椅，太皇太后高氏权同听政。

司马光"以高才令德，大得中外之望"，入东京议朝政，开封城数万百姓夹道欢迎："都人叠足聚观，即以相公目之，马至不能行"，上房上树上墙者，跌断腿的，挤破头的，不计其数。宋人的笔记，记之甚详。连山东青州一个偏僻的小山村，成群结队的村民也雀跃欢呼："司马君实为宰相矣！"事见《渑水燕谈录》。

明朝马峦在《司马温公年谱》中慨叹道："时得人之心如此，盖千载一人而已。"

东京人追着他的马车大喊："留相天子，活我百姓！"

岂弟君子，民之攸归。京城百姓不许他再走。

此行原是为了吊丧，但京城百姓的盛情令司马光吃惊。葬礼的肃穆与民众的笑脸对比鲜明。他隐隐有些不安，葬礼结束，迅速溜回洛阳。高太后得知温公不见了，接连责备主丧的官员，并遣特使星夜赴洛阳。二十天后，司马光再进京，半路上接到诏书，要他"过阙入见"。这是要他入主朝政的信号。洛阳十五载，司马光写史，齐物，逍遥，能自由自在地掌控生活。也许他是真不想当宰相，没有足够的心理准备。再者，他身体也不好，为《资治通鉴》付出心血太多。

皇命一下，义不容辞。

时人评价：王安石以"术"进，司马光以"德"进。

高太后听政，开启"元祐更化"，力推"贤人政治"。司马君实为百官之首，吕公著副之。王朝已历一百二十余年，君子队伍依然可观。章惇罢枢密使，范纯仁继任。《宋史》载："纯仁及司马光，皆好客而家贫。"

宋人笔记载："纯仁谓光：'（新法）去其太甚者可也。'光不从，持之益坚。"

范纯仁的政治主张与苏轼相似：熙宁新法推行近了十六七年，部分已生根于民间，不宜全部推倒重来。他悄悄向高太后建议，新法或有可取之处。温公闻讯，拖着病体冲入大殿，要揪出妖言之人。吓得范纯仁躲在太后身旁，一声不敢吭。

书斋人物治国，有盲区而不自知。洛阳十五年，司马光写大书，和大臣们交往也多，有"真宰相"之美誉。但是，埋首于万卷书和日理万机，乃是不同的生存向度，生存向度决定意识的向度。司马光缺乏基层长官的经历，又长期远离朝廷，单凭着一腔热血和书斋式的政治眼光去治理国家，殊难应对人与事的汹涌。他血液中的那股子拗劲与王安石不相上下。

徒善不足以为政，变通与妥协通常是大政治家之必备。范纯仁劝，苏东坡劝，君实黑脸，不听，一如当年的介甫。东坡很受伤，回家长叹"司马牛，司马牛……"

拗相公与司马牛，皆走向各自的极端。从熙宁变法到元祐更化，仿佛冰火相交，朝堂成了格斗场，正义之战变成了混战。党争一起，是非难分，吃亏的总是君子。因为君子有所不为，小人无所不为；君子求去明志，小人伺机上位……哲宗享国十五年，二十多岁就驾崩了，宋徽宗上台，小人占据了高位，迅速终结了辉煌的北宋王朝。

且说金陵王安石。他骑驴转悠山间小道，斜风细雨不思归，喃喃自语："司马十二作相矣。"又云："司马十二，君子人也。"司马光在从兄弟中排行十二。

他写了一幅字挂在书房："当时诸葛成何事，只合终身作卧龙。"此间的王安石是否有反思？他的高足郑侠为什么要画《流民图》？从汴京到州县，为什么那么多的官员抵制他？熙宁变法害苦了百姓吗？问号一大堆。

仁义道德的价值体系，民间风俗的千百年稳定运行，王安石并非不知，但重视的程度远远不够。杜甫说："致君尧舜上，再使风俗淳。"杜甫不是政治家，凭借大诗人良好的直觉，意识到风俗之重。苏东坡将风俗与道德纳入为政理念，一生不变。

德政，也是孔子的核心理念。子曰："不义而富且贵，于我如浮云。"

安石晚年，把精力尽付于文化传承，编唐诗，作《字说》，修订《三经新义》，精心撰写《老子注》。他迷上了禅宗，写诗有了禅味儿："云从钟山起，却入钟山去。借问山中人，云今在何处？""云从无心来，还向无心去。无心无处寻，莫觅无心处。"

介甫一辈子有心多也，于是转问无心。暮年悟道，追慕老子，却是日暮西山……

介甫去世，享年六十六岁，寿同欧阳修。汴京的揣摩型官员跃跃欲试，竞相诋毁介甫，讨好司马丞相。司马光什么态度？

他这么说："介甫文章节义过人处甚多，但性不晓事，而喜遂非，致忠直疏远，谗佞辐辏，败坏百度，以至于此。今方矫其失，革其弊，不幸介甫谢世，反复之徒必诋毁百端，光以为朝廷特宜优加厚礼，以振起浮薄之风。"

反复之徒，希合（迎合）之辈，是当时官场流行语。有个叫杨畏的，绰号杨三变。

司马丞相又谓："介甫无他，但执拗耳。赠恤之典宜厚。"

王安石的家人，因之而受到朝廷的特殊照顾。

司马光执政十八个月，累死在宰相官邸。高太后发起的"元祐更化"阻力太大，而阻力很大程度上来自尽废新法。政治这台车，转向太快容易翻车。深邃的史学眼光并不足以转化为卓越的政治眼光，高尚的品德也不足以在短时间内转化为政治才干。性格遗传、生存向度、心理惯性、朝野氛围，都有碍他在年近古稀之年发现自己的短板。

事实上，没人能够完全发现，一日十省吾身也办不到。生存朝向几十年，固化是常态，反固化是异态。靠什么去反抗固化呢？庄子能在任何人生阶段改变生存的朝向，灵动造极也。庄子以后，鲜有问津者。司马君实说王介甫执拗，他本人何尝不如此。高太后的用人，也有情绪因素。朝堂上她会哭起来，缺少一流政治家必备的冷静。高太后的为政念头，情绪含量过高。她是权力顶端的君子，不谋私利，听政九年而未尝安排一个娘家人做高官。一儿（神宗）一女均先她而去……

元丰八年（1085），司马丞相"躬亲庶务，不舍昼夜"。

人们劝他以身体为重，"举诸葛亮食少事烦以为戒"，他说："死生，命也。"废寝忘食，"为之益力"。

君实罢青苗、市易诸法，造福于苍生，苏轼《司马温公行状》称"天下释然"。

高太后特许他不用每日上朝，他却天天拖着病躯上朝面圣，说："不见君主，不能办事。"

高太后特许他坐轿入宫，他坚持步行，穿御街，过虹轿。渐渐病转沉重了，他待在家里办公，请求按朝廷律例俸禄减半，高太后不许。

病中的司马光挣扎着，坐轿子到吕公著家说事，从午后说到黄昏，从黄昏说到半夜，几番答应不说了，"杖而后起"，却又徐徐坐下。国事重如山，无一语说家事。官员到他家一律不说官事，为此还写了条幅挂在客厅。南宋的学者洪迈亲眼见过，写入《容斋随笔》。

北宋后期，几许士大夫的高风亮节，能表率百官、振起朝廷的浮薄之风吗？

各部门"利孔百出"久也。

陆游说："利欲驱人万火牛。"

一万头火牛奔向利益，那场面，那声势。司马光、苏东坡们回天无力。

元祐元年（1086）的秋天，司马君实的病越来越重了。食少，事烦，一似五丈原秋风落叶中的诸葛丞相。

温公知道自己不行了，给吕公著写信说："光以身付医，以家事付愚子，唯国事未有所托，今以属公。"

数年后，苏轼远谪南荒四千里，途中写诗说："许国心犹在，康时术已虚。"

从寇准、范仲淹、欧阳修、韩琦、富弼、包拯、狄青、吕诲、吕公著，到范镇、范纯仁、范祖禹，到司马光、王安石、苏东坡，到汴京小吏郑侠，徐州处士陈师道，北都（大名府）教授黄庭坚……一百多年间，多少仁人志士，忧国忧民忧家啊。

《离骚》曰："岂余身之惮殃兮，恐皇舆之败绩。……亦余心之所善兮，虽九死其犹未悔。"

质疑古代的鲁迅先生盛赞"民族的脊梁"。

司马光的弥留时光，躺在病榻上，神志不清，含含糊糊说了几天话，说的都是国家。

许国之志渗入了潜意识，点点滴滴流淌到死亡的边缘。床头还有八页上奏的札子。

这一年的九月一日，北宋王朝最坚硬的一根顶梁柱倒下。温公长逝于宰相府，享年六十九。正在明堂主持大礼的高太后当场大恸，哭奔西府，奔向司马温公的灵床。

这位宣仁太后不仅仅哭温公，她有一种不祥的预感：国家将遭遇不测。

朝廷为司马光举哀，停止办公三日。市场停止一切交易。汴京、洛阳的市民，大街小巷尽哭声。温公的画像供不应求，家家户户有之，饭前合掌默念，祈祷温公早日升天堂。自发送葬者多达数万，他们来自四面八方，包括大量农夫、工匠、商贾。

唐宋六百年，如此感人的送葬场面绝无仅有。

朝廷赐龙脑水银以敛，谥曰"文正"。司马光生前说过："谥之美者，极于文正。"

北宋谥文正者，数人而已。司马文正葬于家乡夏县的涑水旁。

司马康为养父筑庐守孝，"居庐疏食，寝于地，遂得腹疾"，"亲戚勉以肉食，终不肯"。司马康病死庐中，才四十出头。这个细节值得注意。尽孝过头的例子，宋代颇不少。秦少游的一个姑母，夫死，姑母上吊殉夫，还受族人的表彰。礼教吃人的一面露出来。

宋明理学的极端化也是吃人，戴震怒曰"以理杀人"。

司马康是司马旦的儿子，幼年就抱给了司马光。长期耳濡目染受教导，偏执胜于乃父。温公自号迂叟，作《迂书》，未料到他儿子司马康迂起来也是不可收拾。康有三个儿子。

司马温公《资治通鉴》，二十年成大功，写一千三百六十二年的华夏史，起于周威烈王二十三年（前403），止于五代的后周显德六年（959）。自周威烈王二十三年起，乱世多于治世，乱臣贼子不绝于史。司马光把历史真相放到君主们的书桌上。司马光另著有《国朝百官公卿表大事记》《稽古录》《涑水记闻》，实际上，他的史笔贯通了古今。《史记》有"太史公曰"，《资治通鉴》有"臣光曰"，都是亮出自己的立场，褒贬历史，臧否人物。

意大利哲学家克罗齐说："历史叙述进入价值判断，历史就变成了哲学。"

海德格尔说："文献史应当成为问题史。"

梁启超《新史学》云："司马温公《通鉴》，亦天地一大文也。其结构之宏伟，其取材之丰赡，使后世有欲著通史者，势不能不据以为蓝本，而至今卒未有能愈之者焉。温公亦伟人哉！"又称司马光的《资治通鉴》，"繁简得宜，很有分寸，文章技术，不在司马迁之下"。

有学者考证，司马光与司马迁有颛顼时代的共同祖先，曰重黎氏。

翦伯赞《跋资治通鉴稿》云："这个《通鉴》永昌元年手稿的发现，说明了一个极其重要的事情，它说明了司马光对于《通鉴》的编写，不只在事后修改润色，而是一开始就抓提纲，不仅抓总提纲，而且抓每年的提纲，至少抓重要年代的提纲。"王仲荦在《资治通鉴选》"说明"中称："司马光本人对于编修《通鉴》的态度，严肃认真。对于全书的体例、书法以及史料的考订，文章的剪裁，乃至句法的锤炼，事事不肯稍有忽视。"史料考订，一件事要参考几种说法；句法锤炼如《史记》，场景描写和人物刻画也令人联想到《史记》。

《资治通鉴》的开篇写三家分晋，收篇于唐末五代之乱，其寓意不言自明。

司马光《进贤资治通鉴表》云："臣既无他事，得以研精极虑，穷竭所有，日力不足，继之以夜。遍阅旧史，旁采小说，简牍盈积，浩如烟海。"

自《史记》到《五代史》，累积到宋代的纪传体史学著作就有一千五百多卷，还不算先秦的经史。司马光用一个人的目光去对付浩如烟海的著述，旁采杂史小说三百种，删繁就简，取精用宏。例如，七百卷的《唐纪长编》，经司马光删定后，只剩下八十一卷。孔子的工作也是"删述"，例如删诗，原本三千余篇，只剩下《诗三百》。在孔子那个年代，所谓知识就已经太多了。用文字的力量去挑战人性中的恶，言词层层叠叠，搅成一堆乱麻。

眼下的网络文字量，亿万倍于华夏民族圣贤们的著述。对此，一定要高度警惕。且不谈学术工业生产的沙多金少的海量出版物。笔者于后者，印象不浅。

君子修身在先，然后修史，记录并评价历史人物和历史事件。司马迁、班固、陈寿、司马光等历史学家，他们自身的道德修养是比较好的。君子修史，方为信史。孔子定《春秋》，乱臣贼子惧。

难以想象的是：历史由一帮小人来叙述。

司马光是一个非常典型的君子，无论在朝还是在野。他做宰相，把王安石的熙宁新法全部推翻，远在金陵的王安石叹息之余，却说："司马十二，君子人也。"这是君子和而不同。二人的初衷，都是为了国家。司马光执政走了极端，但大多数官员和天下百姓还是喜欢他，崇敬他。这个现象耐人寻味。

宋代以德治国，在范仲淹、司马光等一大批士大夫的身上落到实处。

由于为政理念的不同，君子与君子之间常有斗争。司马光斗王安石，苏东坡对王安石和司马光都不买账。北宋后期的政坛，洛党、蜀党争斗不休。

官员争原则也争利益，这就复杂了。

司马光在生活中的君子形象更有意思，君实，迂叟，令人心向往之。那么大的官，吃穿住那么简单。君子修身无止境。

2020 年 10 月二稿于眉山之忘言斋

王安石：藏器于身，待时而动

王安石，字介甫，江西临川人，晚年因封荆国公，故人称荆公，生于宋真宗天禧五年（1021）。

宋真宗是赵宋王朝的第三个皇帝。他与辽国立下澶渊之盟，开启宋辽百年和平，为后来的仁宗盛治奠定了基础。仁宗时，国家走向盛极，经济文化皆高度发达，但同时也滋生隐忧。问题出在"三冗"，即冗官、冗兵、冗费。

宋太祖"杯酒释兵权"，用财富换取公卿贵族手中的权力，所以宋代的政治环境宽松，士大夫话语权很大。而弊端在于，贵族子弟无穷无尽，大量通过"恩荫"进入官员队列。导致官僚机构臃肿，且生活奢靡，享乐之风盛行。

宋代行募兵制，军队吃皇粮，与百姓分离。好处是"方凶年饥岁，有叛民而无叛兵；不幸乐岁而变生，则有叛兵而无叛民"。所以宋朝少有大规模内乱。代价是军费庞大。仁宗时，军队数量超过一百三十万，朝廷要养活，每年需得花掉一半以上的赋税。

养官，养兵，所以冗费。北宋的赋税比唐朝高出许多，岁入也翻了若干倍。然而斗进斗出，海量的财富无谓耗散，致使国家"外强中干"。北辽与西夏又长年袭扰，虎视眈眈，一旦打大仗，赵宋江山难保。

历史到了这样的时刻，有识之士应运而生。

不过，这所谓有识之士，有合作的空间，也有对立的可能。

君子争原则，小人抢官帽。北宋这一出角色众多、高潮迭起的大戏，至今令人扼腕、赞叹、深思。

王安石生在宁江军通判府，他的父亲名叫王益，一生辗转各地为官。宋代地方官通常三年一迁，居无定所是常态。王安石随父宦游，从幼年游到少年。他家人多，有三个妹妹三个弟弟，生活不富裕，日子颇艰辛。他也看得见周围的艰辛。"贱子昔在野，心哀此黔首。丰年不饱食，水旱尚何有。……"这样的文字，常见于王安石早年的记忆中。

环境总在变化，不变的唯有青灯古卷。王安石酷爱读书，是宋人笔记中交口称赞的天才。他记性好，据说凡经他的眼睛看过的文字，一生不忘。《老学庵笔记》说"王荆公目睛如龙"，《钱氏私志》则载安石"视物如射"，可见的他的眼睛异乎寻常。他生得牛耳虎背，走路埋头，作趋奔状，猛一抬头，把自己和别人都吓一跳。他一般不洗澡，很少换衣服……种种生活习惯，常被时人传为趣谈。

但王安石从不在意。他向来对"俗人俗语"不屑一顾。他在漂泊中成长，在孤独中蓄志。一盏青灯，一叠古书，照进现实，也照亮了他的前路。《宋史》说他"有移风易俗之志"。他的志向之远大，或与他早年的生活状态相关。

庆历二年（1042），二十一岁的王安石，考进士高中第一。他在文章里公然指责皇帝不干事，仁宗看了不高兴，也不十分生气，只把他降到第四名。在京城，他与曾巩互为知己，又结识了后者的老师，大名鼎鼎的欧阳修。欧公对这位博览古文的后生印象不错。

庆历三年（1043），王安石时任淮南节度判官。这一年，汴京城风起云涌。范仲淹、欧阳修、韩琦等朝廷重臣，发起"规模阔大"的庆历新政。"明黜陟，抑侥幸，精贡举，择长官……"十条新政有一半拿官僚开刀，要削其官职，动其俸禄，从朝廷到地方，掀起整顿吏治的大风暴。

"君子喻于义，小人喻于利"，义利相争，双方都团结起来，相互展开攻击。于是朝廷上下顿时乱作一团。小人群起，直指新政诸臣为朋党。欧阳修回击，写下《朋党论》，直言"君子以同道为朋，小人以同利为朋"。前者利国，后者祸国。但仁宗已经听不进去了，他慌了神，禁不起眼前的乱局。

不到两年，新政草草收场。仁宗要稳定大局，只能牺牲改革官员们，将其逐出朝廷。而没过多久，改革官员又被尽数召回。仁宗"宽仁少断"，但依旧是位明君。他很清楚，国家最终要靠的，还是这些人。

盛世多君子，却也容得下小人。这是盛世的一大特征。君子兴国，小人逐利，各自都有生存空间。仁宗一朝，君子的声音普遍压过小人。国家虽有"三冗"，但整体的繁荣仍在延续。改革失败了，而君子居安思危，传承着一股危机意识。所谓国之利弊，如同天平的两端，处在一种相对平衡的状态。改革要兴利除弊，是一举打破这种平衡，还是假以时日，让天平缓缓倾斜？

庆历新政，给后来者提供了反思的空间。

王安石时在扬州做小官，冷眼旁观，感慨良多。他对朋友们说："君非不明，臣非不贤，惜乎未得良机也。"

何为良机？是一位富有决心的君王，还是不顾一切的臣子？

王安石琢磨着。

庆历五年（1045），变法失败的韩琦被贬扬州太守，成了王安石的上司。韩琦出身显赫，自己也出色，在朝廷与民间皆有盛誉。但他不似欧阳修那般随性，往往看年轻人不太顺眼。王安石个性强，更难讨人喜欢。扬州繁华地，娱乐场所多。王安石偶尔点卯迟到，衣冠不整冲进衙门，韩琦会冷冷地抛下一句："年轻人，劝你趁着精力充沛多读几本书。"言下之意，是王安石把旺盛的精力用到妓女们身上去了。

王安石脸红了。他受了莫大的委屈，然而眼睛死盯着墙角，始终不吭一声。其实他夜里攻书很晚才躺下，年轻人又睡不醒。他是胸怀大志的人，向来对歌舞场烟花巷不屑一顾。他自认无过，所以不向上司做任何解释。

这件事，宋人多有记载，很能表明王安石的个性。这种不羁不屑，后来直接影响他的施政纲领和执政风格。宋人评安石为"牛形人，任重而道远"，又称其"牛目虎头，视物如射，意行直前，敢当天下大事"。

扬州磨勘三年后，二十六岁的王安石回到汴京。他本可继续考试，进入皇帝的秘书队伍。而他放弃了。京城本喧嚣，周旋于达官显贵之间，他本不擅长，也没兴趣。于是长时间待官。宋朝所谓冗官，一个官位至少三个人，称去官、在官、待官。中了进士，磨勘三年后又待官翘望者，遍布京师。

王安石《上张太傅书》阐述志向说："某愚，不识事务之变，而独古人是信。闻古有尧舜也者，其道大中至正，常行之道也。得其书，闭门而读之，不知忧乐之存乎己也。"

张太傅即张士逊，曾做过当朝宰相。这是一封自荐信。待官时间长，王安石也着急。而闭门读书，"不知忧乐之存乎己也"，似乎又不急了。

什么书有如此魅力？也许是载有尧舜事迹的《礼记》《尚书》《周礼》等。从春秋到汉唐，皆不入他的眼，所以说"不识事务之变"。士大夫遵循的孔孟之道，在他眼中并非至高无上。他直追尧舜，一眼掠过三千年，同时洞察时事，用尧舜的光芒照亮当下。或许他看到了一些不为人所见的地方。他很兴奋，跃跃欲试。

庆历七年（1047），机会来了，王安石调任鄞县（今浙江宁波鄞州区）知县。三年任期，他的生平所学得以充分施展。修水利，垦农田，他是公认的专家。兴学校，改课本，主张学以致用，又堪称教育改革家……干一行专一行，这"牛形人"干什么都劲头足。而最让他得意的，大约是下面这件事。

江浙一带，税收颇丰。官府里多有陈年存粮，只放着不动，时间长了难免霉烂。王安石把官粮借给当地穷人，助其春耕，约定秋收时加二分利息偿还。效果不错。民间借贷利息在六七分左右，其间的利差即可惠民。官府、百姓皆得利，也抑制了地主豪强，一举三得。这法子，即是后来"青苗法"的雏形。以理财为手段，重塑利益格局，也是他后来变法的主要思路。

读圣人书，行圣人事。君子为学，乐在于此。鄞县任满，王安石身心舒畅。他特意取道杭州，登上著名的"飞来峰"，大笔一挥，即是千古佳句。

"不畏浮云遮望眼，自缘身在最高层。"

此间他三十岁，而立之年。学问与实践双重支撑，潇洒自信之至。他娶妻吴氏，生一子，取名王雱。"雱"指遍布四方的大雨。安石有诗云："天下苍生待霖雨。"这是他对儿子的希冀，也是他自身的志向所在。

王雱绝顶聪明，一如其父，但性格古怪，更甚其父。他带给王安石的，有骄傲，有烦恼，更有无尽的悲伤。

嘉祐元年（1056），王安石回京。宰相文彦博要越级提拔，他拒绝，理由是坏了规矩。文坛领袖欧阳修荐他做谏官，他再拒，因为要侍奉老母。欧公遂命他做群牧判官。这是一份美差，掌管全国的马匹，薪水丰厚。安石一贯过得紧巴巴的，欧公愿他宽裕些，学会享受生活。

进京后，安石将弟妹拢集到身边，操心他们的仕途和婚嫁。弟弟王安国、王安礼先后登上仕途。通常来说，兄弟同朝做官，步调往往一致，相互提携。有趣的是，王安石日后登了相位，两个弟弟几乎与哥哥反目。原因很简单：哥哥搞变法，弟弟不认同。对他寄予厚望的文彦博、欧阳修等也不认同。

京师两年多，王安石闲不住，乞外放，任常州太守。一如既往地政绩卓著，断案公正。朝廷召他还京，让他担任三司度支判官。三司是盐铁、户部、度支的合称，掌国家财政收支。王安石系统地研究经济，大约起于此时。

君子依循孔孟之道，通常耻于言利。王安书熟读《周礼》，发现"理财居其半"，即很大篇幅都在讲利，与孟子重义轻利的主张大为不同。他对理财产生了浓厚的兴趣，于是挑灯夜读，竭力参透其中的"玄机"。白日里，他独自上街溜达，观望那些大大小小的商铺，与商人、农民、打工者们交谈。汴京城商业发达，熙熙攘攘，利来利往……这一年他四十岁，自认不惑。

下班回家，王安石提笔，开始勾勒他的改革图景——《上仁宗皇帝言事书》。这篇言事书又称"万言书"，内容广博，不细谈，只取其中一段稍做解读。

"夫出中人之上者，虽穷而不失为君子；出中人以下者，虽泰而不失为小人。唯中人不然，穷则为小人，泰则为君子。"

"中人"即是常人，介乎君子小人之间，是社会的大多数。王安石笔下的"中人"，多指士大夫群体的中下层官吏。他们俸禄微薄，颇难持家，于是逐利，渐渐沦为小人。"泰则为君子"，有些高薪养廉的意味。当然他不仅要养廉，更要"养君子"，要将天下的"中人"引向君子之途。怎么做呢？他提出"饶之以财，约之以礼，裁之以法"。首先要理财，"取天下之财，以供天下之费"。

理财、富国、养君子，这思路颇奇特，与君子"克己复礼"相悖。或许在王安石眼中，所谓"先王之治"，秘诀即在不以圣人君子为尺度，转而从"中人"出发，用利害引导他们的行为，"因其欲而利道之"，"则其志可以行乎天下"。《周礼》重视理财，也是这么个道理。

王安石熟读古书，自视为一名舵手，具备良好的方向感。他自信能够把握利益的流动，解决国家财政难题的同时，还能复归于儒家"君子治国"的理想。这颇重要。宋朝多君子，盖因儒学全面复兴，无论朝廷还是民间，孔孟之道皆占主流。王安石试图跳出孔孟，最终还得跳回来，否则就难以得到君子们的认同。毕竟，仁宗很难支持他，这位老皇帝，在庆历新政失败后，已无力再行改革。

如果有一位皇帝支持他呢？是否就能跳出束缚，另寻一条道路？我们接着往下看。

万言书递了上去，杳无回音。仁宗既不在便殿召对，也不叫宰执传话。王安石苦闷了半年。他也明白，老皇帝想保持现状。可他年过四十，仕宦二十年，担心来日无多。——谁知道老皇帝能活多久呢？

仁宗不理睬王安石的变革长信，但对安石本人是信任的，委以重任，叫他出使辽国。安石回京述职，受表彰，仁宗又命他同修起居注，记录天子的言行。这莫大的恩宠，一般官员求之不得，可王安石不受。

他上了七次辞状，隔数月，又上五次辞状。朝廷不允。双方拧上了。使者携敕书径直上门，四处寻他不见：原来他一直蹲在厕所里。使者不耐烦，将敕书放在桌上，扭头便走。行至大门，王安石冲了出来，抓起敕书塞还使者，迅速关上大门。这事儿传遍了百官。

王安石辞官的次数和方式，创下官员之最。他不愿到老皇帝身边去修什么起居注。当老皇帝的生活记录者，他不干。

朝廷终于让步，改命他为翰林学士知制诰，舍人院办公，起草诏令。他接受了。

嘉祐年间，王安石久居京城，颇不得志。倒是认识了不少人，包括年轻气盛的苏东坡、脾气火暴的苏老泉（苏洵）。他更与司马光一见如故，相互钦佩对方的才学和人品。二人不是你拜访我，就是我拜访你，从早晨谈到半夜三更，互为知己，抵足而眠，友谊看来是源远流长。

老皇帝居于深宫，偶尔露一回面，接受百官朝拜。他的身体状况是国家机密，太监们讳莫如深。王安石又忍不住了，写《上时政疏》，批评皇帝说："以臣所见，方今朝廷之位，未可谓能得贤才；政事所施，未可谓能合法度。官乱于上，民贫于下。风俗日以薄，财力日以困穷。而陛下高居深拱，未尝有询考讲求之意。……"

和上次写万言书一样，皇帝没理他。

值得注意的是，此间的王安石尚看重风俗。几年后苏轼反对新法的一大理由，却是指责他破坏风俗。

嘉祐八年（1063），仁宗皇帝驾崩。

这一年，王安石的母亲去世，他辞去官职，回江宁（金陵）丁母忧。三年里，他一心感念母亲的大恩，把朝廷抛到脑后。宋朝的丁忧制度十分严格，除了皇帝，所有的人都必须丁忧。

王安石是孝子。他一直睡在母亲的灵堂，地上只铺点麦草。守孝之人不能把自己弄舒适。冬天也是这样。入夜，一根烛台，几卷书。三年一千天，烛光照着这个怀念母亲的中年男子。他瘦了，也更黑了，眼睛的亮度却有增无减。他研究经学、史学，揣摩人性，猜想五行（金木水火土）。他开始创立自己的学说：荆公新学。

居丧期满，朝廷召唤，他以身体差为由，拒绝赴京。诏令屡下，他屡辞。双方又拧上了。朝廷不能强迫他，更不能开除他。不独王安石，其他官员也常有这种情形，包括一些小官。

仁宗之后，英宗赵曙继位。这是个病歪歪的皇帝，朝政交给他母后。

王安石蓄志已久，对这病人和垂帘听政的妇人毫无兴趣。他闲居江宁，拿一点俸禄，开几间课堂。授徒讲学，名播四方。古之圣贤皆如此。他是既知庙堂之高，又懂得江湖之远。

江宁一带及附近州县，常有官员向他通报各类政务、吏事。

他关注农民，写诗感慨农民的非人处境。高门大户罕有他的身影。

他每天熬夜，一支笔在纸上随意画着。启明星升起了，他才睡下。

朝廷使者从汴京来了，手拿诏书怀揣官帽，一路羡煞多少士子。而王安石视富贵如粪土，拿朝廷当儿戏。江南江北，盛传着他的离奇故事。仕途那么窄，想挤上去的人又那么多；要做上京城的高官，更比登天还难。所有这些世俗的东西，王安石无动于衷。

他快到知天命的年纪了，莫非一点不心慌？

"君子藏器于身，待时而动。"

牛形人视物如射，可能已经射到了历史的深处，并以此建立自己的坐标，把握自己的历史机遇。这大概就是所谓历史高人。高人的特征是历史感强，对时间的感觉异于常人，他眼中的十年、二十年，只在弹指一挥间。而常人的目光能抵达一二年就算有远见了。

辞官，讲学，行事古怪，三件事带给王安石一个相同的结果：提升知名度。这中间有自我炒作的成分吗？

"人不知而不愠，不亦君子乎？"反过来理解，即君子不求利，却可能求名。古今圣贤，谁见过无名氏的身影呢？何况胸怀大志的人，有名才能有位，才能施展其抱负。江宁的几年，王安石显然做了两手准备。如果英宗寿命长，他潜心于学问，也许能成一代宗师；若得遇一位有志君王，他要确保自己的名字，足以抵达皇帝的耳边。

治平四年（1067），王安石在江宁写了一首耐人寻味的《古松》：

森森直干百余寻，高入青冥不附林。

万壑风生成夜响，千山月照挂秋阴。

岂因粪壤栽培力，自得乾坤造化心。

廊庙之材应见取，世无良匠勿相侵。

廊庙指朝廷，良匠只能是皇帝。

这一年宋英宗驾崩了，二十岁的宋神宗坐上龙椅。

王安石跃跃欲试了。他自视为国家的栋梁之材，已准备好被砍伐。他还不是一般的大树，乾坤给他生长的力量，地上的粪壤不值一提。

"君子厚德载物。"

五十岁的王安石盯上了血气方刚的宋神宗。

神宗少时读书用功，一如王安石。他叫赵顼，年轻力强，有大志。他启用富弼为宰相，因其参与过庆历新政。而眼下富弼年过八旬，面皮打皱，齿落发稀。还有唐介、赵抃、曾公亮……几个宰辅大臣都老了，走路慢吞吞，上朝要打瞌睡。神宗看着他们，越看越愁。

神宗做太子的时候，最不想看的就是父皇英宗的病容。国家就像病人。这话是苏轼讲的，他印象很深。当年宋太宗被北方的契丹人追杀，身中两箭，侥幸逃脱，随行嫔妃却被掳走……神宗对臣下提起此事，泪流满面。这是国耻。他向往强汉盛唐，无限憧憬那威风八面的帝国形象。眼下堂堂大宋一百多万军队，年年坐吃山空，算什么事儿啊！

神宗召富弼谈话，从正午谈到黄昏。这年轻人的心思都写在脸上。

富弼看在眼里，点拨道："人君好恶，不可令人窥测；可窥测，则奸人得以附会其意。"这是行之有效的帝王术。皇帝当如天，天意难测，方能迫使群臣不问利害，一心为国。若轻易流露出喜好，则附会风起，真相消隐，让奸人、小人有机可乘。

神宗点点头，然而接着谈，似乎并不满足。

富弼不耐烦，干脆道破："陛下临御未久，当先布德泽。愿二十年口不言兵。"又言："干戈一起，所系祸福不细。"

神宗默然，但奔涌的血气按捺不住。二十年太久，他志在当下，朝夕必争。朝中无知音，那山林之间可有高人？

王安石这个名字，神宗早有所闻。他有个近臣叫韩维，议事常有精辟之语。神宗表示赞许时，韩维总是说："这不是我的观点，是我的朋友王安石讲的。"其时京师盛传王安石的大名，甚至有不少高官视之为"圣人复出"。神宗迫切想要见见这位高人，诏下，却遭到婉拒。

神宗纳闷了："这王安石对先帝这样，对朕也这样。真有病呢，还是挟名自重另有图谋？"

神宗不生气，复命王安石任江宁太守。高人本难求。刘备求孔明，三顾茅庐方请得大贤出山。君臣二人，要重现这段佳话。这回王安石没上辞状，接受了。

高人的"出"，有讲究的，来点手段亦正常。王安石掌握主动，也把握分寸。他向神宗亮明了态度，也避免惹神宗生厌。他这一出，务必要直抵皇帝左右，不能按常规一步步往上爬。朝廷人事复杂，政治时机稍纵即逝，等他爬到皇帝身边，一切已是明日黄花……姜太公、诸葛亮也是这么考虑的吧？高人之为高人，就是要打破常规。

神宗想着王安石，王安石也想着神宗。君臣二人却不能见面，神交而已。王安石学姜太公，一点不着急，稳坐钓鱼台。人生到了最关键的时刻，这"牛形人"把牛劲按下，气定神闲的样子，治理州郡毫不费力。他坐等年轻皇帝的召唤。

黄庭坚说："王介甫终日目不停转。"

这模样酷似阴谋家。但王安石谋国不谋家。他在江宁，几乎独自勾画着重振帝国雄风的蓝图。

而蓝图一旦实施，所有的人都将大吃一惊。

神宗首先耐不住了，对大臣发问："王安石这人怎么样？"

意思是："王安石能当宰相吗？"

皇帝如此发问，希望得到的回答一目了然。这是附会的好时机，只消顺应上意，大可赚得恩宠。然而立国百年的大宋朝，附会未成气候。皇帝的心思成了导火索，大臣们意见高度对立。这在仁宗时期倒也寻常，而年轻的神宗似乎有些不适应。

赞成王安石当宰相的，倒不是附会神宗。宋人马永卿《元城语录》说："当时天下之论，以金陵（王安石）不作执政为屈。"司马光直接给王安石写信，称："窃见介甫独负天下大名三十余年，才高而学富，难进而易退。远近之士，识与不识，咸谓介甫不起则已，起则太平立可致，生民咸被其泽矣。"

安石为宰相，朝野呼声大。温公对荆公，评价尤高。

反对的声音也很大。左相韩琦对神宗说："安石为翰林学士则有余，处辅弼之地则不可。"参知政事（副相）唐介说："安石好学而泥古，故论议迂阔，若使为政，必多所变更。"又谓："安石果用，天下必困扰，诸公当自知之。"

看来京师的大臣，对隐于江宁的王安石不是不了解。

最有趣的是侍读（皇帝的老师）孙固，神宗接连四次问他，王安石究竟怎么样？孙固每次的回答都一样："宰相自有度，安石狷狭少容。必欲求贤相，司马光、吕公著、韩维其人也。"

最后一次，他索性写在纸上，懒得再费口舌。

孙固，《宋史》有传。单凭上述记载，他就显得可爱。

皇帝的意图碰上了来自四面八方的阻力。

这事儿耐人寻味。

宋神宗一如唐太宗，被他心直口快的臣下搞得不愉快。不愉快却要忍着。开明的格局得来不易，既定的言路不可堵塞。他要珍惜，也必须珍惜。

熙宁元年（1068），诏下，召王安石入京为翰林学士。朝野紧张关注着。王安石似乎不当一回事儿，迟迟其行，途中又走了几个月，写诗，会友，游山戏水。

高人之"出"，何其潇洒。

王安石抵京，刚到阁门报到，神宗就"越次召对"，破例在便殿和安石谈话。由于事关重大，这次谈话被后世学者反复书写。王安石一身破官服，气宇轩昂入宫。

神宗对王安石的穿戴早有耳闻，此刻微微一笑，表示理解。

神宗赐座，安石也不推辞，在龙椅前坐下。

神宗问："治国以何者为先？"

安石答："治国以择术为先。"

神宗问："唐太宗如何？"

安石答："陛下当师法尧舜，唐太宗何足道哉！"

神宗说："愿闻其详。"

安石侃侃而谈："尧舜之道，至简而不烦，至要而不迁，至易而不难。但末世学者不能通晓，以为高不可及耳。"

神宗不禁动容，趋前说："卿再言之。"

安石捋须而笑："陛下倒不必急在一时。今以天下之大，人民之众，百年承平，学者不可谓不多矣。而虑无人助治，是陛下择术未明，推诚未至，即使有贤人，亦将为小人所蔽，卷怀而去。"

安石说到兴奋处，连比带画的；又起身踱步，双目闪闪发光，两臂交叉挥舞。这情形，仿佛再现了诸葛亮在茅庐中对刘备的那一番高论。国家的未来，只在他的三寸不烂之舌。

安石忽然朝殿门走去，神宗急忙唤他，好像担心这位贤人"卷怀而去"。

安石退，上《本朝百年无事札子》。这是他写给皇帝的第二篇大文章。第一篇写给宋仁宗，石沉大海；现在写给宋神宗，石破天惊。文章在历数了朝政的各种弊端之后，总结说："……天下无事，过于百年。虽曰人事，亦天助也。"高人高论。当时除了王安石，也许再无人把话说到这种程度，尖锐，难听。国家百年承平，三分在人事，七分在天助。换句话说，国运长久不过是碰了运气而已。神宗前的英宗、仁宗，他们近五十年的文治武功，几乎被王安石一笔勾销。

"伏唯陛下知天助之不可常，知人事之不可急，则大有为之时，正在今日！"

神宗把王安石的奏书连夜读了好几遍，热血沸腾，夜不能寐。有几个关键词，火苗般在他眼前跳动："变风俗，立法度""理财为方今先急"……翌日上朝，百官济济一堂，神宗只看见王安石，只听到王安石发出的声音。朝堂孕育着大风雨，所有的官员都面色凝重。

退朝时，神宗又留下安石单独谈话。

皇帝的心思，昭然若揭了。王安石的治国主张，以"邸报"（朝廷官报）的形式流布于京师。变革的细则未出台，其方向，其力度，已令人拭目以待。

高人之"出"收效显著。

然而高人之外另有高人，感觉不对劲了。八月，朝廷按惯例举行郊祀（祭天地），神宗也依例赏赐中书、枢密二府。他初登皇位，对政务和军事两大机构当有所表示。国库再吃紧，皇帝手上可不能吃紧。针对这件看似不起眼的事，司马光与王安石针尖对麦芒了。

这一年河朔受灾，朝廷为救灾款大伤脑筋。司马光请神宗免了对官员的赏赐，把钱用于灾区。神宗征求王安石的意见，王安石不同意。他说，国用不足，是由于理财不善，靠节约解决不了大问题。区区万贯赏赐，何必大惊小怪？

司马光冷笑："善理财者，不过是加赋税、刮地皮而已。"

王安石摇头："君实此言差矣。善理财者，民不加赋而国用丰饶。"

司马光愤然抨击："真是岂有此理！天地所生财货百物，不在官府就在民间。变尽法子夺民财，其害甚于加赋！"

两个大人物，都是心中雪亮的人，几句对话下来，已知对方路数。司马光儒家君子的典范，对国家兴利敛财有天然的警惕。他赞同改革，但严守孔孟之道，绝不与民争利。他主张约束全国的官吏，使他们厉行节约，省费以养财。这是范仲淹未竟的事业，也是君子们普遍的共识。

原则问题，绝无妥协的余地。司马光从欢呼王安石到抨击王安石，前后不过数月光景。这位胸中激荡着历史风云的大学者，亦能洞察当世。王安石的变革意图初露，他立刻嗅出了危险，并将自己

　　　　　　　　　　　　　　　　大宋十君子

毫无保留地、迅速地置于安石的对立面。他甚至搬出了汉武帝与桑弘羊的旧事，话锋直指皇帝，暗示敛财可以强国，也可能殃民。

几句简单争辩，却有刀光剑影。

介甫与君实，这对十多年的老朋友，不翻脸是不可能了。

其实二人的共同点很多。司马光的个人生活相当简朴，王安石同样不奢华。两人都不近酒色，不踏名利场，读书做官，均不为己，一心为国。他们同为皇帝的左膀右臂，到了这个份上，只能由皇帝来决断。

神宗对司马光给予尊重，而把国家交给了王安石。

他也有志向，要富国强兵，一雪国耻，对"善理财"的王安石寄予厚望。

民不加赋而国用丰饶……王安石究竟有哪些高招呢？

熙宁二年（1069）初，王安石官拜参知政事。同期，请置"制置三司条例司"，神宗当日批准。这是一个全面推动新法的领导机构，直接听命于皇帝，不受中书、枢密二府的任何约束。三司相当于财政部，掌财权。新机构放在财政部，表明其主要目标是理财，充实国库。变革也涉及军事，最高军事长官枢密使却无权过问。财权、军权、相权分立，避免一家独大，是赵宋家法。王安石变法度，畅通权力运行，先拿祖宗家法开刀。

条例司三员大将，吕惠卿、章惇、曾布，由王安石亲自选定。这三个人确实很能干，并且效率高。王安石把苏辙也拉进去，任检详文字。苏辙写过一篇文章，痛陈朝廷的若干弊端，王安石很赏识，请苏辙参与变革大业。

短短几十天，新法已酿成必行之势。山雨欲来风满楼，由京师波及全国。王安石一口气推出三条大法，交给朝廷讨论。他稳操胜券，因为皇帝比他还急。此刻他感觉好极了，举国上下，满朝文武，将随着他的念头的每一次波动而受到影响。

可是有一个人一直在找他，见一次吵一次，他躲避，这个人就写信，或在街头堵住他。此人是他相识最久的好朋友曾巩。当初京城相识，算来已近三十年。曾巩反对他，态度极其坚决。说服不了，曾巩便自请离京。此举是不想和老友发生更大的正面冲突，王安石黯然神伤。

但这仅仅是个开头。

王安石搞变法，应该说理由充分，时机也恰当。皇帝有雄心，士大夫普遍认同，变法有舆论基础。早在仁宗朝，苏轼就撰文说："夫天下之未平，英雄豪杰之士，务以其所长，角奔而争利，唯恐天下一日无事也，是以人人各尽其材……是故天下既平，则削去其具，抑远天下刚健好名之士，而奖用柔懦谨畏之人，不过数十年，天下靡然无复往时之喜事也。"

承平日久，各级官员安于无事，不思进取。北宋官场有个流行词：享国。到神宗朝，享国一百年了，日子真舒服。然而"三冗"问题泛滥，国库空虚，一旦打大仗，凶多吉少。王安石说：百年无事，"亦天助也"。但是天命这东西却是猜不透、靠不住的，百年之后，还能支撑多少年，谁的心里都没数。

变革是大势所趋。但怎么变，又是一个大问题。渐变还是骤变，对天下苍生，"所系祸福不细。"

苏东坡终其一生，是坚定的渐变派。他形容渐变说："法相因则事易成，事有渐则民不惊。"不惊民，不扰民，是他的底线。变革当如细雨，新的秩序要生根，要成长，都需要时间。而王安石，横风疾雨扫九州，恨不得一夜冲尽旧日积弊，把国家置于一个新的基础之上。

谁是谁非呢？数百年来，学者们争论不休。

王安石动作快，上半年成立制置三司条例司，下半年，三条大法出台。

七月，颁行均输法。

九月，颁行青苗法。

闰十一月，颁行农田水利法。

另有涉及徭役、商贸、军事的免役法、市易法、保甲法、方田法，正紧锣密鼓地炮制着，书写着。高人率领着一批年轻人，呼哧呼哧拉大车。高人捋须而笑，年轻人活蹦乱跳。可是这拨年轻人却大半是小人。他们天生是小人吗？未必。急于进身，迅速往上爬，才使他们摇身一变而为小人。王安石亲自排练的大戏，自定为英雄角色，岂料小人七手八脚把他变成悲剧人物。这个后面再谈。

王安石倚仗皇权顺利了，朝廷大臣步履蹒跚。

针对五位执政重臣，当时的官场流行五个字：生老病死苦。怎么讲呢？王安石生，曾公亮老，富弼病，唐介死，赵抃苦。四个执政，没一个是王安石的对手。

王安石作为新法的理论家，非常能辩。他在家里练习辩术，墙上一大堆论敌的影子。然而去掉四个，又生出五个。韩琦、欧阳修、司马光、苏东坡、范纯仁，个个是顶尖高手，王安石能逐一将他们打败吗？

范纯仁是范仲淹的儿子，正直、博学均如乃父。

究竟是为什么，熙宁新法招致朝中君子的普遍反对？

先看影响面最大的青苗法。乡下的农户，每年到了青黄不接的时候，要向地主借贷，夏秋还钱，半年加息五分左右。青苗法以官方贷款取代私人贷款，半年取息二分，抑制了地主，又减轻了农户债务。这本是王安石最自信的法子，搞过多次试点，都很成功。但强制全国推行，问题层出不穷。首先是青苗钱一年收放两次，实际利息已达四分。且地方官吏借新法之名强行摊派，并暗中加息，同时勒索富人和穷人。富人不愿借，但必须借，还得多借。穷人还不起，便十户结为一保，跑了任何一户，其余九户连带赔偿。于是富人争着变穷，穷人结队逃亡，官府出动大批催收队、抓捕队，到处鸡飞狗跳……其次是普通的农人，尤其是不知艰辛的后生，轻易就能借到大把的钱。于是心花怒放，放下锄头就跑，进城吃喝嫖赌，过上了城里人的日子。苏轼言："但每散青苗，即酒课暴增，此臣所亲见而为流涕者也。"酒课即酒税，可见大量的青苗钱都被拿去买酒了。农人丧失了勤劳的本分，苏轼为之流涕。他痛斥新法破坏风俗，理由充分。

再看让朝廷获利最多的市易法。这是王安石的商贸大法，把原本属于商人的利润收入国库。汴京是商品集散地，商人做买卖，大小商家各有赚头。王安石让官方资本进入市场，成立"市易务"，等于购销批发总公司，兼营银行和典当铺。资本的运行有权力做后盾。货源和批发价均由官方控制。年复一年，大宗银子源源不断流入官府，商人利润萎缩，面临破产，大量手工业者生计萧然。条例司看着进账的数字，兴奋至极，下令在全国十几个大城市全面铺开，设市易务，而京城的市易务升格为提举市易司，掌控全国的下属机构。

包括均输法、免役法、方田法，均有生财的高招。保甲法、保

162　　　　　　　　　　　　　　　　　　　　　　　大宋十君子

马法、农田水利法，则充分调动民间力量，从事耕战。从成立制置三司条例司到新法出台，仅半年光景。而新法一经推行，翻江倒海。高人的确有高招，善理财不是编故事。一张大网撒下来，民间财富藏不住。赵宋立国百年，好比一潭深水，大鱼老鳖有的是。王安石的龙睛能穿透深水，连同小鱼小虾悉数打捞。

大戏刚刚拉开了序幕，高潮在后面。

熙宁变法主要想触动两种人的利益：一是大地主，二是大商人。宋朝商业发达，土地兼并严重，王安石眼力好，集中火力向这两个强势集团开战。他不同于范仲淹，极少触动"冗官"，甚至普遍提高官员的俸禄和赏赐。"穷则为小人，泰则为君子"，这曾是他的理由，倒更像是减少变法阻力的一种手段。高薪的目的是让官员不再逐利。而推行新法，必须依靠官员们"为国逐利"。这几乎是一个死结。天下的"中人"，置身于新法漩涡中，究竟会成为君子，还是倒向小人乃至恶人？

或许他已经顾不得这些了。

国库看涨，皇帝高兴。年轻皇帝想打仗，雪宋太宗之耻……

君臣一致，是改革成败的关键。

王安石一辈子廉洁自律，对部属倒宽松。他用人，重才干，轻道德。他曾公开讽刺范仲淹过于看重名节，而难成大事。他汲取庆历新政的教训，却走向了另一极端。

几员大将，吕惠卿臭名远扬，他公然宣称，除了王安石通不买账；章惇是他父亲与其岳母的私生子，是能量巨大、恶名昭彰的魔头；李定公然不服母丧，闹得全国舆论总攻击；沈括阿谀奉承、下绊子插软刀的本领，和他广博的学问不相上下……这些人在条例司活跃得很。王安石领导他们，通过他们又掌管几十个后生，在熙宁之初的两三年内，工作效率奇高。

黑牛弹琴，"百兽率舞"。王安石看重的德，只限于部属忠于皇上和他本人。这一条决不含糊，却也形成了他的软肋，经不起攻击。

条例司一群干将，唯有苏辙，是公开反对王安石。君子对君子，针锋相对在明处。青苗法试行之初，苏辙认真研究后，发现弊端甚多，建议王安石要慎重。王安石说："君言诚有理，当徐思之。"然而一个月后，转运使上报"放青苗钱，年可获息甚巨"，王安石立即决定全国推广。苏辙几番与他争辩，王安石不耐烦了，反问苏辙："你想换个部门工作吗？"

苏辙一气之下递上辞呈，到河南府做了推官。

当时苏辙三十一岁，苏轼三十三岁。兄弟二人服父丧，丁忧三年，刚到京城不久，迅速卷入新法漩涡。按今天某些人理解的官场路数，回到京师，理当置身事外，静观风向，以免仕途栽跟头。王安石的权力如日中天，他们不趋附也罢了，却又何必赤膊上阵对着干？这里边究竟藏着什么玄机？

答曰：无玄机。

一切皆坦然，可以摆到阳光下的。苍生的灾难等同于个人的灾难，这是兄弟二人的修养所决定。达则兼济天下，这可不是奇怪的高调、脱口而出的空话。铁肩担道义，妙手著文章。这话意味着：文章和道义，具有某种源头上的亲密关系。只有在源头上方能理解：何为知识分子的超越意识；只有在源头上方能领悟：为什么说百姓的幸福重于泰山，而区区一顶乌纱帽轻如鸡毛。

苏轼、苏辙，价值观一致而性情迥异。苏轼激烈，苏辙温和；苏轼猛打猛冲，苏辙稳扎稳打。兄弟俩官都不大，而影响力非同一般。尤其是苏轼，越职言事，超常发挥，变换攻击策略，调动他的浑身解数抗击新法。

我们先看山西人司马光，如何狠斗王安石。

司马光是保守派，而"保守"并不是贬义词。一个国家能延续百年、"粗至太平"，肯定是有原因的。有很多东西值得保存并守护。保守与激进，都有一个度，把握分寸的难度，大于保守或激进的抉择。

司马光的三封长信，洋洋七八千言，总结出王安石的四条严重错误：侵官，生事，征利，拒谏。而所有这些，已经导致"士夫沸腾，黎民骚动"。写到最后，司马光提醒这位昔日的老朋友说："谄谀之士，于介甫当路之时，诚有顺适之快，一旦失势，必有卖介甫以自售者矣。"

王介甫不以为然，不相信他一手提拔的亲信会出卖他。

他回信反击司马光，情绪饱满又不温不火，变法之志因受到强劲攻击而愈加坚定。他表示，不可能如司马光所言，"一切不事事，守前所为"。熙宁诸法，开弓没有回头箭。

二人尖锐对立，半辈子友谊难以为继，绝交不可免。

孔子曰："道不同，不相为谋。"

这一年王安石正式拜相。而神宗施行政治平衡战略，升司马光为枢密副使，司马光不受。他上章对皇帝说："陛下诚能罢制置条例司，追还提举官，不行青苗、助役等法，虽不用臣，臣受赐多矣。"

这是《宋史·司马光传》中的原话，今天读来，亦令人十分感动。司马光以自己的名望和才干下注，逼迫皇帝调整治国大略。如果皇帝采纳，他就留下，否则走人。

神宗不做正面回答，这"不回答"却已经回答了。

"邦无道，富且贵焉，耻也。"新法害民，司马光深信不疑，所谓官职爵禄毫无意义。他彻底离开了繁华的汴京城。拖家带口，一去洛阳十五年，埋头写他的《资治通鉴》。无力改变本朝皇帝，且做后世帝王师……

司马光走了。王安石去掉了最大的对头，赶走了三十年的老朋友，既高兴，又惆怅。条例司拍手称快，大开庆功宴。他不参加，独自溜上街头。汴河旁杨柳下，老朋友的身影犹在眼前，而那身影背后，又浮现出另一个人，更年轻，更激烈，也更难缠。

司马光将行，神宗请吃饭，希望他举荐一名谏官。司马光举苏轼。神宗当时应允，下来转问王安石，王安石一口否定。苏轼典型的官小声音大，当了谏官还得了？

神宗无奈，"听命"于王安石。铁腕宰相说一不二。其时苏轼任职于史馆。王安石不让他当谏官，就能阻止他发出声音吗？

熙宁三年（1070）将结束，又是新年将至。王安石接连几夜做梦，梦里都有苏轼。苏轼化身为大力神，手执铁绳来套他的牛脖子……

王安石拜相前后，苏轼两次上书皇帝，一次与皇帝直接对话。言辞尖锐激烈，对皇帝丝毫不留面子。今天读来，真是令人感慨：古之君子，确实能把百姓的祸福置于个人的命运之上。当时的情形，一般人都能看清：宋神宗与王安石形如一人，其变革意志不可动摇。皇帝要朝东，"食君之禄"的臣子们偏要向西，这是什么缘故呢？

盖因变法事关重大，所谓君子，稍有远见良知，则很难做出别样选择。若是小人占据主流，事情倒简单多了：干吗非得跟皇帝、也跟自己宝贵的乌纱帽过不去呢?

这里,孟子的"民贵君轻"浮出水面。

熙宁新法来势太猛,激活了潜伏在君子血液里的"文化本能"。反对王安石是群体现象,从高官到小吏,各个层面都有勇士。姑且不论是与非,单就站出来讲话的勇气而言,已经足以垂范后世。

朝廷发不出声音,就选择离京,到州县,继续和王安石对着干。查一查史料,例子不胜枚举。

苏轼官小能量大,又"性不忍事",所以他能超常发挥。仁宗朝他为变革呐喊:"天下之患最不可为者,名为治平无事,而其实有不测之忧。"而神宗上台,骤行新法,他亮出反抗者的姿态,和王安石斗争到底,一直斗到他为官各地、万里贬谪岭南炎荒。

苏轼反对王安石,何以如此激烈?原因简单:"所操之术多异故也"(安石语)。苏轼小时候的生长环境,与王安石形成鲜明的对照。一个长居蜀地,温情环绕,一个随父宦游,备尝奔波的艰辛;一个从常识出发,读书破万卷又返回到常识,一个追慕远古圣贤,无限忽略当下……这种种差异,最终影响各自的价值观,并形成对立。

苏轼并不一概反对熙宁新法,但新法来势太猛,他不可能反对五个赞成三个。针对极端,要用另一种极端反制它。

我们来看苏轼反对王安石的理由:"国家之所以存亡者,在道德之浅深,不在乎强与弱;历数之所以长短者,在风俗之厚薄,不在乎富与贵。道德诚深,风俗诚厚,虽贫且弱,不害于长而存。道德诚浅,风俗诚薄,虽强且富,不救于短而亡。"

风俗与道德,维系着社会生活,是国家长治久安的柔性实力,与军力的强大、国库的充实有异曲同工之效。破风俗,毁道德,将动摇国本。

再者，国家敛财，百姓遭殃，历史上教训多，苏轼对历史了如指掌。他同样厌恶地主豪强，但对民间自发生长的商业予以尊重。他反对官方资本将自由贸易一网打尽，尤其反对市易法。或许，这和他的祖辈在眉山纱縠行世代经营小产业有关。富商终究是少数，小商小贾、小产业者才是大头。民间秩序自有其合理的地方，骤然打破，惊了天下百姓，难料祸福。

　　苏轼说："夫兴利以聚者，人臣之利也，非社稷之福。省费以养财者，社稷之福也，非人臣之利。"

　　苏轼也是"人臣"，这是跳出自己的利益圈讲话。朝廷倡导敛财，各部门、各州县必定"兴利以聚"，变尽法子搞钱，绞尽脑汁生财。"利孔百出，不专于三司。"——以前财政部门干的活，现在所有的部门都抢着干。官员利字当头，必定横征暴敛，岂止沦为小人，更要变成搜刮民脂民膏的恶人。"兴利以聚财，必先烦刑以贼（害）民。"百姓的日子过不下去，谁是终端受害者呢？神宗也不傻，能看懂的。

　　苏轼和司马光一样提倡厉行节约，从皇宫和官员手中取利，以养天下。这些话，那些私心严重的官吏谁愿听？官员要花销，皇帝要打仗。财富是聚集起来了，而"伤财"的大门却越敞越开。十年蓄积的民财，一年就可能被刮走吃空，一次大仗也可能消耗殆尽。苏轼引用孟子的话语，提醒皇帝："其进锐者，其退速。"

　　《再上皇帝书》火药味儿十足了："陛下自去岁以来，所行新政，皆不与治同道。立条例司，遣青苗使，敛助役钱，行均输法，四海骚动，行路怨咨。……今日之政，小用则小败，大用则大败，若力行不已，则乱亡随之。"

　　苏轼对皇帝，一点不客气。"皆不与治同道"等于说，皇帝之所为，全是乱搞一气。照这么强行搞下去，好端端的一个国家，乱亡随之而来。

话说绝了。

神宗还是不生气，估计是做好了心理准备。新政推行以来，他几乎每天挨骂，习惯了。老祖宗立下的家法，不治言论罪，他可不敢丢。苏轼严厉批评他，这已经是第三次了。熙宁三年（1070），他对苏轼示以恩宠，突然在便殿召对，苏轼劈头就说："陛下求治太急，听言太广，进人太锐。"

苏轼还跑去敲曾公亮的门，希望老宰相出面，劝皇帝收手。老宰相曾是王安石的支持者，眼下知道闯了大祸，长叹："上与安石如一人，此乃天也。"

知谏院范镇，以朝廷第一谏官的身份弹劾王安石，恶斗了几个回合，斗不过，自请离京。苏轼去送行，对范镇说："公虽退，而名益重矣。"范镇怅然答："使天下受其害，而吾享其名，吾何心哉！"

按宋制，官员求去，要荐人代替。范镇举荐的孔文仲，参加了当年的"制科"试。制科胜过常科进士，选拔的皆为国之栋梁。孔文仲却在考场上写下九千言，力论新法不当。考官宋敏求定为优异，安石大怒，将孔、宋二人赶出京师。岂知苏轼饱蘸浓墨，手书孔文仲的文章若干份，在百官中传阅。他的书法太棒了，官员们"索阅甚急"，生怕看不到。

王安石狠狠盯上了苏轼。

大宰相看这个史馆小官非常不顺眼。

他的手下谢景温，翻旧账弹劾苏轼，说苏轼几年前在回眉山丁忧的途中用官船卖私货。这当然是诬告。苏洵去世，包括英宗在内的各方赠银上千两，苏轼一概不收，怎么会官船卖私货赚几个小钱？

谢景温呈报王安石，安石不表态。苏轼才华横溢，王安石看得见的，不能一竿子打死，但必须走人。神宗的意思是"与知州差遣"。安石不同意，命中书省另拟一道旨令：通判颍州。神宗再改一字：通判杭州。

此间的王安石，几乎和皇帝平起平坐。他倒无意架空皇帝。他没有私心，家里还是老样子：一座普通官宅。有人献媚，当着神宗的面为宰相请一座豪宅，安石大怒，把此人连降三级。

犹如纤夫，拉着大宋这条船逆水而上，流急滩险，纤绳勒进肌肉，王安石咬牙瞪眼不吭气。还得拳脚并用，对付一拨又一拨政敌：居庙堂的，处江湖的，打倒一个又生出两个，撵出京城又跑到地方生乱……大臣们原则性之强，出乎他的预料。这些人不惧高压，不怕丢乌纱帽，离京到州县，照样和他较劲。这究竟是为什么？他触动了国家的根本利益了吗？难道国库不是日益见涨吗？官员们的俸禄有增无减，却非但不领情，反而跟他缠斗不休。

只因他的对手和他一样，把国家的根本利益摆到了个人利益之上。而真理到底在哪边？究竟是谁错了大方向？

王安石的变法思路，可能四十岁就趋于成形了。他勤写日记，少有反思，自认看清了历史，真理在他这一边。冥顽不化的是他的对手，而不是他王安石。

对他来说，眼下有两件大事：神宗的态度和变法派内部的团结。先看后者。

变法骨干曾布，曾巩的弟弟，变法之初即在王安石手下工作，堪称年轻的变法元老。他哥哥与安石闹翻，并未影响他继续留在条例司。然而熙宁七年（1074），市易法推行全国后，曾布忽然掉转枪口瞄准新法。也许忍无可忍了。他越过王安石，上疏皇帝，竟然说：

大宋十君子

"历观秦汉以来，衰乱之世，恐未之有也。"又说市易法是"挟官府而为兼并之事……所召问行人，往往涕咽"。言下之意，新法完全走向了它的反面。

安石大怒。而曾布不等他开除，已自行离开了条例司。曾氏兄弟一如苏氏兄弟。更恼火的是自己两个弟弟也唱起了对台戏。王安礼、王安国，几乎是安石一手拉扯成人，又送上仕途。他上班很累了，回家盼着舒展身心，让绷紧的神经得以松弛，可是安国、安礼动不动与他辩论。双方动怒，一度失和：不见面，见了面也绷着脸不说话。

王安石真是很伤心呐。

他手下有个变法理论家，程颢，程颐的哥哥，二程俱为著名的理学家。苏辙率先调走，程颢心里打鼓了。他原是崇尚仁义道德之人，却发现自己糊里糊涂成了搜刮民财的"帮凶"，于是，马上拍屁股走人，携家人到贵州去做小官。贵州的穷乡僻壤，挡不住他的慷慨陈词，一封接一封长信写给皇帝、大臣。程颢站到了"敌人"的阵营里，全身披挂，挥舞着理论武器，单挑王安石。他曾经做过新法的吹鼓手，甚感内疚，所以指斥新法格外起劲，俨然弃暗投明，奋力洗刷身上的污点……

王安石真是很沮丧啊。

皇帝又如何呢？事实上，皇帝也动摇了。

三朝元老韩琦，暮年罢相去了大名府。他拖着病体走乡串户，大量实地调查，并择机上疏皇帝，针对青苗法下如此结论："是官放息钱，与初抑兼并、济困乏之意，绝相违戾，欲民信服，不可得也。"神宗本已受到大臣们的夹击，韩琦再来一重炮，终于身子不稳了。年轻人彻夜不眠。翌日，小范围讲话说："琦真忠臣，虽在外，不忘王室。朕始谓可以利民，不意乃害民如此。"

神宗一席话，显然说给王安石听。

王安石火冒三丈，狠狠质问皇帝："这么三心二意的，天下事何事可成？"

神宗沉默。安石辞职。

君臣斗了一个回合，以臣子的胜利而告终。新政风暴席卷全国，王安石中途撂挑子，神宗可承担不起。于是殷勤挽留，亲往宰相府。安石收回辞呈。

新法风暴接着刮，风势却已减弱。神宗与安石见面，总是一副做了亏心事的表情。君臣二人以钢铁意志谋天下财，谋到头，却发现国富民穷。这不会捅出什么大娄子吧？用兵北辽，战火烧到河北，他耳边只听见士卒哀号、银子哗哗往外倒。"干戈一起，所系祸福不细。"当年富弼的话恐怕是有些道理的吧？

神宗身形不稳，刮出去的风暴又反弹回来，刮到了御座前。韩琦六十八岁高龄出任永兴军节度使，未及上任就累死了。神宗闻之大恸，辍朝三日，哭了三天。

王安石使出牛劲给皇帝挺着。

这时候，历史性地出现了两个人，一位君子，一个小人，基本上结束了王安石的政治生涯。

郑侠，一个不懂拳脚的真正的侠士，王安石当年的学生，京城毫不起眼的上安门门吏。郑侠家里穷，踏上仕途后全家老小眼巴巴望着他。王安石认为他是大才，几次想提拔他，被他拒绝了。原因非常简单：郑侠认为新法害民，拒绝到王安石手下干。如果他去干了，岂不是白读了一肚子圣贤书？郑侠是君子，君子固穷，不干他确认的坏事。君子的念头往往单纯：一旦拒绝了，叫他改变念头比挪动山岳还难。

郑侠执意待在上安门,有他自己的考虑。他每天看见大量的流民涌入繁华京师,一再为之震撼。他寻思着,要把他的震撼传入深宫。怎么办呢?写信吗?许多高官写信上章没结果,皇帝要么"留章不发",要么"封还词头"。他决定画《流民图》,配上文字呈给皇上。估计他是个丹青好手,又倾注了慈悲之心。他的画笔下,有骨瘦如柴的老者,伤心哭泣的大汉,蓬头垢面的村姑,吞吃垃圾的儿童……最悲惨的是官军押着的几个囚犯,可能是一家人,短衣,赤脚,形如饿鬼,身上却还背着拆房子拆下来的椽子:这是仅剩的家产了。郑侠流着眼泪画图,脑子异常清醒。他意识到,正在干着的这件事,就是他的平生伟业!对王安石的这一击,必须一击成功。为天下苦难苍生,他对不住老师,也愧对多年贫穷的家人。

郑侠动用他手中的一点权力,谎称有急事越职上奏,调驿马驰送深宫。神宗反复看《流民图》,双泪长流。太皇太后曹氏、太后高氏都哭着指责他。神宗的弟弟更是恨得脸色苍白,兄弟俩在后宫激烈争吵,神宗动怒说:"朕治国无能,你来吧!"

说罢,拂袖而去。

此事传入宰相府,王安石一声长叹。手下问,是否将郑侠抓起来问罪?王安石摇头说:"不必。"

然而小人开始行动了。吕惠卿瞒着王安石,以擅调驿马的罪名将郑侠投入大牢。郑侠受酷刑,吃猪食,仕途也毁了。不过他显得很从容,有时还乐得直笑。听说神宗皇帝直接下令停止青苗、市易诸法,开皇家粮仓救济流民,他顿时泪如雨下……

吕惠卿这个人,是一辈子都认为自己了不起的那种小人。熙宁初年他宣称:"对古人他只崇拜孔夫子,对今人则只知王安石。"他随恩师扶摇直上，反而以怨报德，拆主子的台，献媚于皇帝。他把王安石的亲笔信暗呈神宗，信中有"勿使上知"语，神宗一看脸就黑了。吕惠卿审时度势，眼瞅着王安石受郑侠一击元气大伤，他再施以拳脚，轻轻地一推，便使这牛形巨人仰面倒下。他公开叫板王安石，排挤王安国，恶斗王雱，并使后者三十三岁就丢了性命。他使王安石伤心伤肝伤脾，因为他最了解恩师的身子骨。

郑侠，吕惠卿，一正一邪，终于将王安石推下台。

郑侠继续蹲大狱，吕惠卿蹿上宰相位。

后者脸都笑烂了。变尽法子欺下，硬行"手实法"，比之青苗、市易更凶险；百计罗织党羽，巩固权势。

小人也会失策：他中伤王安石上了瘾，转使神宗生疑。小人得志便猖狂，也属规律性的东西。吕惠卿取代了王安石的相位，还想取代王安石在神宗心中的地位，实在是不自量力了。多此一举反露狐狸尾巴。朝廷攻他的人一哄而上。神宗面对烂摊子，恳请王安石出来收拾。

王安石从金陵火速回汴京。

吕惠卿被贬出去了。

然而恶狗虽逃亡，尖利犬齿犹在。王安石抖擞精神，重新担起国家的大梁。也许他在金陵的十个月，已有冷静之后的反思，要纠正新法的某些偏颇。犯错的是他，纠正错误也唯有他：他独断专行的这些年，朝廷长出了一茬唯唯诺诺的平庸脑袋。——所谓政治生态，往往是这样的。

王安石再度与宋神宗携手，整顿朝政的工作正艰难展开，却发生了一件伤心事，使这强自支撑的铁牛再伤元气，彻底趴下了。

独子王雱一命呜呼。

王安石老年丧子，万念俱灰。

他再也打不起精神应对万分复杂的朝政。这一年的天空惊现彗星，举国谈彗色变，元老们反应奇快，将他与"灾星"联系起来。

朝廷他实在待不下去了，于是再度罢相。神宗苦苦留不住，他去意已决。

熙宁九年（1076）的秋天，王安石秋风落叶回金陵。

不久，神宗改国号为元丰，祈望重启国运，百姓丰衣足食。

王安石仿佛一夜间就老了，须发皆白，牙齿摇动，走路慢吞吞，看人看半天。这些年里，他斗君子，斗小人，与朋友反目，被亲信捅刀……这位牛形人，终于挺不住了，元气大伤。

春日懒洋洋，王安石在山道上转悠，或骑驴，或步行。一个老兵跟着，没甚言语。驴和老兵轮番引路，走到哪儿是哪儿，安石不问。他对"路"迷茫了，厌倦了。山风忽起，送来了山雨，淋湿老人的白胡须。王安石仰面看云雾，回想十年前的那位际会历史风云的高人。他真的是高人吗？如今，半信半疑的高人吟出两句诗："当年诸葛成何事？只合终身作卧龙。"

他把这两句写成条幅，挂到墙上。书法依然遒劲。

说到底，他和诸葛亮都未能干成什么大事。

原因何在？安石却不想去追究了。山风山雨送来了、又刮走了很多东西。历史谁能说清？犹如阴阳五行，变来变去的，无物常驻，一切皆流。

他一心为朝廷，却闹得众叛亲离。

众叛亲离真难受……

他下决心给因政事而得罪的朋友们写信，一口气写出几十封，写完又踌躇：这些人能原谅他吗？还认他是朋友吗？他把写好的信都烧了。

有一天他骑驴出去，破例让几个门人跟着。走到山坡上，忽然一声长叹："司马十二，君子人也。"言之再四，众莫知其意。

司马光排行十二。

王安石喃喃自语："洛阳独乐园的倔老头，你还好吧？你那本大书写得怎么样啦？都说我介甫牛，你司马君实比我更牛。……当初你连写三封信说我的不是，写完你就绝交，一绝十五年啊。也许你是对的，我有错，可是咱们不都是为了国家吗？何必闹到绝交的地步？"

山风转向时，安石又念叨苏东坡："子瞻啊，这些年你受苦啦，乌台诗案差一点去了西天，贬黄州五年，开荒种地，可是你写了多少好东西啊。……像你这样的天赐伟才，五百年才能出一个。不，也许八百年。你会到金陵来看望我这个失掉权势的老头子吗？你是苏东坡呀，你会来的，会来的……"

他迷上了驴拉人赶的江州车，顺路捎个山间老农。老农坐了两回车，安石就送他一顶帽子。老农裹头巾不戴帽的，转眼卖掉，安石又去赎回来，拿小刀剖开夹层，"灿然黄金"，老农傻了眼。安石说："别卖了，灾荒年派个用场。"

帽子是神宗送的。

安得帽子千万顶，送与田间辛苦人……

安石于普天下的农人有愧吗？

他写下《游钟山》：

终日看山不厌山，买山终待老山间。

山花落尽山长在，山水空流山自闲。

青山绿水，化解几十年人事纷扰。

然而有一个人始终化不掉，横亘在心。那福建人吕惠卿。国事，家事，都让此人给搅乱了。安石一生所望，毁在他手上。安石退金陵，不复提"吕惠卿"三个字，一提如"口塞蛆粪"。他只称"福建子"。夜来做噩梦，定与福建子有关。他绕床达旦，于壁上大书"福建子"数百遍。

写一遍，就去掉一点恶人的阴影吗？

几年后，他连吕惠卿也原谅了。如同苏东坡原谅害得他家破人亡的章惇。

世事如烟，山水长在。山水间更有释迦、老庄、艺术。高人此间更像高人。

元丰八年（1085），神宗驾崩，年仅三十八岁。此前西夏大破永乐城，二十万将士成白骨，神宗当庭痛哭，竟至不起。安石泪眼向汴梁，千言万语欲诉不能。

臣子理财，君王好战，呕心沥血多少年，落得这般下场。

两个钢铁般的意志碰到一块儿，也许不是什么好事……安石陷入沉思。

宋哲宗登基，还是个十岁的小孩儿呢。高太后听政，复起司马光。君实进京，百姓夹道欢呼："留相天子，活我百姓！"安石听下人报告，沉默良久，只淡淡说一句："司马十二作相矣。"

看来新法真苦了百姓。

司马光为相，苏东坡升官。东坡起于黄州，取道金陵看望安石，人未到先带信，安石那个高兴劲儿啊。高人拉着高人，几天不肯松手。踏遍钟山，游遍诸寺，谈禅谈诗谈学术，也谈政治得失。当东坡说，司马君实尽废新法的举措不当时，安石暗暗生感激，浊泪于两只老眼中打转，背过脸去。东坡察觉了，只不说破。

大文豪向安石献上一首诗：

> 骑驴渺渺入荒陂，想见先生未病时。
> 劝我试求三亩宅，从公已觉十年迟。

苏东坡走了。

安石的心空了一块。曾巩、曾布又来看他，慰藉老人深深的落寞。弟弟王安礼，终于走进半山的小庄园。

可是他身体虚弱，似乎百病缠身，须静养护元气，如同一个百病缠身的国家。

元祐元年（1086）的春天，园子里花红草绿，安石写下一首著名的《新花》：

> 老年少忻豫，况复病在床。
> 汲水置新花，取慰以流芳。
> 流芳只须臾，我亦岂能长。
> 新花与故吾，已矣两可忘。

这是王安石的绝命诗，超旷有哀声。

暮春的山道上，老人骑驴的身影摇摇晃晃。恍惚有个递状子喊冤屈的村妇，拦道而哭。老人下驴时，村妇忽又不见。

这个幻觉表明，王安石有一块大心病。心病难治。

几天后，王安石去世，享年六十六岁，寿同欧阳修、苏东坡。葬礼格外冷清。当年追捧他的人一个都没来。

那些急于往上爬的官场中人，一般都不是君子。

哲宗追赠王安石为太傅，苏轼制诰词。其时朝廷尽废熙宁新法，苏轼却称赞王安石"靡然变天下之俗"。这话含有深意。

新法折腾了十七八年，官风已然败坏。新进之徒大肆诋毁王安石，献媚于新宰相。温公震怒，将这类人等尽数黜落。他在写给另一位宰相吕公著的信中说："不幸介甫谢世，反复之徒必诋毁百端。光以为朝廷特宜优加厚礼，以振起浮薄之风。"

在其他场合，司马光表达相同的意思："介甫无他，但执拗耳。赠恤之典宜厚。"

此言令人想起安石语："司马十二，君子人也。"

君子与君子之间发生的故事，今人当细读，当深思。

司马光为政一年，累死在宰相府。死前嘱托吕公著："光以身付医，以家事付愚子，唯国事未有所托，今以属公。"

这段寻常家语，乃是千古名言。

熙宁变法、元祐更化，君子元气大伤，小人伺机而入。此后哲宗、徽宗两朝，"权相"登上政治舞台，章惇、蔡京之辈，裹挟皇权，排斥异己，独立的人格失去生存空间。"和而不同"的情形不再，"同而不和"成为常态。党争迭起，野火般蔓延开来，迅速消耗着国家元气……

王安石逝后四十年，女真族铁骑南下，北宋灭亡。

公元十一世纪，王安石一手发起的熙宁变法，其规模，其力度，前所未有。他是缩短还是延长了大宋王朝的生命？历史学家们各说纷纭。王安石富国的目的不能说没有实现，徽宗朝的枢密院大臣安焘说："熙宁、元丰之间，中外（中央和地方）府库无不充衍。小邑所积钱米，亦不减二十万（贯）。"宋神宗打了几次大仗，打输了，但国库还未打空。

然而上有国库之丰，下有钱粮之荒，国富反致民穷。元祐五年（1090），苏轼在杭州给朝廷写调查报告说：江浙一带"家家有市易之欠，人人有盐酒之债，田宅在官，房廊倾倒，商贾不行，市井萧然"。富甲天下的江浙犹如此，其他地方可想而知。

抑兼并者，反成兼并之人。民欠官债，都是在熙宁年间欠下的。

新法无意害民，但适得其反，王安石可曾料到如此结局？

他一心追随的上下和谐的尧舜时代，是这般景象吗？

后人评价："法非不良也，而吏非其人。"

王安石有长达十几年的基层经验，他治理州县井井有条，手下官吏，都向他看齐。然而全国三百二十州，官吏素质参差不齐。"穷则为小人，泰则为君子"，回头来看，这话未免一厢情愿。官吏为国逐利，也为己逐利，终于导致官风败坏，带坏士风民风。不由想起亚圣孟子的箴言："上下交征（争）利，而国危矣。"

另外，我个人觉得，王安石轻视日常生活，对他的治国理念有不易察觉的重大影响。他是感性不足而理性有余的，这妨害他看到生活的细微之处。道德，风俗，民心，这些维系着国家长治久安的极其重要的柔性实力，在他的视野之外。苏东坡小他十几岁，却比他看得辽阔而细腻。王安石的强力意志，视物如射，形成许多盲点，而"求意志的意志"，又使盲点自动隐匿。这就麻烦大了。悲剧难免，无论对王安石个人，还是对天下苍生。

举他写文章为例。他嗜古书，"文甚古"（曾巩语）。而作为北宋古文运动领袖的欧阳修，反劝他不要一味法古，当"取其自然尔"。君子不器，欧公是标杆，其评价恰如其分。王安石活得不自然。自然指向社会通识，正如毛主席评价："……卒以败者，无通识，并不周知社会之故，而行不适之策也。"

性格决定命运，个体的命运又影响国家民族。北宋中后期，君子普遍呼唤改革。王安石生逢其时，可惜性格因素制约太多，政治团队付之阙如。如果王安石、司马光、苏东坡的三种声音能形成合奏，那该是一部怎样的交响曲？

赵宋王朝早已灰飞烟灭，而王安石，连同他同时代的君子们，仍不断被后来者们怀念、反思。

2020 年 2 月二稿于眉山之忘言斋

苏东坡：一腔迈往之气，一副热烈心肠

2000 年，法国《世界报》评选 1001—2000 年全球十二位"千年英雄"，苏东坡位列其中。依我看，这不是偶然的。苏东坡这样的个体生命，似乎穷尽了生命的可能性，穷尽了中国文化的可能性，他抵达了生存的广度与深度的极限。他也因之成为近千年来的君子典范。

苏轼，字子瞻，出生于西蜀眉山的书香门第，祖上几代人，家风、家学、家教，总体是好的。唐末五代，蜀地独立乱世之外，民间幸福指数较高。及至宋灭后蜀，一个叫王全斌的大肆烧杀抢掠，导致蜀人长期敌视宋廷。所以宋史说："蜀人不好出仕。"直到天圣二年（1024），北宋立国六十多年后，眉州才走出第一个进士，自此"蜀人荣之，意始大变"，愿意考试做官了。这位进士名叫苏涣，是苏轼的伯父。

长时间远离中原，蜀地士子多无背景，反而有助于保持独立的人格。这很重要。理解君子，理解苏轼，独立的人格是一把钥匙。

君子"周而不比"，苏轼登峰造极。

研究君子，君子的生长环境非常重要。

苏轼的父亲苏洵，早年"游荡不学"，苏轼和苏辙兄弟二人的早期教育，就落在了母亲程夫人肩上。程夫人原系大家闺秀，知书识礼，她对苏轼的教导，史书中多有记载。

程夫人是虔诚的佛教信徒，仁慈，善良。家里有个五亩园，鸟儿敢把巢穴筑在灌木丛里，可见安全感十足。苏轼小时候调皮，掏过鸟窝，被母亲撞见了，好生训斥一番。程夫人教化儿子的具体方法，我们现在不知道。苏轼在后来的《记先夫人不残鸟雀》一文中写道："武阳君恶杀生，儿童婢仆皆不得捕取鸟雀。数年间，皆巢于低枝，其鷇可俯而窥也。"

武阳君，即苏轼母亲程夫人。鸟雀自由繁息，不畏人，反而与人亲近。可见鸟兽亦通善心。诗佛王维云："入鸟不相乱，见兽皆相亲。"

苏轼启蒙早，因程夫人知诗书。《汉书》八十多万字，母子常共读于南轩。南轩是苏家书房，窗前栽有千竿竹。竹通气节，是君子的标志。"宁可食无肉，不可居无竹"，苏轼爱竹，源自儿时的记忆。

程夫人向善向佛，骨子里却是要强的。苏洵累考不中，没有收入，而常年在外，开销不小。程夫人家庭生计一肩挑，丈夫、孩子专于学业，终得踏上仕途。她积劳成疾，却隐着不说，以致小病拖成大病，年仅四十八岁便去了。

坚强的性格稍加引导，即通向大无畏之正气。苏轼的早期教育，程夫人功莫大焉。他的仁心与正气，得益于母亲甚多。

再看苏洵。

苏洵早年喜欢四处游历，他在游历中长了见识。他到汴京见识了一些学识渊博的人物，在考场却不得意。而每一次远游归来，尽管灰头土脸，却并未灰心丧气。苏洵一头扎进了书屋，发愤读书，埋头苦干。《三字经》说："苏老泉，二十七，始发愤，读书籍。"

行万里路，更要读万卷书。思维半径扩大的最好方式就是读书。

苏洵读书的身影成为年幼的苏轼兄弟二人的榜样，他收罗的书籍成了苏轼、苏辙的"玩具"。于是，父子三人常待在书房，读书、争论、探讨某个问题成为生活的常态。这是言传身教的典型事例。

母亲仁慈的呵护和启迪，父亲博学的熏陶与教育，形成家庭教育最好的方式。另外，眉山这个地方读书人多，十户人有九户藏书。著名的孙氏书楼藏书达数万卷。两宋三百年，仅眉山县就出了909个进士，高居全国州县之首。

苏轼在眉山茁壮成长。十八岁，娶青神乡贡进士王方之女王弗。十九岁南行，随父亲、弟弟进京应试。之前，他们还往益州拜会太守张方平。这位北宋名臣是苏轼的"伯乐"，更亲手将其举荐给另一位"伯乐"，即文坛领袖欧阳修。嘉祐二年（1057），苏轼一鸣惊人，欧公慨然道："读轼书，不觉汗出，快哉快哉！老夫当避路，放他出一头地！"

子曰："君子不器。"

李泽厚的理解是：君子不是器具。换而言之，就是人不要被异化，不要成为某种特定的工具或机械。据此可理解为人应当保持独立的思维与人格，不被任何力量所左右。这就是要守住自己的原则。

把君子与小人相对比来看，更容易让人了解两者的边界与冲突。

也许可以这么说：中国历史就是一部君子与小人的斗争史。

苏轼是君子，而君子的周围从来就不缺小人。君子的活动舞台越大，小人的堆集就越频繁。为什么呢？后者的利益受到君子的打压。

青年苏轼顺风顺水，二十一岁高中进士，二十六岁制科殿试，又拿了赵宋王朝自立国百年来的第一。他的考试科目叫：贤良方正能直言极谏科。极谏即是把话说尽，对象是皇帝。他公然指责皇帝懒政，仁宗听了反倒高兴，回宫对曹皇后说："朕为子孙后代得两个清平宰相！"另一个指苏辙。

仕途铺开了，苏轼出任凤翔府签判，时在嘉祐六年（1061）。京城大才子，治理地方有声有色。除衙前，开东湖，民皆称快，尊称他为"苏贤良"。同僚们也这么叫，苏轼挺受用。愉快的氛围持续了半年左右，直到新任太守陈希亮走马上任。

陈希亮是眉州青神人，苏洵的故交。他是军人出身，脾气大，治邦如治军，说一不二的。他首先禁称"苏贤良"，苏轼不爽；再狠批苏轼的公文，令这位大才子非常不满——文坛领袖欧阳先生尚且读得冒汗，太守凭什么？

苏轼与陈希亮公开翻脸，太守挥挥衣袖，把他撵到终南山看庙子。苏轼很郁闷，横竖想不通：太守不念老乡的情面也就罢了，为何还要处处为难他？

悠悠终南，终日无心长自闲。仙气中和了盛气，苏轼静下来，隐隐有所觉察：他吃的苦或是太守的一片苦心。年轻、才高、名气大，且性"不外饰"，光芒很刺眼的。然而自信易生盲目，才高易遭嫉妒，如同立在峰顶，只见云缭雾绕，不见四周的绝壁。倘若失足跌下去，还有能力爬上来吗？

苏洵、陈希亮，包括后来的宰相韩琦，对苏轼的苦心趋于一致。英宗皇帝要破格提拔，韩琦坚持要苏轼从基层做起，便是要敲打他，锤炼他吃苦的本事。"吾日三省吾身"，是为君子。而自省并非总是自觉的，往往伴随着巨大的生命落差。苏轼之所以强大，因他遭遇的生命落差世所罕见。君子自省，所以自强。

陈希亮嗜酒，误饮了"公使酒"，被仇家告发，郁郁而终。苏轼与其子陈慥结为终生挚友，念及老太守，深感"愚不更事"，羞愧难当。同在凤翔，他还交了另一个朋友，章惇。这是一头恶鬼，君子与恶鬼的故事，我们后面再谈。

凤翔任满，苏轼回京。一年间，妻子、父亲相继去世。兄弟二人回家丁忧三年。眉山可龙里，苏轼手植青松三万棵，白日攻读，月下思亲。他住在临时搭建的茅屋里，披麻戴孝，写下"政论"四十余篇。祭奠亲人最好的方式，便是活向亲人所希望的样子。

熙宁二年（1069），苏轼兄弟回京。京城繁华依旧，车如流水马如龙。东华门外，骏马拉着官车飞驰而出，八路提举官分赴全国各地。马蹄声急，苏轼嗅出某种异样的氛围，仿佛绷紧的弦、张满的弓。

吏部报道，苏辙接到调令，要他前往"三司条例司"任职。这是一个全新的机构，可比肩中书省的重要部门，目的只有一个：推行熙宁新法。

赵宋王朝已逾百年，繁荣的背后问题丛生。"三冗"导致中央财政空虚，官员沉迷"享国"，锐气尽失。所谓百年承平，大抵靠"天助"（王安石语）。苏轼也曾公开对仁宗表示："天下之患最不可为者，名为治平无事，而其实有不测之忧。"

变法是大势所趋，也是君子之共识。

庆历年间，范仲淹尝试变法，失败了。二十多年后，神宗与王安石联手，志在必得。王安石字介甫，宋人笔记称："安石，牛形人也，故敢为天下先。"他大苏轼十五岁，进入仕途后，辗转多地任职，基层经验丰富，一心想把他基层的成功经验推广到全国，让赵宋王朝再创一个百年辉煌。

血气方刚的神宗重用王安石，把重振大宋国运的重任交到王安石的手中。

也许是汲取了范仲淹的教训，王安石疾风横雨扫九州，新法顷刻间席卷全国。是年九月，青苗法出台。苏辙首先不干了，自请离京。任职制置三司条例司，是一条快速升迁通道，多少青年官员削尖脑袋往里钻。苏辙认定青苗法伤民，与王安石公开翻脸。之前王安石提拔他，却是看中了他改革图强的锐意。

同样的，苏轼也主张变革，但在如何变革这个问题上与王安石意见不同。"法相因则事易成，事有渐则民不惊。"他是坚定的渐变派，认为变革之事欲速则不达，就如同严冬骤然变成酷暑，气温大起大落，肌体难以承受。

于是，力倡变革的苏轼，站到了王安石的对立面。

苏轼官小，王安石官大，但小官处处反对大官，弄得大官非常头疼。苏轼是人微言不轻的典范：一是他与欧阳修、范镇、富弼等朝廷重臣往来密切；二是他语言功夫超一流，极富煽动性；三是他能直接给皇帝写信，前后两封长信，《上皇帝书》和《再上皇帝书》，洋洋八千字，言辞异常激烈，充满了火药味儿。

苏轼敢于做斗牛士，狠斗牛形人王安石。

有一天，神宗皇帝突然在便殿召见苏轼，问以国策。苏轼倒也直率，当面就批评神宗"求治太急，听言太广，进人太锐"。神宗听了很不舒服，却好歹忍住了，温和地说："卿三言，朕当熟思之。凡在阁馆，皆当为朕深思治乱，无有所隐。"

皇帝的单独召对，令苏轼兴奋不已，逢人便讲。王安石知道了，顿时心中不悦，瞅着这个胆大的小官，可气又无奈……

王安石要干大事，扭转历史的走向，必须清除绊脚石。然而，绊脚石真是太多了，即使他手脚并用，又踢又搬，也感到力不从心。如果不是绊脚石自己走掉，"拗相公"力气再大，估计也只能干瞪眼。司马光、范纯仁、欧阳修、张方平、富弼、韩琦、范镇……一群重臣相继离开朝廷，类似现代政治格局中的内阁集体辞职。神宗皇帝哭着挽留，但大臣们去意已决，纷纷请求外放，做地方官去了。

在王安石眼里，苏轼是个古灵精怪的绊脚石，体积不大，却分量很重。

新法推行的青苗、市易诸法，虽然让国库一时间充盈，却令城乡百姓弃祖业，卖田产，流离失所。苏轼看在眼里，痛在心头，在《再上皇帝书》中大义凛然地说："今日之政，小用则小败，大用则大败，若力行而不已，则乱亡随之！"

苏轼这是铁了心跟王安石对着干。

王安石火冒三丈，以他的铁腕宰相身份，对付一个史馆小官轻而易举。但王安石也是君子，"君子坦荡荡"，不屑做卑劣之事，而巴结他的小人却登场了。

小人出现的时机有某种规律性，这个后面再谈。

有一个人叫谢景温，浙江富阳人。他也算得上博学洽闻、才华横溢，入仕之后，一心想着如何加官进爵、封妻荫子。他苦苦钻营官场，处处巴结献媚，却总是进身无计。

神宗熙宁三年（1070），王安石拜相之后，大规模提拔拥护新法、支持变革之人。谢景温敏锐地意识到自己苦寻的机会来了。在靠向王丞相的过程中，他倒颇费了些心思。利益攸关之时，小人的算盘打得啪啪响。

　　谢景温听说王安石的弟弟王安礼未婚，恰巧自己有个待字闺中的妹妹。妹妹虽算不上闭月羞花，但也是小家碧玉似的姑娘，何况自己在汴京还享有才名，谢家也是名门望族。若婚事能成，也算不上高攀吧。于是，他请来媒人，周密谋划。不久，他成功把妹妹嫁给了王安礼，做上王安石的姻亲，为自己能常常出入王安石府邸找到了理由。

　　机会有了，如何引得王丞相的注意呢？

　　小人自有小人的方法。小人的特征之一是歪主意多。

　　一次，王家设家宴，谢景温应邀赴宴。借觥筹交错之机，谢景温大赞王安石新法构想的高妙，并力陈自己对变法的见解与拥护。言之凿凿，听上去言之有据。但王安石颔首微笑，不作声。其实他心下明白，这个高颂新法的人未必知晓新法的内涵。不过，谢景温毕竟是进士出身，现在又是他的姻亲。王安石在家宴快要结束时，主动伸手拍了拍谢景温的肩膀。这可是丞相的大手啊，谢景温收到信号就像触电般哆嗦。王安石这么考虑：在阻力当前的时局下，自己还真需要这样的人。毕竟，凭他一人之力，难敌朝中众多重臣的非议。

　　谢景温如愿以偿当上了朝臣，他紧随王安石的脚步，观察王宰辅的举动，揣测其意向，便于随时调整自己效力的方向。

　　很快，他就嗅出了王安石与苏轼之间的火药味。

　　然后，他发挥狗的本事攀咬上了苏轼。

　　一日，这个谢景温从朝廷回到家中，坐在案几前，开始搜索并罗织苏轼过错。苏轼才名高，坊间多有苏轼故事流传。谢景温想了一圈儿，发现苏轼并没有啥过错可以供他攀咬。他紧锁眉头，起身捋着一小撮胡须，踱来踱去，自言自语："难道这苏轼就真无把柄可捏？王丞相的心结，我这姻亲定当一解呀。该如何搬走丞相面前的这块绊脚石？"

《论语》："子曰：'君子怀德，小人怀土；君子怀刑，小人怀惠。'"

小人惦记、牵挂的是私利，为此，可以摒弃品德、摒弃善良。

谢景温琢磨了几天，最终决定在苏轼回眉山丁忧上做点文章。

主意打定了，他便上奏章弹劾苏轼。

奏章呈上，神宗看罢，脸露愠色，侧脸向堂下的王安石。王安石持笏居右静立。皇帝发话了："介甫，你且看看这份奏折。"

王安石侧身瞅了瞅龙椅上的皇帝，还是不说话。

其实，神宗心里明白，这个被称为"拗相公"的宰辅，是要看他怎么做。现在变法当前，凡事都得倚仗王安石。

神宗见王安石不置一语，只好吩咐下去："苏轼即日起居家待罪，有司彻查此事。"

苏轼听到消息，心下很疑惑。思前想后，自觉无过错可以弹劾呀。直到调查的官吏来询问，他才知道自己被人弹劾，说他三年前送父亲的灵柩回眉山，利用官船沿途贩卖官盐、家具和瓷器。

苏轼不禁哑然失笑。三年前父亲于京病逝，当时在位的英宗特批官船让其兄弟二人送父亲灵柩归蜀。沿途贩卖官盐等物资？唉，恐怕唯有无情无义之人才想得出如此生财之道吧。罢，让他们查，彻查。

北宋中期，有一些官员利用其身份，运送货物，谋求免税之利。神宗看了奏章下令调查，也是因其一直以来想整顿官商勾结、谋利求财的态势。

《宋史》记载，"朝廷下六路捕逮篙工、水师穷其事"。

　　　　　　　　　　　　　　　　　　大宋十君子

三年前载苏轼、苏辙归蜀丁忧的船夫们，通通被羁押问询。朝廷还派出几路人马，分别进行实地调查，沿水路调查各个码头。这官船若真搞贩卖，这些码头必定要上下货物。另一路快马加鞭，沿陆路调查大小城镇，询查当年是否有官船货物贩卖于城中。

数月下来，这桩弹劾案闹得朝野震动，韩琦、范镇、欧阳修等朝廷重臣都站出来为苏轼讲话。当初苏洵去世，英宗及大臣们的赠银数目达千两之多，苏轼兄弟二人一概不受，他犯得着劳神费力、兴师动众，沿途用官船卖私货吗？

同时，各路调查结果陆续呈到神宗手中，而神宗心里早有定论。"讫无一实"，苏轼无罪。

苏轼爱财，但不贪财。如果不爱财，他何必劳神费力求取功名？岂不闻：书中自有黄金屋，书中自有颜如玉。

苏轼天生就重义轻利吗？不是的。

君子爱财，取之有道。这是苏轼的母亲程夫人以身作则的教诲。

苏轼七岁时，有一天，家中一丫鬟突然双脚陷入院内泥土里，挖开后发现泥土下埋有一个大瓮，瓮口盖了一块名贵的乌木板。眉山城里的人奔走相告，很兴奋，纷纷赶来苏家，围着后院的大瓮猜测："如此藏匿，想必瓮中有金银珠宝吧。"

几条汉子拿来了工具，想把乌木板翻开，把大瓮弄出来，一探究竟。但程夫人不发话，人们也不能动土。上百双眼睛望着这位每日起早贪黑忙生意的女主人。其中就有小苏轼的眼睛。

程家是眉山首富，"门前万竿竹，堂上四库书"。古代女人做生意没面子，程夫人出身名门，当街开铺子卖布帛是需要勇气的。为了丈夫和两个儿子的前途，她把自己豁出去了。她想不想挣钱呢？眉山城的人全都相信，程夫人很想挣钱。

众说纷纭之时，程夫人叫婢女用土连瓮带坑重填、压实，苏家任何人不得挖掘。即便有钱财，也是他人之财，苏家人决不可取用。这件事给小苏轼留下极深的印象。后来，他在《赤壁赋》中写下名句："且夫天地之间，物各有主，苟非吾之所有，虽一毫而莫取。"

用官船贩卖私货的案子审了几个月，王安石一直不表态。他并不希望将苏轼置于死地，但得借此把这个新法的绊脚石挪开。

神宗只得将苏轼外放，到杭州做通判。

谢景温有诬告之嫌，但正值变法用人之际，王安石将其力保下来。后因"浸失安石意……出知邓州"。

让"拗相公"头疼的苏子瞻，于熙宁四年（1071）被外放，通判杭州。通判仅次于知州，却有监督知州的权限。

苏轼举家乘舟离汴京。官船行在汴水上，尚未出都，便被一轻舟拦住。舟上有位着官服的黑壮青年登船呈上御赐文房四宝：笔墨砚帛。原来是王安石差其独子王雱转赠礼物，以此饯行，表达爱慕苏轼才学，让其专于文事之意。

汴京渐远，苏轼立于船头回望：王丞相变法的决策机构——制置三司条例司，快速提拔的吕惠卿、章惇、曾布、王雱等人，将掀起怎样的波浪？

"东南形胜，三吴都会，钱塘自古繁华。"

抵达杭州后的苏轼，虽有新法之苦，但少了近忧。处理完日常事务后，他就访僧寻友，亲近湖山。他写下了《饮湖上初晴后雨二者》，为西子湖命名。

熙宁六年（1073），沈括受命巡察两浙农田水利。沈括到杭州，与苏轼相来往，恨不得焚高香，与苏轼八拜为兄弟。苏轼认为沈括此人博学而有才干，欣然与之论交，学习工程技术，探讨各类医学良方，相交甚欢。

沈括，是天文地理、音乐医药、律历占卜无所不通的全才。《梦溪笔谈》足以彰显他在科学领域中的成就。但这个人却是官场小人，道德败坏。

孔子说："君子和而不同，小人同而不和。"君子能和其他有个性的人和谐相处，小人则表面一致，而背后各行其是，各怀鬼胎。

沈括将苏轼在杭州的新作一并抄录，带回京城去了。

苏轼乐呵呵送行，拱手拜谢沈括对他苏某人诗作的抬爱。

谁知沈括回至京城，立即仔细研究诗作，将有诽谤朝廷之嫌的诗句标出，并附笺加以详细注释，秘密呈给御史中丞李定，称苏轼"词皆讪怼""愚弄朝廷""无君臣之义"，他在攻击熙宁新政。

"杖藜裹饭去匆匆，过眼青钱转手空。赢得儿童语音好，一年强半在城中。"这不是讽刺王宰辅的青苗法吗？

"读书万卷不读律，致君尧舜知无术。"苏子瞻竟然胆大议论当今圣上，这还了得？

"吴儿生长狎涛渊，冒利轻生不自怜。东海若知明主意，应教斥卤变桑田。"这吴地的男儿生性勇猛，冒险去赢得官家赏赐，有何过错？苏子瞻呀苏子瞻，你居然要海神通陛下的意旨，变海边盐卤之地成肥沃的桑田？你是觉得陛下置天下百姓安危于不顾，一味逐利？

沈括此举，在朝廷中影响不小，百官皆知。苏轼闻之，复寄诗。刘恕戏曰："不忧进了也。"意思是苏轼不用亲自呈送诗集了。沈括意在讨好锐意变法的皇帝，以求立大功，迅速加官晋爵。可他万万没想到，神宗根本不予理睬。王安石更是对皇帝说："沈括壬（小）人，不可亲近。"

"君子之德风，小人之德草，草上之风必偃。"后半句说的就是如沈括这样的人。

沈括告密讨个没趣，但他研析诗文论过错的方式，却给了某些人以启发。

苏轼即将面临他一生中最大的劫难。

神宗元丰二年（1079）暮春，四十多岁的苏轼携家眷由徐州出发，去江南湖州任职。此前他在杭州做通判，在山东密州（今诸城）和江苏徐州做知州，官声甚好。前往湖州途中，苏轼到恩师张方平家中做客，恩师曾密语："朝廷有人热衷于收集你的诗文，断章取义，暗中作祟，子瞻须留意。"

苏轼不以为然，说："我自坦荡，他人奈我何？"

他通判杭州时，好友文同曾担忧他"性不忍事"，写来一诗告诫："北客若来休问事，西湖虽好莫吟诗。"文同希望苏轼学会隐忍，不要因诗文而惹祸上身。

元丰二年（1079）五月下旬，苏轼到了湖州官厅，按例要向皇帝进谢表。《湖州谢上表》一文呈上后，朝廷中有人蹦出来了。

御史台中的李定、舒亶、张璪、何正臣四人，从沈括密告苏轼，恶意笺注苏轼诗文中得到启发。这四个小人拾起沈括用过的伎俩，开始攻击苏轼。

这些官场小人，最终目标是彻底扳倒德高望重、反对熙宁新法的司马光。

当年苏轼直接说神宗"求治太急，听言太广，进人太锐"。

这些年，李定等人一直关注着苏轼，这下好了。

苏轼在《湖州谢上表》中有一句："知其愚不适时，难以追陪新进；察其老不生事，或能收养小民。"李定、舒亶抓住了把柄。苏轼呀，你说你迂腐不识时务也就罢了，你居然还补一句难以与新进官员共同进步？你才高名气大，呵，就不把我们这些朝廷新进官员放在眼里？你说你年老不会制造事端，做个地方官牧养一方百姓？咦，难不成，我们这些京官就是专生事端之人？苏轼，你这分明就是诋毁朝廷命官，诋毁当今圣上！好，正好，参你一本。给你一刀！别以为做了三个州的知州你就了不起，惹不起，哼，我们这些朝廷命官可不是吃素的！

其时，王安石已经二度罢相，伤心失落地在老家金陵打发余年。他曾提拔和培养的接班人吕惠卿，为得到宰相之位反口撕咬他。双方斗争激烈，最后却是两败俱伤：王安石的独子王雱死了，令王安石心灰意冷，罢相归隐，吕惠卿则被贬出京师。但是，吕惠卿当政时起用了一批小人。这批小人如同病毒，繁殖力强，迅速将同利益集团的势力扩大到朝廷各部门。

君子小人，如冰炭之不相容，薰莸之不相入。

李定记仇。

李定本扬州人，登进士第后，任秀州判官，苦于官职小，四下活动寻找升迁机会。熙宁二年（1069），得人推荐，被召至京师。当时朝廷之上对王安石的青苗法争论不休。一京官问李定："君从南方来，民谓青苗法何如？"李定也是聪明人，在秀州也是时刻关心朝廷大事，知道如今神宗锐意变革，王安石必受器重。朝中反对变法之人虽多，是他们不识时务，螳臂当车。呵呵，机会来矣。李定笑嘻嘻地回答："民便之，无不喜者。"李定的意思是："青苗法对老百姓实在是大利之事，无人不高兴。"

王安石听说了，主动约见李定，想问得更清楚些。李定将想好的一番话告诉王安石，说完还故作惊慌地说："定但知据实以言，不知京师乃不许。"一副据实以告的无辜相。

王安石大喜，看来此人带来的见闻才是真情实况，得让陛下听听来自民间的声音。于是，他把李定引荐给神宗皇帝。神宗问青苗法一事，李定对答如流，还一再表示是自己亲眼所见，亲耳所闻。至此，李定得以重用，进入权力中心。后来，李定就成为王安石的跟班，只要王安石说的就是对的，只要王安石反对的，就都是错的。

但，苏颂等人又上奏，弹劾李定，说李定曾经为了往上爬而隐瞒母丧。要知道，这在宋朝是大逆不道、违背人伦之事，为天下人所不齿。李定竟然不服母丧，司马光斥之为禽兽。朝野上下也是舆论沸腾。此时，李定已攀附上了王安石。为保下这个坚定的追随者，王安石让谢景温在神宗前为李定辩护。李定自己更是立即上书，解释"实不知为仇所生，故疑不敢服"，而以侍养解官。说自己不知生母是仇氏，没有去服孝。王安石也为其辩护。结果，李定未遭贬谪，反留京师为官。

苏轼写诗赞美几十年寻生母的大孝子朱寿昌，诗文在京师广为流传。李定恼恨得牙痒痒，认定苏轼借此在辱没他，日后定当报复。

这下逮着机会了，怎肯放过？！

北宋邵雍曰："小人无节，弃本逐末。喜思其与，怒思其夺。"小人无气节，看重枝节问题，只喜欢说自己对别人的帮助，讨厌提起他的恶事。

现在，他们研究苏轼，陷害苏轼，围剿苏轼。

何正臣首先发难，上呈奏章意欲弹劾苏轼。奏章中说苏轼"愚弄朝廷，妄自尊大……一有水旱之灾，盗贼之变，轼必倡言归咎新法，喜动颜色。……轼所为讥讽文字，传于人者众"。总之一句话，陛下，苏轼利用文字四下攻击新法之不利。这分明就是在说陛下决策有误嘛。

神宗正疑惑，舒亶又上札子："轼近谢上表，颇有讥切时事之言。流俗翕然，争相传诵；忠义之士，无不愤惋！"

苏轼的谢表成为小人们围剿他的导火索。

舒亶此人甚是厉害。他二十四岁便在礼部考试中拿了个第一名，后接到出使西夏的任务，更是谢绝护卫，单骑匹马进入西夏，用临危不惧之勇猛和博学善辩的能力完成出使任务。他一生著有百余卷诗文，是个知识渊博、才华出众的小人。他在弹劾苏轼上不遗余力，除论苏轼谢表讥切时事外，还收罗并呈上其三卷诗文加以佐证：

陛下发钱以本业贫民，苏轼就说"赢得儿童语音好，一年强半在城中"；陛下明法以课试郡吏，他又说"读书万卷不读律，致君尧舜知无术"；陛下兴水利，他偏说"东海若知明主意，应教斥卤变桑田"；陛下谨盐禁，他竟然说"岂是闻韶解忘味，迩来三月食无盐"。陛下，苏轼他触物即事，应口所言，没有一个不是在讥谤、谩骂朝廷，抱怨皇上。这样的人毫无人臣之节，理当定罪。

神宗动摇了，询问当时的右相王珪。王珪说："无风不起浪，唯愿陛下明察。"

这时，李定又跳出来唱压轴戏。

李定声称必须以苏轼无礼于朝廷之重罪而论处之。他举出苏轼四条"可废之罪"，每一条罪状均属言论罪。

在御史众口一词的围攻下，神宗终于被搅昏了，开始觉得苏轼问题严重，下令查办。

御史台领到查办苏轼的圣旨后，立即派人前往湖州逮捕苏轼归京。派谁去呢？朝中想要陷害苏轼的人不多，大家都不愿接这个差。

李定等人四下动员、悬赏之际，太常博士皇甫遵跳将出来："我去，我去，我亲自去拘捕苏轼。"

皇甫遵在史书上记载不多，这确实是个小人物，若非主动请缨去拘捕大人物苏轼，他的名字也不会在史册中出现。我们有充分的理由相信，这人之所以自告奋勇去逮捕苏轼，一是站队表功的需求，二是小人物要扬名立万的炫耀。

丑者每多勇于前进，多长于探觅他人的弱点来显示自我的强大。

皇甫遵上路了，带着儿子与两名台卒。离京前，他还要求途中将苏轼寄监。这险恶用心不知出于御史台中的谁，若是在京师外拘押苏轼，那中国古代文化史上必将少了浓墨重彩的一笔。还好，神宗不允，以为"只是根究吟诗事，不消如此"。皇甫遵只得领旨，日夜兼程，奔赴湖州。

与此同时，驸马都尉王诜得知拘捕苏轼的消息，立即派人驰告南京（今河南商丘）的苏辙，要他火速传递消息给苏轼，以作应备。

两拨人马比速度。苏辙派出的人快马加鞭、不辞辛劳，但也赶不上早出发、不顾星夜、其马如飞的皇甫遵一行。

时间紧迫，传递消息的人心急如焚。

也许上天眷顾苏轼，皇甫遵到了润州，同行的儿子不争气，居然拉肚子病倒了。皇甫遵不得不就地求医诊治，耽搁了半日。等他到达湖州，苏轼已得知消息。

苏轼内心惶恐，祸从天降。

十几年来，他管不住自己的口与笔。在大是大非面前，在关乎国运的大问题上，从不吝惜笔墨，言词如喷，心中忧虑一吐而快。他批评皇帝，置疑权臣，嘲讽小人，披露现状……

祸从口出。这个祸端会有多大？

七月二十八日，午后，苏辙派出的人后脚走出官厅，皇甫遵一行前脚就跨进了湖州公堂的大门。

苏轼一家顿感紧张，这祸到底有多大？到底会治苏轼怎样的罪？一家人的命运又会有怎样的变数？王闰之、任妈等人掩面哭泣，朝云眼中含泪，轻抚任妈抖动的双肩，孩子们手足无措地不住叹气。苏轼望着一家人，心下更为慌张和害怕，一时间竟找不到一句合适的话来安慰大家。

暂代知州事的祖无颇进来，请苏轼前去公堂见皇甫遵，说："事已至此，无可奈何，只有出见。"苏轼恍恍惚惚地点着头，挪步出门，忽而转头问无颇："祖大人，我这是如何去见钦差？穿官服？还是不穿官服？"

祖无颇望了望苏轼，说："大人，现在还没有宣读你的罪名，应当穿朝服出迎。"

苏轼恍然大悟地点点头，赶紧回室中着高靴、穿朝服、持象牙笏来到公堂上。无颇和当值官员都头顶小帻陪立在苏轼身后。

公堂之上，静得能听到苏轼的心跳声。

皇甫遵也是一身官袍，持笏，仰头傲然立于庭中，两个随侍头顶白巾，身穿青衣，凶神恶煞地站在皇甫遵身后。他俩怀中揣着什么？直挺挺、硬邦邦的。祖无颇轻轻抬眼看见，心下惊疑，双腿不由抽动一下。

苏轼似乎感觉到了祖无颇的反应，也悄悄抬眉探探周边动静：皇甫大人面色铁青，剑眉倒竖，双眼含怒，厚唇紧闭。身后两位差役也气势汹汹，这般模样……莫非，莫非我大罪难逃？苏轼心下害怕，额上渗出冷汗，过堂风一吹，竟觉周身如坠冰窖。而当时正值炎炎酷暑。

寂静，沉默，空气十分紧张。

苏轼心中百味翻腾，恐怕此次难逃死罪了。罢、罢、罢，人固有一死，我得与家人告别，安排好后事。定了主意，苏轼反倒不觉惶恐了。他率先打破了死寂般的沉默，对朝廷派来的人说："下官苏轼既然激怒朝廷，今日必是赐死。死固不敢辞，请允许回后堂与家人诀别。"

皇甫遵移了眼珠子过来，瞅着苏轼："呵呵，苏子瞻，你不是才名动天下吗？你这般高官，也得听我发号施令。哈哈，想不到堂堂苏学士，也有害怕的时候。得，看你战战兢兢的样子，老子就宣旨。"

皇甫遵从鼻孔里哼了一声，双唇未启，却挤出几个字来："不至如此。"

苏轼未抬头，提到嗓子眼的心落了下去。正舒口气，听祖无颇小心翼翼地说："太常博士必有文书。"

"什么人，胆敢堂上多言！"皇甫遵眼神凌厉地盯向无颇，厉声喝道。

祖无颇答道："卑职祖无颇，是代理州官。"

皇甫遵瞥了一眼堂上，又从鼻孔中哼了一声，这才命随侍从怀中拿出文书，交给祖无颇。

原来差役怀中揣的是文书，不是匕首。大家松了一口气。

文书只不过是一纸拘捕令，这钦差为何如此凶恶模样？当然了，皇甫遵一生能自鸣得意之事就是赴湖州捉拿苏轼。

事实上，他的确"永载史册"了。宋人笔记说，皇甫遵"拿一太守，如捉小鸡"。苏轼被捕，御史台抄了苏轼的家，搜查其所作诗文，一并随押送队伍至京都。押送过程中，皇甫遵又授意兵丁粗野、残暴对待苏轼。苏轼在写给朋友的信中记载了当时的恐怖情形："围

　　　　　　　　　　　大宋十君子

船搜取，老幼几怖死。"

船行于太湖时，月黑风高，苏轼寻思投湖自尽。但念及弟弟和家人，终于打消了自杀的念头。

苏轼被押至京师，关在乌台。

乌台是御史台的别称，是京都关押要犯的牢狱。深井一般的牢房，窄小昏暗阴湿的墙壁。狱中有数棵大树，阴森森地栖满乌鸦。它们一天到晚呱呱乱叫，扑动着黑色的翅膀遮蔽日光，更使得御史台阴森可怖。

苏轼入狱，负责审讯的是张璪。

张璪为人狠绝，手段残忍，数兴大狱。他是刑讯逼供的好手，苏轼落入他的手，只怕十分凶险。他专施刑具，兼用拳脚，以肉体的折磨摧毁苏轼的意志。这厮当年在凤翔府是苏轼的属下，没少巴结苏轼。那时苏轼的亡妻王弗还在，认为张璪这个人伪善，叮嘱苏轼少与之交。王弗确有识人之明。

苏轼入狱后，通宵遭狱卒毒打、垢辱。

当时，有个叫苏子容的囚犯也关在乌台，他做过开封府尹，亦因得罪御史台那帮人而下狱，狱中赋诗十四首，序言说："子瞻先已被系，予昼居三院东阁，而子瞻在知杂南庑，才隔一垣。"苏子容诗中有："遥怜北户吴兴守，诟辱通宵不忍闻。"

吴兴即是湖州。

御史中丞李定，绞尽脑汁罗织苏轼的罪名，亲自到坊间购买苏轼诗集，不分昼夜研究苏轼写下的每一个字。朝中大臣、地方官吏，凡与苏轼有书信往还的，一律派人取证。专案组专程赴杭州，清算苏轼的"诗账"，重点锁定《新城道上》《吴中田妇叹》《山村五绝》

《看潮五绝》等，一门子心思要挖出苏轼诗句中反朝廷讥皇帝的寓意。

李定与苏轼另有一桩私怨。他儿子曾去徐州攀附苏轼，受到冷落，狼狈而回。前仇加后恨，这李定要报复到底。

一次又一次的提审，惊起乌台上空的乌鸦，叫声凄厉。

案子审得不顺手时，小人就暴跳如雷，扑打苏轼。张璪的冷拳出击，赢得喝彩声……打骂大名士，小人很过瘾的。而当初在凤翔府，他巴结苏轼绞尽脑汁。

李定对苏轼说："你在湖州多傲慢啊，声称'难以追陪新进'，怎么到了乌台，天天陪我们这些新进？"

舒亶笑道："子瞻自称老不生事，却千里迢迢到京城，给我等生事。"

张璪皱着眉头说："何必废话，与他生些皮肉事，倒也快活则个。"

这人把手关节弄得噼啪响，手肘青筋凸起。

苏轼靠墙不语。昏暗的光线照在苏轼疲惫不堪的脸上。

李定、舒亶，确实想置苏轼于死地。苏轼这种大有背景的人物，既然弄进来了，就不能让他活着出去，留下后患。审讯的过程中，威胁与戏弄并用，恫吓与侮辱兼施。那个膀大腰圆的张璪一言不发，扑过来只动拳脚，拳拳落实在大名士的肉身上。

苏轼很虚弱。累，饿，困，渴，疼……

他渴极了，梦中张开嘴，却有人抓一把地上潮湿的麦草，塞满他的嘴。

疼醒了，李定、舒亶展开疲劳审讯，审到半夜，熬不住了，才悻悻离去。

牢狱终于空了。苏轼泪流满面。

一天又一天，苏轼面对几个凶神恶煞的严刑拷打，忍受着千百只乌鸦聒噪，备受煎熬。

从九月下旬起，长子苏迈始能送饭到狱中。这个变化，可能意味着案子有转机？苏轼萌生出一线生的希望。然而李定斜睨苏轼说："圣上仁慈，叫你做个饱死汉。"

苏轼嘱咐送饭的儿子，南都家里人问起，只说乌台尚能啖肉。

苏轼吃得很香，暗地里却攒下了平时服用的青金丹，准备到行刑的那一天吞金而亡。这种养生的青金丹，每日限送一颗。谁送的？史料不载。

入狱不可怕，死刑不足惧。

李定等人迫害苏轼丧心病狂，变着花样想早日拿到结果。

牢狱之外的"救苏运动"也是紧锣密鼓地进行着。苏辙上书皇帝，愿以在官之身换取兄长的平安，言辞非常谨慎，生怕触怒皇帝。他说："臣窃思念，轼居家在官，无大过恶，唯是赋性愚直，好谈古今得失……"

以刑部侍郎致仕的范镇，毅然上书皇帝，乞免苏轼一死。

李定、舒亶大为恐慌：苏轼今日不死，将来必成大患。舒亶狗急跳墙，竟上奏折，要把收受过苏轼讥讽文字的大臣全杀掉。他派人再到杭州，取回了苏轼咏双桧的两句诗："根到九泉无曲处，世间唯有蛰龙知"，急忙呈送主子王珪。

王珪拿着诗稿对神宗说："苏轼确有不臣之意。"

神宗问："何以见得？"

王珪说："陛下犹如飞龙在天，苏轼公然声称与陛下合不来，反求知音于地底之蛰龙。"

神宗说："不能这么比附吧，诸葛亮不是自号卧龙吗？苏轼自咏杭州的双桧，干朕何事？"

王珪还想申辩，一旁的章惇开口了："如此解读诗文，恐怕人人都有罪。"

二人退朝后，章惇在殿外质问王珪："你想害死苏轼的全家吗？"

王珪涨红了脸，搪塞道："这是舒亶讲的。"

章惇站在白玉台阶上大叫："舒亶的口水你也想吃吗？"

舒亶献诗失败，右相王珪又在神宗跟前碰了一鼻子灰，遭章惇一顿臭骂。北宋政坛蛮有意思，论官职，章惇比王珪差了几级，却当众骂宰相，令这位政府首脑夹了尾巴落荒而逃。

李定为苏轼诗案的主审官，有一天上朝，他拦着王安石的小弟弟王安礼，警告说："苏轼反对你大哥，你可不能替他说话。"王安礼拂袖而去，在神宗御座前为苏轼讲了很多好话。李定恼怒，又不敢惹这个大丞相的亲弟弟。

又有一天，李定在崇政殿外环视群臣说："苏轼真是个奇才，二十几年来写下的东西，包括引用的各类典籍，随问随答，记得分毫不差。"

群臣无人接话，不知李定说这个是什么意思。

小人，是常常叫人弄不懂、猜不透的。

后宫内，太皇太后曹氏、太后高氏，都为苏轼求情。曹氏大病初愈，神宗欲大赦天下为祖母求寿，曹氏说："你也不用赦天下凶恶，只放了苏轼就够了。"

李定、舒亶、王珪、何正臣，见势不妙，发动最后的舆论攻势，不择手段，攻讦苏轼。神宗再一次举棋不定。

张璪对囚犯苏轼封锁外面的消息，每日恫吓，说冬至前后会问斩。苏轼自忖性命难保，决定一旦宣布问斩，便吞青金丹自行了断。偏偏有一天，他收到了一个死亡信号：苏迈因事，临时请人替他送饭。那

大宋十君子

人心疼苏轼，专程给他送来了一条鱼。揭开食盒看见鱼的一瞬间，苏轼万念俱灰。此前他与苏迈有约定：送鱼，就意味着难逃死罪。

这一天，苏轼彻夜不眠，凄然写下两首诗，其一云：

> 圣主如天万物春，小臣愚暗自亡身。
> 百年未满先偿债，十口无归更累人。
> 是处青山可埋骨，他年夜雨独伤神。
> 与君世世为兄弟，又结来生未了因。

苏轼百般受煎熬，却写下千古诗篇。

第二首也传为名篇：

> 柏台霜气夜凄凄，风动琅珰月向低。
> 梦绕云山心似鹿，魂飞汤火命如鸡。
> 眼中犀角真吾子，身后牛衣愧老妻。
> 百岁神游定何处？桐乡知葬浙江西。

两首诗的小序云："予以事系御史台狱，狱吏稍见侵，自度不能堪，死狱中，不得一别子由，故作二诗授狱吏梁成，以遗子由。"

平静的绝望，凸显了人类生存的大情绪。

二十世纪末的西方人为何称他为千年英雄呢？境界如此之高，又贴近普通人的生存情态。这高下之间的空间足够广大，恰可容纳苏轼几十年修炼而成的金身。

神宗为苏轼的案子十分头疼。宋朝历来重视言官，御史台的言官们群攻苏轼，他不能不慎重考虑。另外他想得远，担心名望太大的司马光、范镇等人在太后的干预下复出，跟他拧着干。两个宰相吴充、王珪，镇不住朝堂的，而太后不喜新政，对神宗的施政大略有着潜在的威胁。

苏轼的一条命，和朝政密切相关。

神宗想了很久，想出一个主意，派一小太监潜至乌台，观察苏轼的动静。三天后太监回宫报告："苏轼白天夜里睡觉，鼾声如雷。"

御座上的皇帝一拍大腿："看来苏子瞻心中坦荡，并未藏奸嘛。"

就在这时候，一个关键人物出来讲话了，他就是闲居金陵的王安石。神宗敬安石如父执，海内皆知。

王安石说："岂有圣世而杀才士者乎？"

一锤定音。

为何能一锤定音？因为王安石太了解神宗，神宗素重名誉。圣世杀才士，朝野将掀起轩然大波，后世也会对这个以明君自居的皇帝谤议不绝。而王安石当政时，苏轼屡攻他，连这样的人都为苏轼上书，乞免苏轼一死，皇帝还能犹豫吗？

于是，乌台诗案结案：苏轼以团练副使贬黄州，不得签书公事。涉及此案的司马光、张方平、范镇、王巩、王诜、陈襄、李常、孙觉、刘贡父、黄庭坚、钱世雄等二十二人，各罚铜三十斤、二十斤不等。王巩最惨，细皮嫩肉的公子哥儿，被贬到岭南的宾州五年多。

从案发到结案，历时一百三十天，爱戴苏轼者喜极流泪，一帮小人向隅而泣：李定气得要递辞呈，舒亶卧病，张璪切齿，何正臣大骂王安石，皇甫遵父子恶名远扬，闭门不出。那王珪倒能够及时改口，称颂当今圣上的广大胸怀。

宋代就有《乌台诗案》一书刊行于世，可见影响之大。

自赵宋立国以来，这是第一次震动全国的文字狱。整个过程像一部大戏，一波三折，悬念重重，高潮迭起，各色人等活跃。

苏轼出狱的那一天，乌台上空的乌鸦依旧乱飞，拍动着翅膀变换着黑色的图案……

人有未来，人就会有忧虑。

苏轼又有未来了，黯淡的前景终归是前景。

元丰三年（1080）二月一日，苏轼一行人，打马至黄州。

苏轼照例上谢表，语气和《湖州谢上表》不同了，但毫无乞怜之态。乌台的折磨、贬所的荒远，从三州太守变为戴罪之身，巨大的精神压力，谁又能泰然处之？苏轼谢表中，不卑不亢："伏念臣早缘科第，误忝缙绅。……亦尝召对便殿，考其所学之言；试守三州，观其所行之实……"他不回避自己的才学和实干，至于神宗看了会怎么想，他也不去计较了。这些通常容易被忽略的地方，却能说明苏轼过人的勇气。

千磨万击还坚劲，任尔东南西北风。

黄州岁月，苏轼念佛、沐浴、养生、钓鱼、采药，随缘随意的日常生活，让他慢慢理清思绪：生活远比功利宽广，生活的完整性比什么都重要。

一个人，既有经天纬地之才，又能细腻感受并醉心于生活的种种，那他就与神仙相差无几了。苏轼在黄州以"东坡"为号。一个巨大的文化符号诞生了，从此他被人呼作"坡仙"。

伟人的转身，真是叫人叹为观止。

黄州五年，是苏轼文化艺术活力井喷的时代。政治生命的低谷反指向艺术生命的高峰。

然而，快满五十岁的苏轼，本已对黄州产生扎根之情，未想仕途却在此时向他抛出赏心悦目的曲线。

　　宋朝政局变动。

　　宋神宗驾崩，继位的小皇帝哲宗只有十岁。高太后摄政，改年号为元祐，释放出的政治信号是向往仁宗的嘉祐之治。

　　元祐更化，谁来辅佐高太后呢？

　　司马光重返京城。组建内阁，推荐名单中有苏轼。另一宰辅大臣吕公著也向高太后推荐苏轼。此二人之举正合高太后心意，太后起用苏轼之心已久。

　　本已获朝廷恩准，买田宜兴，卜居常州的苏轼，在官帽吹来时，平淡地领旨谢恩，并对友人道：“一夫进退何足道。”

　　致君尧舜的政治理想从未被磨灭，美政冲动再起。

　　苏轼的终极政治理想是富民强国。

　　赶赴京都上任，十一月中旬，苏轼一行人过境青州。

　　青州太守正是乌台诗案中欲置苏轼于死地的李定。当年，奸计落空，他被外放青州为官。现在听闻苏轼甚得摄政的高太后青睐，便在苏轼过境青州的这一天，亲往驿站，力邀苏轼前去太守府叙旧。苏轼一家见李定就恶心，全家一致意见：坚拒。

　　苏轼思忖片许，平静地说：“时隔多年，也许李定不似往日嘴脸了吧。”

　　他带了苏过随李定前往州府厅赴宴。李定大献殷勤，一脸笑得稀烂：“苏学士雅量，苏学士雅量啊。”随即背诵苏轼黄州诗文，居然一口气背完《前赤壁赋》。尔后呈上若干金银珠宝、蔡襄字画，苏轼一概不受，只瞧了几眼蔡襄书法。他对蔡襄字心仪已久。李定又唤出青州绝艳女子，专为苏轼侑酒。苏轼目不斜视。李定心凉，又生一计，拿出一代巨匠李承晏制的墨丸，李后主酷爱的澄心堂纸，心想："你苏轼嗜佳墨、好纸，这等难寻好墨好纸在眼前，你会不手痒？"

李定一丝狡黠闪过眼眸，道："苏大人大量，小弟如今洗心革面，乞大人勿计较当年。拜请大人为青州官厅留一墨宝，以存留念。"

苏轼嗅了嗅那乌玉般的墨丸，摸了摸那澄心堂纸，淡淡地对李定说："臂疼。"然后携幼子，登高轩，扬长而去。

回到馆驿，苏轼对家人说了句："李定还是那副嘴脸，皮相变肉不变。"言外之意：他曾希望李定改过自新了。

元祐元年（1086），苏轼到达京师。短短四个月时间，他从七品跃至四品，"被三品之服章"，穿紫色朝服，佩银鱼袋。接下来就要升副宰相，朝廷百官为之瞩目。但苏轼却很冷静，上辞状书："非高材重德雅望，不在此选。"

然而高太后看准了他，他跑不掉。

荣华富贵、锦衣玉食的生活反让苏轼夜不能安寝，躺在千工雕花大床上，眼前闪过的是黄州的东坡麦田，乡邻的淳厚面容，还有返京一路上老百姓的期许目光……

苏轼复起后，身份显赫，可直接面对司马光。他对这位名重朝野的大丞相满是景仰之情。

可司马光要"尽废新法"。

而苏轼不同意尽废熙宁新法，说："法无新旧，以良为是。"

的确，新法在全国推行了十多年，有些新法条例在实施过程中已去除了若干弊端，普惠于天下百姓。如今尽废新法，重返旧辙，这不是逆行倒施吗？

苏轼与司马光的分歧公开化了。

原则之争，苏轼决不让步。他只向真理投降，不会向权威低头。

"铁肩担道义，妙手著文章。"

时任掌枢密院的章惇也跟司马光正面为敌，毫不示弱。当年他是新法的拥护者，而今司马光要尽废新法，他便胆敢当着高太后的面对司马光大吼大叫，驳斥司马丞相的观点，一点也不给面子。恼了，竟然在太后御座前咆哮："它日安能奉陪吃剑！"呵呵，居然下挑战书，要与司马大人单挑。

这章惇是一个大怪才。他与苏轼是同年进士，也有一定交情。乌台诗案，章惇在紧要关头还呵斥宰相王珪，苏轼一直铭记着。

苏轼曾说："吾眼中无一不是好人。"

只是，他未曾想到，他眼中的这个朋友却在不久的将来向自己露出阴森可怖的匕首。

章惇，字子厚，福建人，出身世族，博学善文，相貌俊美，高傲自负。嘉祐二年（1057），与苏轼同年进士及第。但有趣的是，当年高中状元的是他的家族侄儿章衡。章惇耻于章衡之下，竟然拒不接受敕令，扔掉敕诰回家了。隔了两年，他又再次通过科举考试，到地方任职。在商洛（今陕西商洛）任县令时，他曾多次到凤翔拜访苏轼，同游岐山，"二人相得甚欢，同游南山诸寺"。

章惇胆子超大，人传岐山有鬼屋，夜间有厉鬼害人。章惇闻之冷笑，不顾苏轼与众人阻拦，偏带了口粮到山中鬼屋一住就是几日，山魈不来作祟，章惇一脸骄傲地踱步出山。此举在商洛被传为佳话：章县令不怕鬼，鬼倒怕了章县令。

苏轼觉得章惇非泛泛之辈，与之常策马游山。

一次，在山中遇见一只白额吊睛虎，苏轼吓得冒冷汗，欲掉转马头。这章惇却正面迎上，拿出怀中一铜锣，朝石头猛掼。锣声震耳，竟让老虎受惊逃走。苏轼擦着额上冷汗，情不自禁又高看他：

这人胆大，有冒险精神，了不起哩。

回程中，章惇则借山势进一步显摆自己的胆量。

大山深处，有个叫仙游潭的地方，一根废弃的独木桥通向潭对岸的古寺，桥两侧绝壁万仞，桥下潭水幽深无法见底，水面泛起的水雾朦胧视线，扑面是刺骨的寒意。苏轼探头一见，急忙勒马驻足。章惇倒好，下马趋步至桥头，笑嘻嘻地说："苏兄，敢过桥一游否？"

苏轼连连摆手："此桥险要，下有深渊，不可冒险。再则桥上青苔遍生，许是久不曾有人走动，切不可以命相搏。"他边说边退至安稳处，倚古木沉思片刻，即云："犹有爱山心未至，不将双脚踏飞梯。"

章惇抬腿至桥面，不忘回头指着苏轼大笑："不想苏兄竟有不敢为之处，哈哈哈。"笑声未落，他已平步走至独木桥中央，伸出长臂拾起崖壁上垂吊的藤蔓，用力拉扯了一下，竟双脚跃起，将身体系挂在藤条上，在崖壁前荡来荡去，如山间野猴。倏忽，又抽出腰间佩剑，挥舞着透着淡淡寒光的宝剑，在石壁上刻下"章惇苏轼来游"六字后，返身，荡跃至独木桥头，落地，收剑，动作干净利落，一气呵成。

古木下的苏轼看得目瞪口呆，见章惇落稳收剑后，才回过神，道了句："尔日后能杀人。"

章惇笑问："何也？"

苏轼望着他说："能自判命者，能杀人。"

章惇闻之，拱手大笑，那笑声在山壁间回荡，久不能绝。

章惇胆大勇猛，但却野性嚣张。苏轼觉得他视生命如儿戏，却是过分了。

回到家中，苏轼将同游之事说给妻子王弗听。王弗皱了皱眉，说："此人胆大，但恐怕不会成为夫君口中的一世之雄，即便是，也看只合是个奸雄。"

为何?

原来,章惇曾在汴京做的缺德事早沸沸扬扬传开了。

章惇生得相当魁伟俊美,是个文武双修之人。可他却是个私生子,且还是父亲章俞与其岳母杨氏偷情的产物。若非杨氏之母从水中将其捞出,只怕他已被生母溺死。北宋尤重伦理纲常,此出身成为章惇讳莫如深的隐秘。然而,他成年后却凭"年少美姿容",放荡不羁,在汴京城内勾引官吏人家的妻妾,屡屡得手。章惇还时常将猎艳之事拿到社交场合宣讲,颇为得意。其浪荡秽名在京传开,渐传至商洛一带,他居然还自称官运走低,艳福走高。

巧言如簧,颜之厚矣。

章惇在酒色之中行走,狠厉也是异常。

他勾搭上京城官吏家的崔姓美娇娘,甜言蜜语中,被翻红浪。崔美娘娇酣之时,言语恣肆,提及章惇出身。章惇闻言大怒,翻身跃起,钳子般大手死命掐住情人的俏脖子。崔美娘挣扎呼喊,大哭告饶,章惇方才松手,怒扇美娘一巴掌,骂骂咧咧地转身就走……

那官吏听闻,带了御史台捕头找到章惇,反被巨人般的章惇挥剑搏命吓退。章惇甚至还张狂地警告官吏,不得告官,不得亏待和他有过"鸳帐缘"的崔美娘。

放纵狂野的章惇坏名声经久不消,京城官员都避其秽名,不敢用他。

郁闷的章惇偏偏引起王安石的注意。王安石派人调查后,认为此人有才识,可用,便将其纳入新成立的条例司,协助吕惠卿炮制新法。章惇确也显示了才华。王安石叫人传话表彰,却不召见。章惇气恼:"用我者介甫,弃我者也是介甫。"

其实，王安石只见过章惇一面。用之而不见，确实令人费解。后来王安石退居金陵半山，才向人透露他对章惇的一面之印象：阔嘴猛牙，虎形狼步。凶猛生悍的初印象让王安石产生近乎生理上的厌恶。章惇仰面大笑之中，王安石偏能听出"浪声色语"，他对章惇的厌恶由道德之身所致。但他要骤行新法，提携新锐，用才而不唯德，只好睁只眼闭只眼了。

有才无德的章惇一直官运不顺。

但几年后，他迎来了他的春天。

神宗驾崩，哲宗继位，怎奈年幼，朝廷大权由高太后掌控。

备受高太后赏识的苏轼，此间不断得到重用。

尊主泽民的苏轼坚持原则，与要"尽废新法"的司马光产生分歧。他力主泽民，"不合时宜"的举措在权力斗争中处处受到攻击。

贾易、杨畏、朱光庭……开始联章弹劾苏轼。杨畏联合贾易时说："朝廷的米钱都让姓苏的放去贱民身上，我等如何'享国'？"

"享国"，道出了一批官员的心声。苏轼"力求便郡"，以避政治漩涡。在外为官，"二年阅三州"，美政美谈。

但，元祐七年（1092）九月，苏轼任礼部尚书，进端明殿学士、翰林侍读学士，做哲宗皇帝的老师。

教出一个好皇帝，胜做百年好官。

可这哲宗在继位后的大权旁落中，郁闷连年，患上心理疾病。凡高太后赏识的元祐大臣，他都不喜欢，其中包括老师苏轼。苏轼煞费苦心准备的教材，他只装模作样地听；苏轼绞尽脑汁尽力地匡扶，他却在宫中胡作非为，纵情声色。

同时，哲宗为保住皇位，学会蒙、骗、绕、拧，来对付掌权的多慈高太后。

多欲而少慈，不是好兆头。

元祐八年（1093）九月，高太后崩逝。她离世前安排苏轼到定州去，免在京师受小人围攻。

十八岁的哲宗终于亲政了："呵呵，秘献过民间绝色少女的章惇，忠心；王正中说话谨顺朕意，不错；杨畏等人也厌恶元祐大臣，深得朕心……"

亲政的第二天，哲宗就宣布要重用王正中、蔡确、吕惠卿、章惇、杨畏……舆论哗然，朝臣力拒。

苏轼此时虽为外臣，但为国运，也附名同奏："……太皇太后之政事，乃仁宗之政事也。……九年之间，始终如一，然群小怨恨，亦为不少……此辈既误先帝，又欲误陛下。天下之事，岂堪小人再破坏耶！"

然，阻力再大，奏疏再好，都无法抵挡压抑过久的皇帝释放病毒的能量。吕惠卿、蔡确等人卷土重来。

朝廷盛传，章惇要当宰相。

1094 年春，哲宗改年号为绍圣。改变年号通常意味着改弦易辙。

绍圣元年九月，苏轼将要离京，按例上殿辞行，哲宗不见。苏轼上书，一针见血地指出："而使听政之初，将帅不得一面天颜而去，有识之士，皆谓陛下厌闻人言，意轻边事，其兆见于此矣。"话说到这份上，但皇帝还是拒见。他怕老师，更不喜欢高太后喜欢的苏轼：轻不轻边帅不要紧，伤不伤天下士子之心也不打紧，关键是天下是朕的了。朕想咋就可以咋了，哈哈哈。

苏轼知定州去了。

哲宗亲政，立即清除了一批元祐骨干，数月间另用一番人，包括臭名昭著的吕惠卿、杨畏、蔡确、蔡京、赵挺之、张商英。

当然，甚得哲宗欢心的章惇终于位及宰相。

德不配位，必有灾殃。

作为苏轼几十年的老朋友，章惇为了做宰相，把矛头直指苏轼。也许，他是要除掉这个潜在的政敌。神宗朝，他是变法机构制置三司条例司的中坚分子，哲宗朝初期，他也当过几天军事首脑枢密使。可高太后摄政，司马光主政，他就只剩下失意，而老朋友苏轼却半年内从七品到四品，着三品紫服，何其得意。

有理由揣测，章惇对老朋友居高位而心生忌恨。

莎士比亚说："那些把嫉妒和邪恶作为营养的人，见了最好的人也敢去咬一口。"

雨果说："凡是嫉妒的人都很残酷。"

黑格尔说："有嫉妒心的人自己不能完成伟大事业，便尽量去低估他人的伟大、贬抑他人的伟大性，使之与他本人相齐或更低。"

罗素说："嫉妒，一种迫害的倾向，而且通常包括着疯狂在内。"

从这几位著名作家与哲学家的语录中，我们似乎可以找到章惇迫害苏轼的心理根源。

再加上章惇读了苏轼曾作的两句诗"方丈仙人出渺茫，高情犹爱水云乡"，他怀疑，这是暗指他的出身不体面。这可是章惇的禁忌。

于是，章惇的屠刀对准了苏轼。

他这样的人，狠厉冷酷。他要打人，必下狠手，断无半点仁慈。现在，他视苏轼为政敌，就会紧紧盯住对方，出手必狠。

出手，先从朝臣开始。

章惇凶神恶煞，开出一长串黑名单，欲一次性打击的朝廷高官多达三十多人。元祐大臣们一个个被打出京城：和稀泥的宰相吕大防被算计，列出六条罪，责知随州；翰林学士范纯夫对皇帝说了句

"章惇不可用"，被贬至陕西；右相范纯仁愤慨，自请外放颖昌；副宰相苏辙被贬到汝州……

对于已故的司马光、吕公著，章惇一直记恨于心。他麾下的恶狗明了主子心思，更是上章呼吁，要开坟、撬棺、鞭尸。哲宗征示许将意见，许将思忖后道："此非盛德事。"二位已故大臣的坟才得以保下，但墓前神道碑被砸得稀烂。

曾受恩于苏轼的林希，心领神会章大人之意后，翻脸比翻书还快，立马上书恶攻苏氏三父子，连去世已久的苏洵也不放过，大骂苏门三人欺世盗名，有辱圣恩。

朝廷、地方大换血，人头攒动，疯狂争权夺利。

人性之恶，被充分调动。

绍圣元年（1094）四月，章惇正式拜相。八尺魁梧大汉身着紫袍，威风凛凛端立于朝堂，眼神犀利地逡巡着朝堂内持笏低眉的文武百官。

定州苏轼，你可好啊？哈哈哈。

同月，朝廷诰下：苏轼"责知英州（今广东英德）军州事"，罢免龙图阁、端明殿双学士。曾经朝廷颁发给苏轼的最高荣耀，就这样被轻飘飘拿回去了，还落得削官降职的处分。要知道，定州任上，苏轼花精力稳定了边陲重镇，整顿了禁军武备，训练了数万民兵。

功，苏轼不屑表，只又是"讥谤先朝"的罪名，着实少了新意。

英州，比黄州远多了，荒凉多了。

苏轼上《英州谢上表》："伏念臣草芥贱儒，岷峨冷族，袭先人之素业，借一第以窃名。虽幼岁勤劳，实学圣人之大道；而终身穷薄，常为天下之罪人。……恩深报蔑，每忧天地之难欺；福眇祸多，是亦古今之罕有。"

没有哀怜，只有悲怆。

又说："累岁宠荣，固已太过。此时窜责，诚所宜然。瘴海炎陬，去若清凉之地；苍颜素发，谁怜衰暮之年？……臣敢不噬脐悔过，吞舌知非，革再三而不改之愆，庶万一有善终之望。"

陛下……您要我这白发苍苍的老头，去瘴气弥漫、炎热难耐的南方？……我不敢多说什么，从此闭口审视自己的过错，也许还有可回乡善终之希望吧。

字里行间，隐忍的愤怒呼之欲出。

这年初夏，苏轼踏上贬谪之路。五十九岁贬岭南，此生尚能北归否？

章惇、蔡京辈，正盘踞汴京狂欢。王朝大厦将倾，总有一些人会疯狂，会为升官发财而不择手段。

千里之堤，以蝼蚁之穴溃；百尺之室，以突隙之烟焚。

"许国心犹在，康时术已虚。"一介罪臣，还能为国家做什么呢？

一路忧思，一路坎坷。

五月刚抵达南都，第二道谪命又来了：苏轼降为七品官。苏轼淡然一笑，接过文书，休整几日，便又继往英州。

六月，走到安徽当涂县，第三道谪命来了：苏轼，责授建昌军司马，惠州安置，不得签书公事。

同行的苏家人一听，大愕：这不是贬谪罪臣的文书吗？我家大人怎么就成了罪臣，取消全部的俸禄，还被贬去岭南？这可是极重的惩罚呀。

王朝云双眉紧蹙，望向苏轼，只见苏轼礼节性地叩谢圣恩后，起身拂了拂衣衫的皱褶，面不改色地轻轻说道："上路。"

不过改道前往贬所惠州前，苏轼做了抉择：带幼子苏过一人远赴惠州。苏迨带领其他眷属去宜兴，和苏迈一行汇合同住。家人抬头望着苏轼花白的头发，爬满皱纹的额头，含泪摇头表示不同意。苏轼面色平静："此事不作商议！"字字斩钉截铁。

家人哭成一团，唯独朝云沉静。她目光坚定，字字如钉："我随大人同去。"大家闻声看向朝云，苏轼也收转目光，见朝云神情毅然，便知她心意已决，断难回转。

君心如磐石，妾心如蒲草。磐石无转移，蒲草韧如丝。

道贬，打乱了苏轼原有的计划。此时，自己要去的贬所是大庾岭之外的惠州。瘴海炎陬，恐怕再难归还。他将身上不多的银两细软，作了分配，让几个仆从、丫鬟收拾衣物，各寻他路。主仆一场，洒泪辞别……

九月，苏轼携爱妾与幼子翻越大庾岭，润州太守张耒担忧苏轼，派王告、顾成两个士兵沿途相送。

元祐、绍圣年间逐臣众多，苏轼受惩最重。

苏轼心里也料到是章惇所为，只是一路上想不明白，曾经的老朋友怎么变成这样。章惇拜相后，在汴京扶植党羽、排除异己，手段无所不用其极，令人发指。他巴结皇帝，任由皇帝胡作非为，串通后妃刘氏与太监，构陷皇后。朝堂上乌烟瘴气。

十月初，苏轼抵惠州。

大庾岭外非江湖传闻。风景优美，湖水如镜。吏民惊喜，中原大人物居然到惠州了。父老携酒相迎，官员更是设宴相邀，哪管什么罪臣逐客。

苏轼诗兴又起，提笔写下惠州初印象："吏民惊怪坐何事，父老相携迎此翁"；"岭南万户皆春色，会有幽人客寓公"。

　　　　　　　　　　　　　　　　　　大宋十君子

安定下来，罪臣苏轼便在惠州忙开了。

惠州水系发达，江水两岸仅靠简陋的竹浮桥通行，常出人命。苏轼捐出御赐犀带，主动筹集资金，为惠州人修建桥梁。桥成，诗曰："往来无晨夜，醉病休扶携。"惠州瘴毒弥漫，常有疫病流行，而当地人大多不懂医术，有病就只有听天由命。苏轼立即着手查药书、找名医、寻药方，一日不暇地做起治病郎中来。他又亲手制作农具秧马，下田教农民坐秧马插秧，提高了劳作效率。还为广州人画设计图，附长信加以安装说明，做成了广州的"自来水工程"。

"君子有责于斯世，力能救则救之……力能正则正之……"苏轼之言，慈悲立见。

惠州苏轼，日益生辉。

前来探望苏轼的人越发多了，回中原时带走他的新诗，传讲岭南苏轼的生活，甚欢。

几千里外的章惇闻讯，紧锁眉头，两只眼睛黑漆漆地望不见一丝光亮。出了宰相府，他径直到蔡京处。两人在黑乎乎的书房里嘀咕了许久。

第二天，便有文诰：命程之才为广南提刑官，出巡岭南。此为明文，暗地里，章惇密令：岭南之行，必杀苏轼于惠州。何罪？哼，自己去找借口，或是制造一个意外事由。总之，苏轼得死！临行前，章惇亲往送行，一只大手摁住程之才的肩膀，开口道："程大人，广南之行差事得力，回京定能再升官加爵。"

章惇冷笑，看着程之才的官船远去：苏学士，勿怪老夫无情，尔命休矣。章惇知道，程之才虽为苏轼姻亲，其姐八娘之夫。但自八娘被程家虐死，苏洵率众大闹程家，苏程两家便自此结仇，四十多年化解不开。

苏轼，此也算天命。章惇捋了捋胡须，掉转头，腆着微凸的肚子，踱步回府。夕阳西下，余晖将他魁梧的身影拉得很长很长……

汴京民谣："章加蔡，一手盖。"

广南提刑官程之才一路南下，听沿途吏民都盛赞苏轼：修桥、种药、看病……老天爷开了眼，派了神仙苏轼来。

抵广州，广州太守边说边拭泪：苏轼，岭南伟人也。城中百姓饮水必祝，苏公恩啦。

程之才陷入沉思。

惠州苏轼得知程之才提刑广南，四十二年的家族仇怨，来者不善。

然而，程乡县令侯晋叔到广州打探情况，派人快船报信："程提刑无恶意，且欲赴惠探望。"苏轼得讯息，便连写了两封信给程之才："闻老兄来，颇有佳思。昔人以三十年为一世，今吾老兄弟不相从四十二年矣，念此令人凄断。不知兄果能为弟一来否？"

三月，春暖花开，程之才的大官船开到惠州。兄弟一笑泯恩仇。苏轼赠诗："世间谁似老兄弟，笃爱不复相疵瑕。"

章惇计未得成，恨得牙痒痒。他对蔡京说："我等正忙，日后再与苏轼计较。"他们此间正忙着拳打脚踢朝中异己之流，不断有人被贬逐，其中有派兵护送苏轼下岭南的润州太守张耒。

惠州合了苏轼的性子与心意，他购得城内白鹤峰一地，准备长住惠州。不幸的是，朝云染上了瘴疫，久治不愈，撒手西去。苏轼恸哭，永失吾爱："高情已逐晓云空，不与梨花同梦。"

爱侣远逝，硬汉神伤。

绍圣四年（1097）春，苏轼抱病迁入白鹤峰新居。

北望无归，惠州终老。主意既定，生活继续。深度生存者，意志坚定，毅力恒远。厚爱的万物唤起苏轼生的希望。

> 白头萧散满霜风，小阁藤床寄病容。
> 报道先生春睡美，道人轻打五更钟。

小诗《纵笔》一出，很快就传至京都。

章惇手持他人呈上的《纵笔》诗，盯着每一个字，良久，笑了："好啊，苏子瞻，活得够快乐。得，贬他去海南儋州！"左右立侍的人听此，面面相觑，不敢出一言以复。

两仆人递了茶退出，伏耳悄语："儋州，岂不是有去无回？"

"就是，就是，这苏轼恐怕真的永无中原之命了。"

"章丞相这也太狠了吧。就一首诗，何至于赶尽杀绝呢？"

"小声点，章大人听到你厮这话，还有活路？"

一纸令下，好不容易赶来惠州团聚的家人再次痛哭于江边。茫茫大海，前路何在？

四月十九日，苏轼与苏过离开惠州，前往天涯海角。苏轼本欲独去，给广州太守王古的信中写道："某垂老投荒，无复生还之望。……今到海南，首当作棺，次便作墓，乃留手疏与诸子，死则葬于海外……生不挈棺，死不扶枢，此亦东坡之家风也。"苏过坚决同往。

苏辙时已贬至雷州，跟跄相送，挥袖拭泪，此别，怕是永别。

玩弄权术的章惇，在贬谪苏家兄弟时，还颇做了功课。苏子瞻，瞻字近儋，贬儋州；苏子由，由字带一田字，雷州适合。哲宗觉得这拆字游戏好玩，连连夸赞丞相智慧过人，绝妙！绝妙！章惇与皇帝已经有些日子没找见好玩的了，那微服出宫、翻墙爬树、勾栏瓦舍、寻花问柳……唉，腻了，腻了。

苏轼、苏辙泣别，苏轼写道："莫嫌琼雷隔云海，圣恩尚许遥相望。"陛下，亏得你"仁慈"，我与子由才隔了这么点的距离。

"他年谁作舆地志，海南万里真吾乡。"船行万顷波涛上，苏轼内心平静。人终不过一死，何惧？

苍天眷顾，苏轼父子二人有惊无险抵儋州。

苏轼很快又融入了海南人的生活中。听儋州古调，忘却身居破屋，"风雨睡不知，黄叶满枕前"。昌化军军使张中带人修葺破屋，送来家具、生活用品。为罪臣苏轼做事，他心中坦荡，不怕朝廷问责。载酒堂办学问道，为当地传播文明，医治疾病，著书立说……苏轼在儋州依旧快乐。

然而，有人见不得苏轼安好。

史料记载，东坡远放儋州，章惇仍不放过他："时宰欲杀之"。

刽子手来了，是杀戮成性的董必。

章惇、蔡京二人商议，先革了屡助苏轼的张中的职，再让吃人不吐骨的董必南下，苏轼在劫难逃。

董必臭名远扬，此次问罪大学士苏轼，心中莫名快感。一路气势汹汹，夜宿驿馆时，还抽出寒光四射的朴刀，擦了又擦，贼亮。手起刀落，血溅三尺。章宰辅交代的差事定要办得利索。

而董必未料到，他擦拭朴刀时，有人一直在门外瞅着他，神色颇为冷峻。此人叫彭子民，潭州（今湖南长沙）人，仰慕苏轼多年。此次他想方设法跟着姓董的南下，等待时机。

董必在船甲板上挥刀，彭子民在旁向民众传播苏轼的仁德；董必转身回舱，他随其后，继续说。董必恶狠狠掉转头，怒喝："那又怎的？宰辅之命不可违。"彭子民毫无怯意，怼过去："人人都有子孙，积德。"姓董的略顿了顿脚，随即钻入船舱，闭门不出。

次日，董必出来，彭子民与随行官员都在甲板上盯着他。姓董的头皮发麻："盯我做甚？"一官员放声："天作孽犹可违，自作孽不可活。"其他人附和："说的是，苏学士何罪之有？章丞相能一直一手遮天？"彭子民抵近董必："大人，苏轼杀不得，民意不可违。"

接连数日，董必脑袋里充盈的全是他们的声音，章丞相呢，他的声音哪儿去了？

董必终于让步，派一小使臣过海，抵儋州摘去张中官帽，逐苏轼父子出伦江驿官舍。

儋州人助苏轼另造一屋，名曰"桃榔庵"。

中原又有许多人，远渡重洋，探望苏轼。

唯贤唯德，能服于人。

海南真吾乡。当东坡与海南血肉相连时，朝廷又起变故。

元符三年（1100），年仅二十五岁的哲宗终于把自己玩死了，徽宗上台。章惇曾反对立其为太子，放言说："端王轻佻，不可以君临天下。"端王，即徽宗。章惇在朝堂发出的最后声音，历史证明他说得很正确。可惜，这声音并未能阻止徽宗继位。押宝错误，章惇失势，随即被贬雷州。

新帝继位，大赦天下。

六月，苏轼奉诏北还。儋州全城相送，哭声盈耳。

次年初夏，苏轼已在中原广阔的大地上行走了半年之久。"问翁大庾岭头住，曾见南迁几个回？"七年南迁客，今日还中原。不易啊。

苏轼乘坐的官船抵江西南昌。南昌太守叶祖洽开玩笑道："世传端明已归道山，今尚游戏人间耶？"

东坡笑笑，说："途中遇到章惇，折回来啦。"

章惇被贬雷州，此间正在路上。苏轼没有与章惇相见，倒是章惇的儿子章援来求见了他。

章援沿船追走，船停靠岸，他便跪拜不起。苏轼急忙命人扶将起来，入得船内，端详：这不正如年轻时的章惇吗？俊美魁梧，不拘形迹。他眼中噙泪，想必是为人子之孝吧，也是难得。

苏轼尚未发话，却见章援抬手轻拭了一下眼角，尔后伸入怀中，取出一封信，双手呈给苏轼。苏轼接过信，抚了抚章援微微抖动的手，嘱人抬椅让其坐下。他踱出船舱，拆开信封，两指轻拉取出信来。信很长，足有千言，言辞诚恳，用语谦恭。咦，有些字稍显模糊，有水浸渍？署名：罪臣之子章援。章惇哪章惇，不想你为恶一时，却养得一个好儿子。此份孝哪善，可感天地。唉，我苏子瞻非宵小之辈，断不会得势而损伤于人。

苏轼回舱，差人备上纸笔，伏案疾书，提笔之际，往事涌向笔端。

他也回复了一封长信，提及章惇时写道："轼与丞相定交四十年，虽中间出处稍异，交情固无所增损也。……"写罢，欲置笔，又念及还有事要嘱咐，便就信背面又写，把自己在岭南研制的专治瘴毒的白术药方附上，荐与章惇备用。

写清楚后，将信交到章援手中，再宽其心说："世侄不必多虑，我断不会计较前嫌，安心赡养你的父亲。"

章援连连点头，泪水滴落，衣襟润湿了一片。苏轼这封手书长信，后来成了章家的传家宝。

仁慈的胸怀，逸出常人的视线。

子曰:"君子矜而不争,群而不党。"

不知章惇读了苏轼长信,会有怎样的感叹。

建中靖国元年(1101)七月二十八日,苏轼因病溘然长逝,享年六十六岁。

"心似已灰之木,身如不系之舟。问汝平生功业,黄州惠州儋州。"

苏轼,一生起落,心仍坚韧。君子有所为,更有所不为。他用一生践行自己的初衷,从未动摇。

道义无今古,功名有是非。

秦观：当今文人第一流

皇祐元年（1049）腊月，秦观生于江西南康的一条船上。

少年秦观性子野，文武双修又浪荡不检。天资好，自负，"喜从滑稽饮酒者游，旬朔之间，把卷无几日"，大好的时光用去游荡，近于苏洵的"游荡不学"。游荡的好处是提高悟性，培养情商，有些人游成了二杆子，有些人成了开国皇帝、文学巨匠，比如刘邦和曹操。调皮孩子的身心灵动，更能应对世界。小时候中规中矩，大起来，呆头呆脑……

在家里秦观是老大，父亲长年不在家，不浪荡、不滑稽更待何时？他今日饮酒胡闹，明日与人打架斗狠。亦步亦趋跟着一群来历不明的酒鬼，两个弟弟、若干从兄弟雄赳赳跟着他，整日价东一头西一头，扩大了活动半径和思维半径。

秦少游十九岁，娶大户人家的女儿徐文美为妻。史料称，徐成甫家"富甲一方"，"聚书几万卷"。真是一桩难得的好姻缘。秦家有名望，徐家有财产，还有大量藏书。

大宋十君子

婚姻还带给秦观一个很好的交游平台，老丈人徐成甫和进士孙觉有亲戚关系。孙觉做官，写文章，复与李常、苏轼交厚。李常是黄庭坚的亲舅舅。黄庭坚自号山谷道人，江西修水县人，大秦观四岁。秦观的这个日益扩大的朋友圈，也是北宋文坛的精英圈子。如果没有孙觉的引荐，交游圈子殊难形成。

少年，从滑稽饮酒者游；青年，与名士游，秦观的活动半径和思维半径扩张迅速。这是决定性的扩张，人在高邮，得以放眼天下。

熙宁七年（1074）仲夏，苏轼过高邮至扬州。苏轼在扬州太守的陪同下，登蜀冈上的平山堂。夏季长风吹古木，堂前一望弥千里。众人转至后堂，远远看见雪白的长壁上龙飞凤舞。苏轼吃了一惊："谁敢在平山堂书壁呢？"官吏们议论开了，边趋前边猜想，有人已作色，准备追查问罪。

苏轼走近了，更是惊得说不出话来。那长壁书法分明是肥而有骨的苏体字，内容又是苏轼诗，再看落款，赫然四个字：眉山苏轼。

原来是秦观冒名题壁。不怕苏轼看了不高兴吗？看来，他揣摩过苏轼的性格和为人。书法本不错，这是冒名的另一个前提条件。这么干有几分把握呢？六七分把握就可以干了。滑稽饮酒者有冒险精神，有良好的生存直觉。

平山堂是淮南最大的文化符号，苏轼名满天下，而秦观的这一举动将二者兼收。

崇拜、干谒，是秦观冒名书壁的两个动机。平山堂书壁之后，应该说他还有机会面谒偶像，可是他未拜马蹄，没去孙觉的庄园。何以如此？大约是以不在场的方式在场，让苏轼对他的印象更深。诗词，书法，大胆的、近乎怪异的行为，足以让苏轼从此记下秦少游。

偶像近在咫尺，秦观避而不见，表现出他的分寸把握能力，或曰自控力。要知道，他是非常希望当面聆听大师指教的。分寸把握的来源倒是一个谜。既任性，又自控。换言之，野性的边界亮出了理性。此系古今人杰的共同特征。而分寸把握的基础性情态尚待考察。

元丰元年（1078），苏轼自密州移知徐州，秦观这才前往拜谒，写诗道："我独不愿万户侯，唯愿一识苏徐州。"次年，他应苏轼之请写了一篇《黄楼赋》，苏轼看了，大赞他有"有屈（原）宋（玉）之才"。这期间，二人同游无锡、吴江等地，结下友谊。在苏轼的劝说下，秦观开始积极准备科举考试。

可是，科举考试并不青睐野性十足又狂放不羁的秦观。连续两次失败，让他另寻出路，想找那有识之人赏识自己。

苏学士是他的偶像。

秦观盯紧了大师的一举一动。苏轼的为官，为人，做学问，写诗词，包括开怀大笑的样子，包括雄赳赳走路的姿势，样样是标杆。秦观近距离迷恋偶像，丢失自我了。

如何是好？被吸引到苏轼身边的人有两个特点，一是才华出众，二是独立特行。秦观既受强大的引力，又不甘心做苏学士的附庸，掉头摹写王羲之的小楷字帖《黄庭》，冲淡苏体字的笔意。基础在，拿得起来。

秦观任性，苏轼也任性，自云"性不忍事"，但苏轼的意志力强于秦观，瞄准了目标就心无旁骛。秦观多髯，苏轼少髯；秦观酒量大，苏轼酒量小。秦观猎艳奔红楼，苏轼大抵不思艳遇，西湖上拒绝艳遇，一般不涉足瓦子勾栏。

苏轼被贬黄州后，约元丰五年（1082）仲夏，秦观抵黄州探望。

秦少游从汴京来，因绕着走，行程约一千五百里，费时二十多天，平均日行五六十里。他带了洛阳和南都的土特产，渐近黄州时，风雨兼。不怕淋雨，只怕湿了行李。

秦少游忽至雪堂，东坡先生大喜。

马梦得责备秦太虚："何不先写一封信来？徐州一别，首尾三年也。"

秦太虚启齿笑了笑，算是作答。不期而至，不速之客，不请自来，乃是访友的三种乐趣。"有朋自远方来，不亦乐乎？"苏轼的夫人王闰之用眉山话打趣："来就来嘛，何必又驮又抱又扛的。"秦少游躬身，拱手为礼，说："小可拜见恩师和师母，哪能空手来。"

梦得检视行李，笑道："今日痛饮洛阳烧酒，喝他个乾坤倒转，羲和倒行。"

秦观说："我只馋苏公在信中描述的黄州猪肉，还有眉州移植的元修菜。"

雪堂的另一间屋，有个年近六旬的精悍男人，应声掀帘子，健步而出，朗声道："元修在此，吃俺做甚？我这老皮老肉的，呵呵，莫啥吃头。"

秦观想："这人的口音与苏子瞻夫妇相似，莫非是先生的故人从蜀中来？"

飘着花白胡子的汉子又道："老朽巢谷，字元修，眉州人氏。足下是高邮秦太虚吧？"

秦观忙问："老先生何以知之？"

巢谷一笑："子瞻念叨你百十回了，我们这些人啊，耳朵都磨起茧子了。"

秦观不觉眼圈儿一热，转身再拜苏轼，喃喃道："学生无能，汴京礼部春试又落榜，有负先生的殷殷嘱托啊。"

苏轼拍拍他的厚实肩膀，说："礼部不取你，野有遗贤，是他们的不幸。回家再用功便是。你这次千里来黄州，好好玩些日子。此地鱼蟹不论钱，猪肉随便吃，更有牛肉、鹿肉、獐肉，款待佳客不须愁。我自酿的蜜酒贮了一大缸子，又有黄山谷寄来的修水双井茶、庐山谷帘泉，端的好茶叶，端的好泉水！"

这一天，王闰之夫人下厨，苏迈、苏迨搭下手，做了一桌菜，其中的一道"东坡肉"和黄州名小吃"为甚酥"，其得名皆与苏轼有关。

为秦观接风的酒唤作"雪堂义樽"，苏轼把朋友们送他的几种好酒混装，请三个以上的酒徒品尝了，然后定为义樽，招待专用。今有学人戏称之为"苏东坡鸡尾酒"。

秦观头一回吃"东坡肘子"，尝"东坡泡菜"，喝"东坡野菜羹"，一口咬下半张"为甚酥"，爽得顾不上说话。

一群学富五车的汉子酒足饭饱了，移步南堂品双井茶。秦太虚自是茶艺专家，不留神竟成了西湖龙井的发明者之一（符号发明）。不过，在东坡这儿，未敢班门弄斧。

少游居黄州数十日，参加生产劳动，又于东坡田边新种了十几棵桑树。马梦得陪他住临皋亭下的"大舸"，波涛声中闲话，月色里酣睡，夜吹胡子沙沙响。梦得说，冬季的早晨江上大雾，一梦醒来，恍若置身于蓬莱仙山；秋月大如轮，轮子跳跃浮波，仿佛升起于水下龙宫……不到黄州来，哪得美景如许？

秦观逗留黄州的时间不短，但年谱未详。黄州风物与人物，给他留下了相当深刻的印象。写诗填词肯定是有的，未传。

三十多岁的秦观离黄之后，发现自己一路上蹦着走，倒骑毛驴，念念有词，醉卧花木小石桥，戏水于长澜，思接五百里大庐山、三千尺汉阳峰。

元丰七年（1084）的冬天，秦观在高邮迎来了一群尊贵的客人：苏轼、孙觉、王巩、李公麟。连同苏轼的家眷，二十余口聚于秦家老宅，秦垛村空前热闹，乡邻围观，儿童跳跃，仰慕者远道而来，单看鼎鼎大名的苏东坡长什么样。

若干名流聚高邮，是高邮的一件大事，文坛一桩盛事。史料记之未详，也许他们逗留多日。好山佳水流连不尽，乡村风物纷至沓来。

髯秦连日醉美酒，滑稽表演给人看。这是他的老行当啦，装鸡叫，学狗吠，模仿蛇行、猿走、猩猩上树，忽然直直地倒地，来个鲤鱼打挺，腾空叱咤挥木剑，双手倒立绕庭树"走"几圈，长腿落下来，吓坏大白鹅，惊飞一群墙头鸡……

秦少游披星早起，劈柴生火煮鱼汤，东坡先生喜先尝。先生亦下厨，小火炖那半肥瘦的"东坡肉"，王定国、李公麟头一回吃，唇齿间但闻吱溜吱溜，吃着碗里的，瞅着锅里的……半夜煮酒时，瑞雪落无声。瑞雪覆盖了广袤的大地，"飞起玉龙三百万，搅得周天寒彻"。次日雪霁，原野白茫茫，好一派银装素裹。阳光照在高邮湖静静的湖面上。

老师要走，秦观送了一程又一程。

苏学士走后，秦观第三次赴京拼场屋，准备充足。入京后，闭门温习，每日开夜车，太阳升起才打个盹儿。三十七岁，时不我待了。到了考试的日子，"中夜起坐，裹饭携饼，待晓东华门外"。礼部的试院设在东华门。

考完了，回到低级客栈，秦少游头一回显得神不守舍。当年可不是这样。当年临大考，他天天吃酒夜夜胡闹……如今汴梁的朋友来客栈找他，邀约共游汴河上下的几座名楼，把酒听歌看舞蹈，他摇头，提不起兴趣来。紧张。紧张的后面还是紧张。

放榜的那一天，礼部外的大广场人山人海，车水马龙，小贩奔走，再宽的街道也变窄了，四十丈宽不够挤。大户人家派出了若干彪形大汉，专干一件事："榜下捉婿"。不单状元、榜眼、探花要捉，前五十名的进士，官宦人家的进士，生得相貌堂堂的进士，均在首批"榜下捉拿"之列。接下来，在通往琼林宴的必经之路上，又有第二批。新科进士是否成家，一概不问，先捉了再说。

秦观对自己上榜的把握不足三成。奋力挤得满头汗，不断拨开前边的脑袋瓜，目光如电，寻找自己的金名字。终于找到了。伸了脖子再看，再确认，那名字不假。金灿灿的名字简直呼啸而来，撞击他咚咚乱跳的心。十年寒窗啊，何止十年！

寒窗苦不苦？后来秦观语人："居高邮闲把卷而已，说甚苦耶？"

这位漂亮的新科进士被人捉去了，再三解释没用。到处人声鼎沸，谁肯听他呀？四条汉子的粗胳膊架了秦少游，举起秦少游，疾步拐入里巷深处，小姐的巾车紧随而来，另有一贵妇，眼见是她母亲。贵妇人作揖打拱，问这问那，对秦观的回答只不肯信，含了微笑直摇头。

凭他好说歹说，贵妇如何肯信，家丁们又如何肯放：榜下捉婿有赏钱。秦观说自己三十七八岁了，膝下两儿两女，贵妇人乐得直笑，摇头有如拨浪鼓，耳环头饰晃眼。他急了，指天为誓。贵妇愣怔怔，巾车上的娇媚小娘顿时把眉眼儿低了……

秦观深施一礼，掉头踅出小巷。不回头。走到安全的地方，喘气道声阿弥陀佛。

后来他把这捉婿事讲给苏东坡听，坡翁大笑。

孙觉点评："弃糟糠娘子，攀富贵人家，你这小子倒是不肯干。"

一纸家书报佳音，秦埭族人喜相传。徐文美连日喜上眉梢。老母幼女乐陶陶。老丈人老岳母逢人便要说一通佳婿。昔日的嘲讽者变了腔调，对秦少游刮目相看……

秦氏族人几十口，秦少游是第三个进士。

他被任命为定海县主簿，类似县政府办公室主任。辞不赴任，待留汴京。

其间，秦观敲开了枢密使（军事首脑）章惇的朱门，也许携带了苏东坡的推荐信。

章惇何许人也？这里多说几句。秦观日后的命运与此人大有牵连。

就秉性而言，秦观与章惇不无相通，甚或一见如故。章子厚这种人是不知架子为何物的，枢密院军事首脑，老拍新科进士的阔背厚胸。复与秦观比身高，拼酒量，掰腕子，奔入庭院切磋枪棒，呼呼生风，老槐树的叶子哗哗掉。吃鸡，他单用手撕扯，利齿咬碎鸡腿骨头。却道："司马君实老儿，我早晚收拾他，'奉陪吃剑'！"

秦观愕然。暗忖："章子厚不怕我报与司马丞相吗？"

枢密院与宰相府闹不和，此间，矛盾尚未公开化。

徐州名士陈师道也来汴京了，秦观兴冲冲去找他，如此这般地描述枢密使章子厚，不料陈师道兴趣有限，听着要走神。师道字履常，又字无己：没有自己。陈无己的拗性子不减王安石，学问好，名气大，只因不认同王介甫的《三经新义》，便拒绝科举。家贫，三个孩子尚幼，他心疼，悄悄抹眼泪，抹完了不改初衷。妻子脸上的菜色和隐忍的企盼，他同样记在心头。此番迢迢千里来汴京，正是为了稻粱谋。

陈师道几次打断秦观，说："且品茶，且谈眉山苏子瞻。谈苏子由也行啊。"

秦观笑问："福建章子厚不好吗？"

陈师道自品团茶，目注少游的大胡子。

秦观无奈，终于亮出了底牌，曰："章子厚向来看重你，欣赏你的才华人品，特意嘱咐我请你入仕。以他地位之高，官场交游之广，你将来不愁仕进啊！"

陈师道说："当年王安石不是看重黄庭坚吗？当初的黄鲁直，便是今日陈无己。"

秦观语塞。陈无己两句话便将他堵死。堂堂军机大臣，不能左右一介寒士的心思。陈师道拒绝了枢密使大人的美意。为何拒绝呢？史料无记载。我猜想，陈师道可能对章惇的人品有看法，但又不明说。犯不着得罪朝廷大佬。

陈师道是个极端性人物，因极端而可爱。应当有先天的遗传因素吧。文化的力量强化遗传，时代氛围引领个性，换言之：容纳个性。陈师道会因个性而付出代价。付出代价的"个人"太多了，岂止一个陈师道。"君子固穷"，君子浩浩荡荡，平衡了人性深处涌动不息的利益趋奔。

秦观走马上任蔡州教授（学官），时在元祐元年（1086）。一待近六年。

　　　　　　　　　　　　　　　　　　　大宋十君子

教授的薪水由官银出，却要看长官是不是出手大方。秦观在蔡州日子清苦，寄宿于僧舍，常常吃素，难得打一回牙祭，痛饮一回美酒。他浪迹各地，过惯了有酒有肉有官妓的日子，忽然困顿，忽然孤独，身心适应艰难。

蔡州青黄不接的时光，腌菜馒头，馒头腌菜，想肉想断肠。

同时，寂寞也笼罩秦观，烦恼也袭击他。包括身体的烦恼，夜夜抱着枕头睡觉的烦恼。苏子瞻有个王子霞（朝云），王诜驸马有啭春莺，王定国有个宇文柔奴……秦观隔一阵子要"烂浪"一回，盖因身边缺个红颜知己。孙觉骂他"贱相发也"。

有一次他醉了，顶撞这位长辈太守："站着说话不腰疼，饱汉不知饿汉饥！"

小人无所不为，君子有所不为。

刘贡父来蔡州做太守，秦少游喜出望外。终于有了一个知己，知己还是他的顶头上司。姓张的太守压制他很长时间了，麻烦事交给他，冶游宴乐省略他，论功行赏的名册上勾掉他。现在好啦，憋闷多年的教授搬出了佛寺，住进了官舍。吃酒啖肉有他，舟车游乐有他，太守行赏有他……后来，刘贡父特意叫他回高邮接来家眷，住了小半年。

秦观是孝子，对老母亲十分孝敬。

刘贡父患有风疾（类风湿），关节已不大灵便，为了陪秦少游，跑到几十里外去访古寻幽，夜宿古村落，谈诗论词，意见不一致，争得面红耳赤。刘贡父推崇豪放旷达，秦少游偏爱婉约清丽。

蔡州远郊的这个难忘的春夜，刘贡父与秦少游置酒闲话到天明，谈艺术，谈风月，谈政治，谈佛道。

刘贡父善于冷幽默，秦少游曾经"喜从滑稽饮酒者游"。

古老的小村晨光初露时，刘太守和衣而卧，秦教授披衣出门。"孤怀炯炯"，他睡不着。湿润的晨风送来了一缕思绪：长安县的那位茶娇姑娘、白玉佳人……

一个名叫娄琬的营妓让秦教授情思绵绵。娄琬是洛阳人，字东玉，原是富家女儿，因家道中落，不得已做了官妓。唐宋官妓，向来不乏这类女子，例如念奴、薛涛，她们共同的特点是心性高，有教养，粗识文字或颇知书史。娄琬十八岁，纤细的身材恰似弱柳扶风，而内心有一股未曾泯灭的骄傲。蔡州的前任州守迁官，想把她带走，她婉拒，她像薛校书一般善于在官员们当中巧周旋。歌喉婉转，舞姿出众，月光下横箫，飘飘然若仙子。

刘贡父戏言秦观："教授风流倜傥，奈何东玉自重芳姿。"

秦观笑了笑。

到蔡州一年，秦观熟悉了这位高挑而矜持的尤丽女子，却不曾与她说过一句话。刘太守宴饮于小楼，秦观轩昂入座，娄琬姑娘歌舞侑酒。

长袖起舞的娄琬美目流盼，蜻蜓点水而已。艳力四射而自持，她不青睐任何人，风度翩翩的秦教授也不行。官妓要学会克制，动情容易受伤。官员之身如飘蓬，有些人到任几个月就调走了，害得她们眼泪汪汪空断愁肠。要不就学着水性杨花，情来情去收放自如……

几次宴饮，教授端坐。刘贡父复来调侃："学士不敢唐突美人吧？"

三月踏青时节，少游和东玉双双消失了，而官府的马厩只少了一匹马。刘贡父很有些吃惊，不知秦观施了什么勾魂法术。部下要去追回，太守不许。

宋人诗话载，"少游在蔡州，与营妓娄琬字东玉者甚密"。

　　　　　　　　　　　　　　　　　大宋十君子

秦观名词《水龙吟·小楼连苑横空》，专写这段情："小楼连苑横空，下窥绣毂雕鞍骤。朱帘半卷，单衣初试，清明时候。破暖轻风，弄晴微雨，欲无还有。卖花声过尽，斜阳院落，红成阵，飞鸳甃。　　玉佩丁东别后，怅佳期、参差难又。名缰利锁，天还知道，和天也瘦。花下重门，柳边深巷，不堪回首。念多情但有，当时皓月，向人依旧。"

一说此词作于元祐二年（1087）春。

秦观的天性中有狂放的一面，性格的张力由此生焉。良好的文化修养强化天性，助长个性，裁剪野性。相反的例子，是被经典文献搞得酸溜溜，手无缚鸡之力，冬烘还忙着去培养更多的冬烘。

秦少游奔四十岁野性不减，所以他成为秦少游。

宦游在外的唐宋男人，流连歌台舞榭乃是常态。

王诜来苏轼家，通常带着啭春莺。啭春莺是王诜的侍妾，在众多官员的眼中艳冠东京城。这一天让章惇碰个正着，眼珠子都蹦到地上了，王诜浑不在意。

啭春莺非常单纯，看谁都觉得他是好人。章惇盗官妇几十年，自有一套本领，打拍板，击小鼓，俱为大行家，踢球更是"球星"，把气球（蹴鞠）玩得像沾在身上似的。他随意露几手，啭春莺便叫好，央求他再踢几脚。章惇趁机提要求，说早有个愿望，用拍板为她伴奏一曲《蝶恋花·花褪残红青杏小》。啭春莺爽快地答应了。章子厚醉态踢气球，肩上跳，臂上玩，背颈滚，头击球穿过太湖石的菱形小洞……啭春莺笑得阳光灿烂。

章子厚玩尽兴了，啭春莺看开颜了。那子厚飞起最后一脚，将彩色蹴鞠贴着啭春莺的玉容掠过，击中了她身后的一朵红牡丹，惊飞树上的黄鹂。

�春莺脱口叫道："章大人好手段呀！"

章惇的好手段却在后面。

唟春莺迎风俏立，月白色的长裙飘飘然，宛若广寒宫仙女。章惇装作被石头绊了一下，踉跄扑向她的裙裾，她条件反射般伸手扶他。一时肌肤相亲，章子厚的鼻子抵近了花容雪肤，"近芳泽"，鼻息猛抽。这五十岁的猛男又闪电似的退开，连称得罪、得罪。

唟春莺启齿一笑："太尉若有个闪失，小女子可担当不起。"

这时，一条官袍汉子阔步走来，石板路上重重的足音搅乱了伴奏。汉子正是秦少游，专请章子厚，说是李公麟先生刚画了一幅《五马图》，等他题跋。他不得已，硬生生按下性子，道声："太虚乱我好戏！"

秦观事后语人："我不去打个岔，只怕子厚要轻薄。"

君子以行言，小人以舌言。

王诜提到，他的西园将举办一次雅集。章惇一听，眼前迅速晃过了彼时歌舞侑酒的唟春莺。他对王诜表示，希望能接到西园雅集的请柬。

驸马爷未及开口，苏东坡插话："枢密院军务繁忙，子厚兄就免了吧。"

章惇不高兴，说："子瞻，别忘了乌台诗案。当年我施以援手，今日你不可阻拦。"

秦少游笑道："一次雅集而已，太尉何必就提当年。"

章惇说："不提乌台，怕是进不得驸马西园。"

苏东坡摇头："提乌台也进不得。"

章惇叫道："子瞻今天只要拦我，却是为了甚？"

苏大学士仰面一笑："只怕一粒耗子屎，坏了一锅肥荦汤。"肥荦指羊羔。

章子厚悻悻而去，把书房的门撞得咣啷一声。

米元章说："子厚负气，一去不复返也。"

苏子瞻摆摆手："不消半个时辰，此人要踅回。"

苏子由、米元章、李公麟俱不信。月亮升起来了，苏家夜宴初开，啭春莺、王朝云盛妆起舞，直把嫦娥居住的月亮舞进灰云后。忽听急切的足音由远而近，众人耳朵竖起。

章子厚果然踅回，仿佛直奔他朝思暮想、垂涎欲滴的啭春莺。

西园雅集十六人，另有二家姬。苏东坡写词道："坐中有狂客，恼乱愁肠"，这狂客多半就是只身留京的大胡子秦少游。

"主人情重，开宴出红妆。"啭春莺一般是不出场的，苏轼来了，她穿上专为夜宴裁制的名贵衣裳。美目拂过四座，举酒一曲清歌，腻玉圆搓的脖子缓缓转动。嫦娥下凡不过如此。秦少游呆若木鸡。

西园雅集大约持续了一整天。盛装的啭春莺轻启歌喉，秦少游醉酒乱生愁肠，绝艳之花在眼前绽放，奈何近她不得。阔园子占地二百亩，秦观借口醒酒嗅花，几番闲溜达，希望石旁树后碰见她，池塘边偶遇她，层楼上邂逅她。"但倚楼极目，时见栖鸦。"

人间之美好莫过于此也，高邮秦观如何不狂？

君子不可不抱身心之忧，亦不可不耽风月之趣。

秦观打马回蔡州，仍做官学教授，日子归于寻常。蔡州太守换了几个，教授的位置一直属于秦观。名气、才华、性格，都使他和身处的环境比较融洽。大多数优秀的艺术家恃才傲物，秦观相对平和。他不断地替人写下贺启、谢表一类文字，收到不少酬金，又扩大了朋友圈子。他忧心汝水的水患，几次上书朝廷，恳请兴修水利。他关注着京城的政坛与文坛，顺便打听一下西园佳丽啭春莺。

关注佳丽，没啥不好。

饮食男女，人之大欲存焉。

蔡州有一户畅姓人家，举家崇尚道教，男人多道士，女子多道姑。有一位十八九岁的畅师，"姿色妍丽，神仙中人也"，俨然汝南版的啭春莺。秦观颠颠地去套近乎，迎头碰了色钉子。第一步攀谈，将《道德经》《南华经》讲得天花乱坠，那漂亮道姑焚香对谈而已，目光始终清澈，像一泓自由自在的山泉。第二步送东西，送沉香麝香瑞脑香，奈何人家要付钱。第三步，官府的宴乐，恭请畅道姑与宴，奈何人家礼节性地来了一次，第二次便婉拒，凭他秦教授亲自登道观，左说右说，白费口舌。啭春莺不能近，畅道姑近不得。

秦观对太守向宗回抱怨："李商隐在玉阳山，与宋道姑一拍即合，我三挑汝南畅道姑，落得个灰头土脸，老大折颜面也。乞太守为我作伐则个。"

向宗回太守笑道："这种男女事，有就有，没有就没有，勉强不来的。去年你得娄琬，得陶心儿，该知足了吧。刘贡父先生也羡慕你。"

秦观说："汉子如何知足？太守教我。"

向太守只是笑。

很多好诗都是这样产生的，愿望落不到实处，转而寻章觅句，在词语的弹性空间中让念想坐实，并且，加以展开。情的释放力度常常取决于它的浓缩度。

秦观恋畅师，情思不得畅，下笔倒是流畅。

《赠女冠畅师》："瞳人剪水腰如束，一幅乌纱裹寒玉。飘然自有姑射姿，回看粉黛皆尘俗。雾阁云窗人莫窥，门前车马任东西。礼罢晓坛春日静，落红满地乳鸦啼。"

姑射指仙女。这首诗，有宋以来好评甚多。前几句写她水灵灵的眼睛和纤柔的腰肢，写达官贵人的车马枉自从她的门前过。畅道姑艳姿自持，春色自春。末二句写她在道家礼仪后的娴静。芳泽照亮了庭院深深。

秦观入仕以来是希望纳妾的，汝南畅道姑符合他的全部梦想。

然而，没戏。

宋人《桐江诗话》云："时有女冠畅道姑，姿色妍丽，神仙中人也，少游挑之不得，乃作诗云。"市井管这叫缺啥想啥。弗洛伊德："艺术是欲望的升华。"

秦观作《如梦令》："门外绿阴千顷，两两黄鹂相应。睡起不胜情，行到碧梧金井。人静，人静，风弄一枝花影。"花影是谁呢？不言而喻。李白："美人如花隔云端。"

新词一挥而就，惠赠云端佳人。畅师笑纳，盈盈谢过，请他上坐饮团茶。诗人知趣，半盏而退。美道姑似有留客的意思，红唇频频微颤，却终于未启齿。她夜品词章，挑灯再挑灯，绕柱低吟再三再四，又叹赏有晋人风味的秦观书法，双颊不觉潮红也。

次日清晨，她施了淡妆出门，乌纱裹寒玉，莲步下巾车，到府街的学馆回访秦少游。

少游骑马游嵩山、伊水去了，刚走半个时辰。

学馆的门人说，有上司自京城来，邀教授同游，这一去，二三月说不准。

美丽而娴静的畅道姑愣了一愣。她也不知道自己在想什么。

夏天，秦少游已在汴京。彼此再无任何消息。

多年后，畅道姑犹手书秦观词，挂在卧室墙上。《桃源忆故人》："玉楼深锁薄情种，清夜悠悠谁共？羞见枕衾鸳凤，闷则和衣拥。　　无端画角严城动，惊破一番新梦。窗外月华深重，听彻《梅花弄》。"

秦观"挑之不得"的事，大约不是一件两件。即使双方恋上了，到头来还是要分手。错管春残事，到处去费泪。"倦客红尘，长记楼中粉泪人。"

汉子的外表和性格，女人般的温柔心肠。理解秦观，此系紧要处。

秦词《如梦令》："莺嘴啄花红溜，燕尾点波绿皱。指冷玉笙寒，吹彻《小梅》春透。依旧，依旧，人与绿杨俱瘦。"写女子的情瘦，真真写到家了。

秦观作为优秀的个体，行进在历史的张力中。

秦观四十岁以前的生涯，大抵属于淮南江南，精神的塑造早已成形。他不可能盲目追随别人，包括追随师尊苏东坡。仕途亦步亦趋，艺术各行其是。

秦观喜欢一人一驴溜达汴京，里巷中逢了细雨，喃喃吟咏小山词："梦后楼台高锁，酒醒帘幕低垂。去年春恨却来时。落花人独立，微雨燕双飞。"

细雨中的秦少游立尽黄昏。细玩晏几道，遥思畅道姑。

元祐五年（1090），四十二岁的秦观离开蔡州，赴京担任太学博士，不久，迁秘书省校对黄本书籍。位卑职小，但总算做了京官。这是苏东坡和鲜于侁联手举荐之功。

秦观入京，自然是一桩喜事。不过，这一年的上半年，两位最亲近的人辞世，李常、孙觉，相继寿终正寝，只隔了一天。李常生前常夸秦观，走一处夸一处。孙觉骂秦观，生怕他的滥浪习性毁了才华，断了锦绣前程。如今，两个知他疼他骂他的前辈携手去了地府，秦观连日泪纵横，泪眼模糊，不辨晨昏。

人到中年，要怀念多少人。

在京城，他先住老地方兴国寺，后移东华门。随后，把家眷接来同住，伺候老母戚氏，照顾妻子徐文美。两个女儿也嫁入京师人家。小弟秦少仪准备考进士。

然而，朝廷酝酿着派系斗争。秦观写《朋党论》，道出了深深的忧虑。

汴京的日子时见拮据，"日典春衣非为酒，家贫食粥已多时"。官小俸禄少，人多开支大。

秦观、参寥、张文潜、陈师道、黄庭坚，品茶于汴河畔的状元楼，各写茶诗题壁，楼主甚喜，免费提供茶与酒。秦观的诗中提到蜀中的蒙顶山茶，老板们便纷纷进货。汴京传他与西湖龙井的故事，传黄庭坚与江西修水双井茶的故事，品茶的话语权，他二人胜过苏东坡。

状元楼因秦观等人的题壁而生意兴隆，潘楼、白矾楼的老板竞相邀请，先备了可观的礼金。"少游却之"，不开这个头。陈师道对此大加赞赏，尽管他比秦观还穷。宋代士大夫对义利之别非常敏感，题壁之类，但凭性情，拒绝让专心于利润的商家牵着鼻子走。宋代的文化气度，可见一斑。

秦观拒绝汴京财大气粗的老板，耐人寻味。文化进入血液，庶几叫作"文化本能"。今之书画家逐利者众也，书画界乱象多也，屁颠屁颠追老板者多也，长发乱舞妖妖如也……

米元章听说了这件事，摇头笑道："换了我，收他礼金也无妨。"

由于这句话，陈师道从此不进米芾的家门。秦七黄九要去米颠家，陈师道毫无芥蒂。

人，是不一样的人。核心价值趋同，日常关切有异。

秦观的汴京生活少不了绮陌红楼，《一丛花》咏李师师："年时今夜见师师，双颊酒红滋。疏帘半卷微灯外，露华上、烟鸟凉飔。簪髻乱抛，偎人不起，弹泪唱新词。　佳期谁料久参差，愁绪暗萦丝。想应妙舞清歌罢，又还对秋色嗟咨。唯有画楼，当时明月，两处照相思。"

人生无非这样，所有的希望都伏着绝望。

换言之，希望与绝望的循环永无止境。

隔一年半载，总会有某个她，叫秦少游柔肠欲断。未必都有枕席间的事。二人世界，心灵的通道妙不可言。所谓文学艺术永恒的主题，倒是典雅蕴藉才来得长远。

"簪髻乱抛，偎人不起，弹泪唱新词"，秦少游的这类表达，已受到官员的指责。

眼下的网络写手常见浊浪滚滚，色欲狂奔，群魔乱舞。有些个写手一日万言，脏水出阴沟，哗哗哗糟蹋汉语，毒害青少年。其消耗自身的病毒能量，为时不会太久。

君子挟才以为善，小人挟才以为恶。

有一阵子，秦七沉默寡言颇似柳七，持酒听歌，把扇观舞，几个时辰难说一句话。

行文至此，不妨重温秦观名词《江城子》："西城杨柳弄轻柔，动离忧，泪难收。犹记多情曾为系归舟。碧野朱桥当日事，人不见，水空流。　韶华不为少年留，恨悠悠，几时休？飞絮落花时候一登楼。便做春江都是泪，流不尽，许多愁。"

秦观的这首词写于汴京，追忆某个京城女郎。美丽的邂逅，凄然的分手。

爱一回伤一回，哪怕他受伤严重，还是要爱，要动真情。恋爱是秦少游的宿命，是他的宗教信仰。天若多情，"和天也瘦"。理学家程颐非常反感这一句，天是至高无上的，岂能混同于凡夫俗子、红男绿女？程颐的反感代表了一批人。

至情至爱解构礼教。宋代的恋爱与二程理学分庭抗礼。

秦观名词《鹊桥仙》："纤云弄巧，飞星传恨，银汉迢迢暗度。金风玉露一相逢，便胜却人间无数。　　柔情似水，佳期如梦，忍顾鹊桥归路。两情若是久长时，又岂在朝朝暮暮。"绝望的深处绽开了词语之花，花期一万年。

秦观不滥情，否则他写不了这么好，感动不了古往今来亿万人，可是我们不禁要问：这个北宋男人为何不滥情呢？滥情又是什么意思？滥情的生存论基础是什么？

滥情是说：情是欲的伪装，情是欲的花言巧语的包装。赤裸裸去猎艳，毕竟成功率小，于是需要包装。滥情者，乃是自私自利者，他不会考虑对方的感受，更不会从命运的高度为对方着想。爱意入了骨髓，是要替对方着想的。爱的忘我、不自私，于此显现。

中国传统文化有强大的利他基因，孔子："君子喻于义，小人喻于利。"欧阳修《朋党论》："大凡君子与君子以同道为朋，小人与小人以同利为朋，自然之理也。"秦观自幼在汉语经典中成长，良师益友多，义，在他的生活中弥漫，影响他的情感模式和行为方式。

秦少游动情即是深情，这显而易见。浓情痴情不了情，他比一般男人要多。

"此去何时见也？襟袖上、空惹啼痕。"

秦观恋爱的精神性占据压倒优势。身体的钥匙，少年时代已交给灵魂收藏。

"伤情处，高城望断，灯火已黄昏。"《满庭芳·山抹微云》的最后这一句，使他的笔下境界，不减唐人高处。苏轼戏称他"山抹微云君"，东京士大夫俱传。

秦观在汴京的生活不叫富足，叫赏心悦目，叫文思泉涌。弟弟考中了进士，女儿已嫁入翰林学士范祖禹家，儿子念书用功，老母亲硬朗，乐观……秦观本人由秘书省校对黄本书籍迁正字，又参与《神宗实录》的撰写工作。

一切都向好。俸禄在增加。

这一时期，秦观的个人生活是不错的，交游广阔，文名日高。但四十几岁，有妻贤而无妾美，秦观觉得实在是个不小的遗憾。

啭春莺心细，察觉了少游的遗憾，于是暗里替他物色，大半年，觅得一位小家碧玉，姓边，虚岁十九，开封人氏，五官身材自是不用说，识文字，善吹洞箫。啭春莺约了柔奴，请边小姐品茶，略叙了叙，二艳不禁相视一笑，仿佛说：这回少游先生该是称意了。

在状元楼的一间精致茶肆，他们举行了见面仪式，王定国也来了，事后笑语东坡："秦少游遇边朝华，如水遇乳，如柴遇火，如帆得风，如旱地逢透雨也。"

好事发生在元祐八年（1093），秦观四十四岁。男女年龄相差二十五岁，跟苏轼与朝云略同。朝华是秦观起的芳名，多半拿朝华比朝云。这庶几可证：边朝华的方方面面，比王朝云差不到哪里去。华通花。一枝带晨露的鲜花，比拟一朵霞光四射的朝云。秦观为侍妾起名，不会随随便便，否则，会落下笑柄。

不须雕梁与画栋，柴门陋室依然是天堂。秦观入京之初，居兴国寺，后来搬到西御街离大相国寺比较近的一处宅子，十几口人住着，自家有水井、古木和菜园子。这是汴京普通人家的居住格局，在官宅中略显寒微。边朝华过来，对这些浑不在意，寻常宅院像她自己朴素的家，倒是感到亲切。秦观举行了纳妾仪式，黄庭坚、张文潜、米元章应邀参加，驸马爷王诜不请自到，王定国送来了一份厚礼。恰好参寥大师在京，携来一双玉如意，赠送二位新人。边朝华俏脸生辉，美目频频投向她的美髯公。

徐文美精心布置了新房，备下了东京风味儿的酒菜，"终日无愠色"。妻贤而妾美，秦少游终于活得像老师苏东坡了。只可惜，老师他远在扬州。秦观写信报告了这件事。

花团锦簇的阳春时节，秦观请了长假，携手边朝华，舟车度假去了，类似蜜月旅行。东京、西京、南京（今河南商丘），转了一个大圈子。超假了，王诜替他说项，史馆打点了银子。宋代也兴这个，可见金钱无孔不入的力量。不同者，宋代的精英阶层对此颇警觉。

秦少游携手边朝华，蜜月连着蜜月，不写诗，不填词。手与笔暂且分离。每日里忙着呢，细腻感受对方的身心，磨合对方的性子。恩怨相尔汝，斗嘴，生闷气，刚刚和好又生气。背对背地吹灯睡觉，睡不着，屏了呼吸装睡，等对方先开口。总是郎君先开口的，汴梁风俗：新娘子五天要撒二十回娇。

边朝华的性格媚中带刚，秦少游的特点是柔里见骨。

一日，秦观穿过花丛，忽然想得远了，"花自飘零水自流"，默默在心头。诗人有先知。

边朝华问："官人花下，怎个无雅兴？"

秦观叹口气。

他揽了她盈盈的细腰，步入落红深处。大风鼓荡她的裙裾，把娇艳的牡丹花片片吹落，乱红抛向半空。他想：五年前有她就好了。五年前甚好，不是一般的好。五年，一千七百个日日夜夜啊，"闲拈针线伴伊坐。和我。免使年少，光阴虚过"。

诗人秦观有一种预感，与边朝华的好日子不得长久。

跟他有缘的女子，一个个像走马灯似的，互相都留不住。"伤情处，高城望断"，一回回都是这样。飞蓬与浪萍，"当时明月，两处照相思"。

将边朝华纳为侍妾了，恐怕还是长不了。京城有一种压迫人的东西。为此，秦观询问过黄山谷，山谷应之以沉默，默认了。秦观避免和边朝华生孩子，她不理解，问他时，他支吾，把话题岔开。徐文美也不理解，因为他们只生了一个儿子秦湛。

蜜月中无端袭来的一股惆怅，卷地风来吹不散。测不准的未来偷袭了眼下。诗人的时间意识强于普通人，一闪念，把未来闪到眼皮子底下……

这一年，少游加倍疼着边朝华。抚摸她的青春肌肤，犹如抚摸着难言的忧伤。朝朝暮暮珍惜。秦词《浣溪沙》："香靥凝羞一笑开，柳腰如醉暖相挨。日长春困下楼台。　　照水有情聊整鬟，倚阑无绪更兜鞋。眼边牵系懒归来。"

词写二人世界的腻态，女子盼郎归的迷春模样。

苏轼从扬州回京任职，少游携爱妾拜见师尊。朝云与朝华手拉手，话头一开收不住。朝云将满三十岁了，仍是肤如凝脂，目如点漆。朝华十九岁青春灿烂，浑身都是俊俏。

子夜归家，卸衣解带，这汉子坐床头发了一回呆。边朝华退妆时扭头一瞥，再次为他的情状心生疑惑：官人这是怎么啦？白日里可好好的……

一夜无言。肌肤波澜。

早晨，边朝华临窗梳妆，看见她心爱的少游檀郎，独自徘徊庭树下。

秦观几年前写《朋党论》，对政坛的诡谲早有洞见，始料不及的，是党争直接落到他的头上。台谏对他发起的攻击多于苏黄。他官小，每次都成了靶子。东坡先生不倒，一切都好说。高太后一息尚存，朝廷小人跳得再高，也奈何不了东坡先生。

天有不测风云。元祐官员们最不希望发生的事发生了：原本超负荷劳累的太后，强拖着病躯上朝视事，忽报她的女儿蜀国公主去世，当即晕倒。

太后病转沉重，朝廷百官大多数陷入惶恐。少数人等待机会。

十七岁的宋哲宗，看他祖母早不顺眼了。他亲政在即，朝夕按捺不住。哲宗少年心计，连章惇这样的政坛老鬼都感到诧异。

秦少游从秘书省归家，眉宇间浮着一层淡淡的忧郁。家里他不谈官事。女儿的婚期近了，他和亲家范纯夫你来我去，相处甚洽，却关起门来一谈半天。烛光窗帏头碰头。

开门时，二人面色凝重。举家老幼不敢问半句。

边朝华夜里问秦观，他岔到一边去。七月，再次告假，携爱侣冶游去了。男欢女爱要抓紧时间。亲爱者要多留下一些记忆。秦少游似乎有某种紧迫感。

边朝华才十九岁，她的好日子长着呢。

可是边朝华发现，她深爱的檀郎，一人独处时向天长叹。

"对闲窗畔，停灯向晓，抱影无眠。"

亲爱的亲爱的，你究竟在想什么呢？

君子用情，唯其厚焉。

元祐八年（1093）九月三日，高太后殂于深宫。

北宋政治步入黑暗期，一大批人的命运即将被改写。

秦观去找范纯夫，希望亲家不要太激烈，或者换成今天的语言，不要情绪用事。然而，非情绪不足以用事也。人间智慧，很大程度上是血气冲出来的。冷静乃是另一种激烈，或者说，激烈的变式。

秦太虚"其行方"，范纯夫性子烈。结为亲家，不是无缘无故的。

秦观忧心忡忡，眉头再次皱紧了。范亲家豁出去了，他和张耒劝不住。事态的严重性趋于明朗，天子的内心昭然若揭。秦观忧家忧国，忧着爱妾边朝华。贤惠而美丽的早晨之花，往后她如何是好？

爱之深也，痛之切也。痛，只能悄悄痛，难以发散的那种痛。怕失掉她。失去红颜，若干年来成了秦观的一块心病。刚刚如胶似漆，忽又生生分离。歌女们忍不住要动情，于是要受伤。她们受了伤，舐好了伤口复去动情，循环受伤许多回。秦少游落入相同的循环模式。要爱，要伤，要惆怅。情感的模式追溯到他的童年时光，追溯到遗传基因。纵是每日十省吾身，他也看不清那些盘根错节的潜意识。

谁能看清呢？古往今来没人看得清。严格意义上的反观自身难于上青天。

冬日里，秦观又开始发呆了。唉，做个薄情郎就好了，哪管她伤不伤，只问自己是不是需要她。自己遭贬是迟早的事，边朝华能否愿意随他颠沛蛮荒？

答案是肯定的。秦观凭借直觉，毫不怀疑这一点。

单纯的边朝华不矛盾，于是她开心。秦少游矛盾，于是他惆怅。

分离的滋味预先品尝。越是朝着决断，越是黯然神伤。诗人乃是敏感的人。最不想说的一句话，却要说出口。推迟吧，从九月推迟到十一月，又推迟到次年春。

冬去春来，秦少游加倍疼着边朝华。缠绵日复一日，"春宵苦短日高起"，但是避免生孩子。朝华颇不解，问他，他只说京师的日子尚不稳定，以后再说吧。背人处，少游伫望。"……无边丝雨细如愁。宝帘闲挂小银钩。"少游沉默时，朝华便不安。

秦观受命去杭州做通判，官六品，眼见是升了，却很可能是贬谪的信号。言官们忙着整他的黑材料。王诜驸马半夜派人传消息。

秦观遭"道贬"，未至杭州而贬向处州（今浙江丽水），监处州酒税。直觉告诉他，这仅仅是开个头。下决心的时刻到了，他让边朝华离开他，回京嫁人。

秦少游一短语，边朝华泪长流。

她不走，他不留。一夜无眠说这事，再多的眼泪也无济于事。汉子秦观是铁了心了。茫茫贬谪路风波险恶，他不想连累她。决心难下，但总得下。抱头痛哭四更天，相拥而泣五更天，泪尽了，他还是那句话。凌晨的花朵浑身发抖……相处一年半，六百个日日夜夜啊。她骂他铁石心肠，他木着一张脸。骂完了，她又搂紧他的脖子，狂吻他的胡须，拧他的手，捶他的脚。——檀郎啊，为什么要生一双只身远走的无情脚？

秦少游名词《八六子》："倚危亭，恨如芳草，萋萋刬尽还生。念柳外青骢别后，水边红袂分时，怆然暗惊。　　无端天与娉婷，夜月一帘幽梦，春风十里柔情。怎奈向、欢娱渐随流水，素弦声断，翠绡香减，那堪片片飞花弄晚，濛濛残雨笼晴。正销凝，黄鹂又啼数声。"（销凝：释怀。）黄鹂的啼声又唤起离情。

婉约词写得铿锵。伤心人别有怀抱。

朝廷弹劾又起，御史刘拯奏曰："秦观浮薄小人，影附于轼，请正轼之罪，褫观职任，以示天下后世。"哲宗当日批复，先拿秦观开刀。苏轼毕竟做过他多年的老师。

秦观罢左宣德郎，仍监处州酒税。处州的官员一夜间变了脸，太守、通判，对秦观相当冷淡。一小吏对秦观说："秦七，你的靠山要倒了，你这监酒税的差事恐怕也干不长吧？你的侍妾边朝华如花似玉，往后恐怕要吃些苦头哩。"

再贬，贬向何处呢？贬向荒凉的化外之地岭南？

秦观心事复沉重，半夜徘徊处水畔。睡梦中的边朝华像个未谙世事的小姑娘。

秦观回陋室，目注她良久。

秦少游决定再遣边朝华，赶她走，回汴京去嫁个好人家。不能拖累她。处州官员的脸，一天比一天难看，扬言要把他居住的官舍收回，用作杂物仓库。一代名士，连杂物都不如。他真不愿意美妾跟着他受苦、受辱。受辱的细节无穷无尽，官吏们干这些事颇具想象力，乐此不疲。秦观能承受，二十岁的边朝华如何承受？

秦少游《再遣朝华》："玉人前去却重来，此度分携更不回。肠断龟山离别处，夕阳孤塔自崔嵬。"玉人绝望了，男儿自是挺着，状如夕阳中的崔嵬孤塔。一尊孤塔，强作雄壮罢了，其实他心里苦不堪言。他另一个分手的理由是："汝不走，妨吾修真也。"他要修成真身，戒除男女之大欲。这显然是托词，难道边朝华还不了解他？

她百般不愿走，他一味找借口。说这说那，不说的才是真正的理由：不想连累她。

玉人心都碎了。诗人无言以对。"今宵酒醒何处？杨柳岸、晓风残月。"

走了，永别了，一步一回头。秦观看上去不动声色，只向她挥挥手。五内翻腾的男人呆若木鸡。玉人从此无消息。秦观不会以任何方式跟她联系。

"安排肠断到黄昏。"

纵此生不见，平安唯愿。

边朝华离开处州的第三天，秦观在官吏们鄙夷的目光中搬出了官舍。当众受辱，复被捉弄：搬到哪儿去也没人告诉他。一个好心的老兵指给他一处破庙，勉强住下了，举目蛛丝网，破庙门咿呀关不上，寒夜风吹如鬼叫……这些日子，秦观自云："……迁客有暴露之忧，亦郡豪杰之深耻也。"如果连破庙都住不成，那就可能露宿街头了。

半夜醒来，阴风打门，庆幸边朝华不在身边。秦观不怕鬼，只恨朝廷魔鬼。

从此后，疼痛忆芳尘，念念不忘昔日的好时光。昔日填满了眼下。秦少游命当如此。次年春，杰作问世了，秦词《千秋岁引》："水边沙外，城郭春寒退。花影乱，莺声碎。飘零疏酒盏，离别宽衣带。人不见，碧云暮合空相对。　　忆昔西池会，鹓鹭同飞盖。携手处，今谁在？日边清梦断，镜里朱颜改。春去也，飞红万点愁如海。"

仕途黯淡了，爱侣没有了。处州又过了一年，秦观削秩，贬向湖南的郴州。同一时期，苏东坡携家带口贬在惠州，黄庭坚贬黔州，陈师道失掉汝州教授的职务……秦观的二十口家人留在浙西，他只带着秦湛上路。别老母，别贤妻，别孙子，其状十分凄凉。七尺男儿强作轻松的笑容，说不会在郴州贬所待得太久，至多两年。章丞相毕竟和他有些交情。当初皇宫赐墨砚，是哲宗皇帝亲自下诏。妇孺们信以为真，减少了离别的忧伤。

而秦观心里清楚，此一别，多半是永别。再见老母难也。章惇与苏轼有三十多年的交情，打苏轼毫不留情，何况他秦少游？一批人得意了，得势了，另一批人就难逃厄运。

告别家人上路，渐渐远了，秦少游倔强的头，终于垂进无边的西风。

许久未见边朝华了，真想她，那就想吧，用漫长的时光去想她，但是，绝不提笔给她写信。绝不。迁客、逐客、罪臣、流浪者，所有的艰辛与屈辱自己扛着。这就是七尺男儿秦少游，须髯如戟的秦少游。

沿途他纵马访古，拿舟下洞庭湖，听渔歌，居寺庙，抄佛经。他一口气抄了七万字，日后又受人攻击，说罪臣没有抄佛经的资格。

早晨人未起，他躺在床上凝望窗外带露的鲜花，想象汴京城里的边朝华。赶走她又想她。所幸他们未生孩子，生了孩子就赶不走她啦。政治嗅觉让他早早产生了这个念头。说起来也不复杂，台谏们一直在攻他。隔山打牛，攻苏轼苏辙，攻范纯仁范纯夫……

祸从天降之时，佳人不在身旁。这是秦少游的选择。留住她也行，三十二岁的王朝云不是随苏东坡去惠州了吗？秦观不遣边朝华，没人会责怪他。世界上唯有一个人会责怪他，那个人是他自己。服从内心的呼唤，坚决送走年轻的、小姑娘般单纯的边朝华。

两次赶她走，两次铁石心肠啊。心肠的硬度来自柔软度。她深知这一点。苦苦央求不管用，失声痛哭不管用。她走了，他惆怅，"举杯消愁愁更愁"，"飞红万点愁如海"。

秦观遣侍妾边朝华，再遣儿子秦湛，孤身单骑于茫茫贬谪路。

这需要勇气。有个一直跟着他的老仆滕贵也走了，原因不详。笔者说秦观为他人着想，理由是比较充足的。风霜雨雪，野草千里，道路泥泞，黑夜沉沉，荒野深处的小店一灯如豆……年近半百的男人对付着这一切，从未抱怨过恩师苏东坡。途中他写下名词《如梦令》："遥夜沉沉如水，风紧驿亭深闭。梦破鼠窥灯，霜送晓寒侵被。无寐，无寐，门外马嘶人起。"

又有七绝《题郴阳道中古寺壁二绝》。其一云："门掩荒寒僧未归，萧萧庭菊两三枝。行人到此无肠断，问尔黄花知不知？"

其二云："哀歌巫女隔祠丛，饥鼠相追坏壁中。北客念家浑不睡，荒山一夜雨吹风。"

湖南作为宋代的贬谪地之一，如同岭南、西南，风土人情大异中原。而秦观作为罪臣，心情又不好。投宿荒山下的古寺，一夜雨吹风，巫女唱哀歌，一声声入耳。

睡不着啊！

孤独，沉重。前景想不得，思念亲朋却见不着。如何应对往后一连串的灰色日子？秦少游形单影只。"携杖为二，举酒对月成三"，找个人说说话都很难。孤独像穿透破墙的秋风，一股股地袭来。

北客透心凉。

秦观滞留长沙，着手访问风俗。一个人的日子还得过下去。走街串巷，逛市场，拜庙宇，与和尚们交流，跟士兵、游医和行商聊天。

知音难寻觅，千里之外的长沙却有消息。有位义倡姑娘的几案上放着一卷《秦学士词》，"少游曰：'能歌乎？'曰：'素所习也。'少游愈益怪，曰：'乐府名家，毋虑数百，若何独爱此乎？不唯爱之，而又习之歌之，若素爱秦学士者，彼秦学士亦尝遇若乎？'曰：'妾僻陋在此，彼秦学士，京师贵人也，焉得至此！藉令至此，岂顾妾哉？'"

秦少游莞尔一笑，自报姓名，并略略解释了为何来到长沙。"倡大惊……稍稍引退，入谓母媪。有顷，媪出，设位，坐少游于堂。"

母女二人对秦少游毕恭毕敬。入席，"母子左右侍觞"。就寝，义倡姑娘亲手布置他的卧室，"衾枕席褥，必躬设"。秦少游"感其意，为留数日"。

在母亲的主持下，义倡姑娘许秦观学士以终身。几天的时间里她谨侍茶酒，夜里不敢侍枕席。临别时，她说："妾不肖之身，幸侍左右。今学士以王命不可久留，妾又不敢从行，恐重以为累，唯誓洁身以报。他日北归，幸一过妾，妾愿毕矣。"

义倡姑娘信誓旦旦，为她魂牵梦萦的秦学士守身如玉。据洪迈讲，这件事在湖南流传甚广，"义倡"是后人的尊称，不是她的本名。

秦观在长沙，与义倡姑娘难分难舍。大胡子男人孤身孤枕久也，面对漂亮而多情的长沙妹子，既感动又惆怅。她每日叠被铺床添香，"彩袖殷勤捧玉钟"，为君拼得醉颜红。如果他透露一点想法，或是表露某种肢体语言，情切切的长沙妹子哪会视而不见。事实上他什么也不透露，搁置了情爱躯，捂紧了绮念头。他尊重她的关于他未来北归时的愿景，虽然他清楚，这愿景十分渺茫。

"多情自古伤离别，更那堪、冷落清秋节。"

"天与多情，不与长相守。"

秦观贬处州三年，继而贬郴州，贬横州，贬岭南雷州半岛。数千里贬谪路，叶落惊秋，花开溅泪，野店荒寺无限愁。愁自己也就罢了，还愁着患病的老母，愁儿子和两个弟弟的前程。此间他的诗文再三提到思家。不思量自难忘啊，想孙儿想得心如刀绞。哦，还有他忍痛赶走的边朝华。

谁送秦少游呢？落花流水送他，黑云千里追他，山风山雨欺他，复杂而苍凉的思绪纠缠他。湖南俗语："马到郴州死。"崇山峻岭累死骏马。从记载看，沿途所过州县，款待秦观的官员几乎没有。"亲朋无一字，老病有孤舟。"有时难免露宿荒野，前不着村后不挨店的，裹衣纳头睡枯草，半夜惊起，鬼火飘移，狼嗥狐走野猪叫。

秦观沿途写诗不少，表明抗压力在，精神未垮掉。然而生存的落差太大了，"……削秩徙郴州。继编管横州，又徙雷州"，这些史书中的字眼触目惊心。细想不得，偏偏又要去细想。

怕道贬，却来了道贬的官文。朱红官印牵扯他敏感的神经。一腔心事和泪说，喃喃自语而已，或是向风去诉说，风把心事带到长沙，带到浙西家人的临时住处，带给汴京城里的边朝华。

秦少游默念远方的师友们，慢慢蓄积心劲……

东坡先生在儋州写道："九死南荒吾不恨，兹游奇绝冠平生。"

多么豪迈啊，先生多么从容！

君子食无求饱，居无求安。

秦观从友人的来信中陆续得知苏轼的一些消息，受到实实在在的鼓舞。他几番写信到儋州，奈何石沉大海。看来琼州海峡的风浪对邮递多有阻遏。

哲宗元符元年（1098），五十岁的秦观贬在横州。《反初》诗云："一落世间网，五十换嘉平。夜参半不寝，披衣涕纵横。"嘉平，指腊月。

秦观的处境比苏轼艰难，孤旅苍凉，朋友几乎一个没有。贬一地，过一阵子又迁徙，刚认识的和尚或书生又要分别。地方官员要么冷落他，要么当面讥讽他。

官场人情薄如纸，漫漫长夜冷彻骨。

秦观的性格是喜聚不喜散，善于在热闹深处寻他的虚静。如今虚静难得，冷寂每日降临。虚静与寂寥只隔了一层纸。要修炼到庄子的那般境地，做到严格意义上的不以物喜、不以己悲，真是难于上青天。生存向度的刹那间转换，唯有佛祖和全能的上帝能做到。

佛学对秦观的慰藉也是有限。四大皆空，怎么空？五蕴非有，如何非有？

生存卸不掉多方牵挂的重压，却要在重压下昂首，于漆黑的长夜摸索光明。生命中难以承受之重，又必须承受。从秦观的诗文看，他要流泪的，杭州遣朝华，浙西别家人，长沙邂逅义倡姑娘……

一个人的若干年啊，流离复流离，编管再编管。长途漫漫，亲朋无一字，有字也在某个驿站蒙尘。亲友的面容永远出现在漂泊者的梦中。老母尚在人间吗？不知道。徐文美身体好吗？不知道。儿子秦湛受了连累，近况如何？不知道。边朝华嫁入市井人家如意否？不知道。两个女儿和她们的夫婿、两个弟弟以及他们的家庭，俱是杳无消息。可爱的家孙外孙们，经年无消息。秦少游如何不伤心？

秦观寓居横州的浮槎馆，坐等新的谪命。他听说参寥和尚也遭贬了，被剥夺了御赐的袈裟锡杖，沦为打柴烧饭的僧人。秦观的空门之交，最数参寥。

秦观忽然想到：很久没喝过龙井茶了。

此生能否再游杭州、湖州、越州？"越艳风流，占天上人间第一。须信道、绝尘标致，倾城颜色。……"鉴湖边的蓬莱阁，那些风荷般的人儿啊，"佳人舞点金钗溜"，"红锦地衣随步皱"。

山阴古道上的秋风沉醉，弹指已过二十年。

七尺男儿不觉泪流满面。记忆太稠，牵挂太深，忧思太广。

元丰元年（1078）秋九月，谪命又至："追官勒停横州编管秦观，特除名永不收叙，移送雷州编管，以附会司马光等同恶相济也。"叙即叙复，罪臣重新起用的意思。永不收叙，秦观北归的希望彻底破灭。罪名是他附会司马光。他一介八品小官（秘书省正字），如何跟司马丞相挂上钩呢？因为他是苏东坡的弟子，官阶虽低而文名甚高。蔡京一直把他的案子看得仔细，章子厚要亲自过问。

　　一纸谪命摧心肝。

　　从横州到雷州数百里之遥，迁客卷入肃杀的秋风。官衣破烂，兀自不肯扔掉。包袱里的一双半旧布鞋是义倡姑娘熬夜织就，秦观泥行雨走舍不得穿，宁愿光脚板。

　　光脚汉子，怒冲冲奔入无边的西风。"不羁的西风哟，你吹，你吹。"

　　少游在雷州灌园："白发坐钩党，南迁海濒州。灌园以糊口，身自杂苍头。篱落秋暑中，碧花蔓牵牛。谁知把锄人，旧日东陵侯。"钩党，即被党争勾连，北宋后期成了一个使用广泛的专用词。八百多个元祐党人对"钩党"二字印象深刻。后来宋徽宗大搞"元祐奸党碑"，秦观的名字刻在显眼的位置，至南宋孝宗朝，才追封秦观为龙图阁学士。

　　拿锄头、扛扁担不仅是力气活，也是个技术活。做个"老圃"（菜农）并不容易，种瓜要得瓜，种豆要得豆，锄草、浇水、施肥，许多事要向农民请教，请教之前要沟通言语和情感。岭南温热的气候宜于种植，秦观躬耕的收获当不输给陶潜。他写了许多五言诗，内心的节奏契合于五柳先生。所谓"少游过岭后诗风，严重高古"，当指他的五言诗和六言诗。律诗少。填词偶尔为之。婉约词缺了婉约的大环境，不复置身于唇红齿白、轻歌曼舞中。追忆往昔的她们又难免伤情，不利于度过艰难的岁月。

秦观低垂的头终于抬起来了，一腔心事依然在，却把他乡作故乡。南迁的罪臣很多，论官职他属于末等。他要活得像个男子汉。他是名人，苏门学士中不输给黄山谷，若是身处逆境垮掉了，岂不吃人（宋代口语，类似"受人"）耻笑？

慢慢地开朗了，缓缓地感到轻松。携带全部沉重的那种轻松。强打精神命笔，哪来的好诗好书法？海南东坡谓其幼子苏过曰："秦少游、张文潜，才识学问为当世第一……二人皆辱与余游，同升而并黜。有自雷州来者，递至少游所惠书诗累幅。近居蛮夷得此，如在齐闻《韶》也。"又跋秦观的书法云："少游近日草书，便有东晋风味，作诗增奇丽。乃知此人不可使闲，遂兼百技矣。技进而道不进，则不可，少游乃技道两进也。"

苏东坡这段文字非常重要，尤其针对今天的书画家。技道两进，在晋唐宋大文人眼中是常识性的东西。技道分离，书画沦为雕虫小技。道，乃是自然与人事的终极关切。求仁而得仁，求道而得道。得不到"道"的整体，但在漫长的问道岁月中总会有收获。

古人的追求两千多年不变。华夏文明的标杆性人物，接力追问终极性的东西。

经过了漫长的苦挣扎，秦少游熬过来了。"君子居之，何陋之有？"秦少游看海康物事，渐觉入目；听蛮音也比较悦耳了。劳力兼劳心，技道两进。吃东西胃口好，夜里一觉拉抻到天明。披衣下床的头一件事，是拿着农具去他的菜园子，"又乘微雨去锄瓜"。

淡淡的寂寞携同压过来的黄昏，塞满了他的蓬窗小屋。

秦观喃喃诵晏词："落花人独立，微雨燕双飞。"

秦词《望海潮》有云："奴如飞絮，郎如流水，相沾便肯相随。"

边朝华最爱这几句。

元符三年（1100），哲宗赵煦二十四岁一命呜呼，沉迷美色淘虚了他的身子。哲宗崩，徽宗登基。向太后听政，起复了一批元祐官员，秦观在一连串的起复名单中。秦观难掩喜色，关起门来喝酒，悄悄凭窗哼歌。半夜在梦中笑醒，点灯寻了酒壶，敞开柴门又喝。

秦大胡子的眼泪，唰唰唰止不住。再见家人有期了，母亲、夫人、儿孙，五十多岁的秦观将要回到阔别三年的亲人们当中。贬南荒终于不死，哈哈，终于不死！

元符三年六月中旬，苏轼与秦观相聚于雷州，师生劫后重逢，弟子唏嘘不已。苏轼遭贬，秦少游受牵连，艰难度日三年，一千多个日日夜夜。他的身子时好时坏，少游瞒着恩师，写信只字不提。君子风范如此。

秦观作《江城子》："南来飞燕北归鸿，偶相逢，惨愁容。绿鬓朱颜，重见两衰翁。别后悠悠君莫问，无限事，不言中。   小槽春酒滴珠红，莫匆匆，满金钟。饮散落花，流水各西东。后会不知何处是？烟浪远，暮云重。"

苏轼连日问这问那，秦观欲说还休。男儿不提伤心事。如今师生俱复起，应当高兴才是。老师看他简单而整齐的书房，看他郁郁葱葱的菜园子，不住地点头称是。书桌上有几管毛笔，桌旁搁着一把锄头，室中另有斗笠、鱼竿、拂尘、念珠、经卷、药罐子、废旧的马鞍、劈柴的斧子、习武的棍子和长枪。枪头闪着日光。

东坡问："海康多贼否？"

少游答："未见贼，少时喜弄枪棍，偶尔玩玩。"

东坡笑道："凭你的一身武艺，设馆授徒无碍。"

少游说："几年前在处州动过这个念头，处州有一群后生专爱枪棒。当时我监酒税，闲暇的时光多。"

东坡先生转问："你拿枪，拿锄头，拿斧子，复命诗画笔否？"

淮海居士一笑："横槊赋诗，固一世之雄哉。"

海康一别，后会有期。

秦观为自己写了一首挽词，苏轼并不在意。他也写过挽诗和墓志，安慰秦观说："某常忧少游未尽此理，今复何言。某亦尝自为志墓文，封付从者，不使过子知也。"

秦观不忍离别，长亭短亭终须分手。苏轼曾于信中对陈季常说："彼此须鬓如戟，莫作儿女态也。"秦观的大胡子也要硬。有时写写女儿诗，一辈子要有男儿雄姿，君子英姿。

临别时，苏轼又嘱咐："少游，你在北归路上，勿多饮酒。"

此后的一段日子，秦观心情好。告别海康，农具渔具送给邻居，马蹄轻快朝着英州进发，一路上"载欣载奔"，大热天挥汗喝酒。由于他是赴任的官员，驿站的官吏对他礼数有加，款待比较周到。

天热，夜里睡不着，情绪激动。披衣出门去，望着一天星斗喃喃自语。

久违的二十多口家人啊，活蹦乱跳的乖孙子啊，终于相见有期了。泪水模糊了他的视线，恨不得快马加鞭奔向英州。

此前，秦观修书一封，叫儿子秦湛带着一家老小到英州太守府见面。

欣喜之情难以抑制，频频伸手向酒杯，忘了恩师在海康的告诫。烈日下仰天长啸，高高举起酒葫芦。身体似乎有些异样，夜来闷热异常，叫他一阵难受。

不管它。自幼习武的身子骨，经得住严寒酷暑。

炎炎烈日透过古藤阴，光斑映着他筋脉凸起的脑门子。饮酒。举杯。笑声朗朗，汗涔涔。古树藤像他的青筋，有些藤条像他粗壮有力的胳膊……

然而他忽然感觉疲倦，从未有过的、深深的疲倦。于是伏在石桌上呼呼入睡。梦中得了一首《好事近》，抬起头，向人念道："春路雨添花，花动一山春色。行到小溪深处，有黄鹂千百。飞云当面化龙蛇，天矫转空碧。醉卧古藤阴下，了不知南北。"

念完他口渴，异常地渴，于是向人索水。少顷，一碗清凉水送来了，"先生笑视之而卒"。《宋史·秦观传》："至藤州，出游华光亭，为客道梦中长短句。索水欲饮，水至，笑视之而卒。"《秦观年谱》："先生遂以七月启行而归，逾月至藤州，尚无恙……"

秦观北归走了一个月，暴卒于藤州城东南的华光亭。可能是心血管突发疾病。热，酒，北归途中的持续兴奋、亢奋，是导致这位诗人猝死的三个原因。

梦中春雨添花，花动一山春色。梦醒了，复又寻梦去了。

这一天，是元符三年（1100）八月十二日。

少游名词《点绛唇》："醉漾轻舟，信流引到花深处。尘缘相误，无计花间住。　　烟水茫茫，回首斜阳暮。山无数，乱红如雨，不记来时路。"

不记来时路。这首词可与秦观梦中得的《好事近》并读。谶语如斯。

大胡子秦观倒下了，七尺男儿躯进棺材。乱红如雨葬诗魂。

有一女子闻秦观死，从湖南的长沙哭奔岭南，于途中旅舍见到范冲等人护送的秦观灵柩，不禁放声大哭。她抚棺三周，气绝身亡，从秦观于地下。

这个女子，即是几年前秦观在长沙认识的、一直为他守身如玉的义倡姑娘。

好个湖南妹子，好个女君子。

正在桂林的苏东坡踉踉跄跄，不远千里去扶棺。坡翁仰天长叹："少游已矣，虽万人何赎！"

苏东坡在写给友人的信中说："哀哉痛乎，何复可言。当今文人第一流，岂可复得。此人在，必大用于世……九月六日。"

情深义重的君子，才华横溢的文人。秦观永载中国文学史。

2020 年 5 月改于眉山之忘言斋

李清照：千古才情

郑振铎先生说："李清照是宋代最伟大的一位女诗人，也是中国文学史上最伟大的一位女诗人！"

将"伟大"这样的形容词放到一位古代女性身上，似乎绝无仅有。

历史的星空，尽管女人寥寥，但总算有一个李清照，光辉不让须眉。

李清照生于山东济南，父亲李格非是苏轼的学生，才学自是不一般。更难得的是《宋史》中记载着李格非"俊警异甚"，意思是才俊不凡。母亲王氏，貌端容净，亦系名门之后，工词翰，修养很高。

基因有效遗传，长到十二三岁的李清照面容姣好，清丽动人。围绕她的家庭氛围富裕、宽松、自在，书香袭人。很快，她便在一群姐妹中尤其出众，加之其身材高挑，在姑娘群里显得一枝独秀。

李清照是个野丫头，翻墙爬树、游泳划船，常常乐此不疲。她也在父母的熏陶下，酷爱读书。十六岁那年，母亲将李清照疯玩归来随手写下的一首小词，寄给远在汴京做官的丈夫。李格非回信说，京城名士如晁补之，对清照的小词大加赞赏。一时间，洛阳纸贵。

这首小词叫《如梦令》："常记溪亭日暮，沉醉不知归路。兴尽晚回舟，误入藕花深处。争渡，争渡，惊起一滩鸥鹭。"

文字充满灵动与活泼的气息，李清照活脱的少女形象呼之欲出。

李府门槛一时被踏破，大家争着上门来提亲。

貌美才高，家庭又好，这样的姑娘不多见。

时任京城礼部员外郎的李格非，为人耿介，对女儿的终身大事采取民主态度。李清照在众多追慕者的吹捧中，并未迷失。她的日子一如往昔：理瑶琴，捧书卷，下围棋，打秋千，玩彩戏，研究打马图。有时还偷尝父亲窖藏的美酒，酩酊大醉的时候也是有的。

少女的生活有滋有味。小令《浣溪沙》："淡荡春光寒食天，玉炉沉水袅残烟。梦回山枕隐花钿。 海燕未来人斗草，江梅已过柳生绵。黄昏疏雨湿秋千。"

黄昏疏雨湿秋千，这画面多舒服。看不够。为何看不够呢？因为句子浓缩，画面指向更多的画面。少女的身影在秋千架上，亦在幽篁、洞窗、回廊间。

小令《浣溪沙》："莫许杯深琥珀浓，未成沉醉意先融。疏钟已应晚来风。 瑞脑香消魂梦断，辟寒金小髻鬟松。醒时空对烛花红。"

空对烛花红，含蓄地道出少女情窦初开。

古代所谓二八娇娘，十六岁亭亭玉立了，十二三岁已含苞欲放。三十岁称半老徐娘。青春二十多年。个体有差异，李清照属于哪种类型呢？她的青春小令透露了哪些教科书上不便明言的消息？

名词《如梦令》："昨夜雨疏风骤，浓睡不消残酒。试问卷帘人，却道海棠依旧。知否，知否？应是绿肥红瘦。"

丫鬟识得几个字，能说海棠依旧，却不能道绿肥红瘦。李清照

　　　　　　　　　　　　　　　大宋十君子

连问两个知否，透出两点消息：一是，她练就了一颗诗心，看花木格外细腻；二是，美少女已盛开如海棠，盼着出闺，嫁给如意郎君。

小令《点绛唇》："蹴罢秋千，起来慵整纤纤手。露浓花瘦。薄汗轻衣透。　　见客入来，袜刬金钗溜。和羞走，倚门回首，却把青梅嗅。"

后花园里打秋千，忽有客人来，李清照鞋也顾不得穿，和羞走，金钗溜，走到门边却又回头，瞧那客人怎生模样。并且掩饰慌乱与羞涩，低头嗅那玉指间颤动的青梅。青梅本无味，少女心中有滋味。

十七岁的李清照的才名籍甚。

她不似娇弱的贵族小姐，相反，她博览群书，对世事颇有见地。文人们喜欢读她的诗词，喜欢她婉约中的那股豪气。因此，她在士大夫的圈子里已有名气。

京城有个太学生对李清照上了心。"知否，知否？应是绿肥红瘦。"所谓太学，是宋代时官方办学，招收五品以上的官员子弟。

这个太学生就是赵明诚。

赵明诚字德甫，比李清照年长三岁，是山东密州诸城人。苏轼曾在此地写下豪气四溢的"老夫聊发少年狂，左牵黄，右擎苍"。赵明诚出身官宦之家，父亲赵挺之是当朝吏部侍郎，从三品，相当于现在中央组织部的副部长。

赵明诚自幼聪颖，喜好诗文，尤其酷爱寻访、收集金石书画。这爱好竟成了他毕生的事业。青少年时期，他随父居住在汴京，入太学数年，成为太学生中的佼佼者。因为喜欢收集、摆弄古董，同窗戏称他"赵古董"。

李清照的诗文如投入赵明诚心湖的一块石子，再加上机缘巧合，在这年的相国寺外得以一见，赵明诚夜晚便开始辗转反侧了。

《诗经》："窈窕淑女，君子好逑。"

可是，赵明诚知道，父亲会成为他求偶的阻力。

她的父亲李格非是苏轼的学生，而自己父亲赵挺之是拥护王安石的熙宁人物。苏轼对父亲曾留下这样的评价文字："挺之聚敛小人，学行无取，岂堪此选？"意思是，此人只知聚敛钱财，学问与品行几无可取之处，不能担起国家重任。

赵挺之闻之，恨苏轼恨得牙痒痒。后来，他做监察御史时，逮住所谓的机会，数次上书，以诽谤先帝之罪弹劾苏轼。

苏门学士们自然不忿，大多写文章讥刺赵挺之。其时，赵挺之一连襟名叫陈师道，徐州人，是苏轼弟子，虽有才学，却被变法派排挤打击，自是落魄难言，以至大冬天难以挨过。陈师道的妻子只得求助姐夫赵挺之。赵挺之倒没为难，借了件裘皮服装给她。但陈师道知道裘衣来历后，拒绝穿上，后因受冻发病而离世。

陈师道是"苏门六君子"之一，李格非是"苏门后四学士"之一。

北宋两大君子，对李清照影响不小。陈师道由于反对王安石变科举，而拒绝参加进士考试。李清照的父亲李格非写《洛阳名园记》，对西京洛阳的富豪们大建私家园林表示不齿。

革新派和守旧派之间几乎是水火不相容的，赵挺之与苏轼及苏门弟子间也是龃龉颇多。赵挺之的儿子赵明诚却跟父亲不同。

赵明诚认定了李清照，几个难眠之夜后，他心中有了主意。

一日，前去向父母问安。他煞有介事地说，这两日夜里总是梦见一位白发老者送他同样一本书，书中尽是些天文地理、神灵怪异之事，文字极其深奥晦涩。说罢，他偷偷瞥了父母一眼，连连叹气，口中絮絮："言与司合，安上已脱，芝芙草拔。"

赵挺之微锁眉头，诧异道："你念叨的是什么？"

赵明诚答道："书中句子，儿子醒来便只记得此三句。"

在父亲的追问下，赵明诚将这三句写下来，交与父亲。赵挺之拿着句子，便明白其中意思，这文字游戏很简单。他指着句子，向夫人解释："言与司合，乃词字；安已上脱，乃女字；芝芙去头，乃之夫。词女之夫，咱儿子是要娶一位词女为妻。"

父亲说透赵明诚的心事，他颔首默认。

大家也都心知肚明，这天下女子，善于填词落笔生花的，也只有李清照了。

赵挺之将手中句子放在桌上，抬眼看了看赵明诚，一脸严肃地迈出厅堂。赵明诚望着父亲背影，心里七上八下："父亲大人的意见呢？"他转回头望着母亲，可母亲只向他摆摆手。赵明诚知道，此事，母亲也无可奈何。

此时的赵挺之，在儿子的婚事上，必定要考量很多。门当户对是前提，最关键的是未来亲家能否与自己在官场上相互帮衬？这李清照的父亲是苏门弟子，自己与他虽同朝为官，却在政见上相左，如何能相互帮衬？儿子婚姻幸福是大事，但不能让这姻缘有损自己的仕途。

正好，此间徽宗即位。为平息朝廷纷争，徽宗想了个折中的办法，不偏不倚，新党和旧党的人都加以利用。这样一来，新旧两党的矛盾的确是缓和了不少。

赵挺之再次权衡利弊，终于同意了儿子的要求。

李清照十六岁始提亲，官绅子弟走马灯似的，她一个都不满意。父亲安排她的婚事，但尊重她的意见。家里很民主。济南城的那些纨绔，李清照怎么看也看不入眼。这怪谁呢？天生丽质难自弃哩。

父亲大名士，女儿百媚身。于是惊动了一个叫赵挺之的官场红人。这赵家有个公子，生得眉清目秀也罢了，更要紧的是，媒人这般描绘：赵公子自幼浸润于金石书画，深得古物之灵气，行动得体，懂温柔、谙风情。总之，赵公子好处说不完。

李格非注意到，说到赵明诚，女儿俏脸微红，答案尽在眉目间。

婚事订下，赵挺之夫妇携赵明诚到李府登门拜访，商定成亲的日期。正在家中荡秋千玩耍的李清照既惊又喜，跑去客厅，躲在门后，偷偷地看她心仪的儒雅书生。满脸娇羞中，落笔成词："蹴罢秋千，起来慵整纤纤手。露浓花瘦，薄汗轻衣透。　见客入来，袜划金钗溜。和羞走，倚门回首，却把青梅嗅。"

闺中少女的娇羞与率真、矜持与洒脱，尽在寥寥几笔中。

徽宗建中靖国元年（1101），李清照与赵明诚在汴京结为伉俪。那年，李清照十八岁，赵明诚二十一岁。

那天夜里，红烛中，美人如玉，才子多情。

婚后的李清照移居东京，很快变成了金石书画的爱好者。

夫唱妇随多好。未来的女中豪杰李清照享受着新婚的美好。

宋代理学盛行，先有二程，后有朱熹。理学强化礼教。民间已兴起妇女缠足之风，绵延八百余年，从李清照活泼的性格揣测，她的一双脚，大约是"天足"。

李清照与三寸金莲对不上号的。她和丈夫对眼儿。她生活在新婚燕尔的喜悦中，过日子，写心情："晚来一阵风兼雨，洗尽炎光。理罢笙簧，却对菱花淡淡妆。　绛绡缕薄冰肌莹，雪腻酥香。笑语檀郎：今夜纱厨枕簟凉。"

这首小令写夫妻事略显露骨，成为许多礼教人士指摘的对象。

可李清照不在乎，她就是她，不活在别人的言语中。

真懂得生活的人，自然会与生活保持一定的距离。

赵明诚曾言："余自少小，喜从当世学士、大夫访问前代金石刻词，以广异闻。"

金，指有铭文或图案的前代金属器皿。石，指石碑。收集金石，主要是收集各地的拓片。金石学由北宋欧阳修所创，欧阳自号"六一居士"，其中就有"集古一千卷"。

婚前，他曾担心李清照不喜欢他所钟爱的金石事业。婚后，他发现这种担心完全是多余的。李清照在文字之余，也对金石字画产生了浓厚的兴趣。赵明诚去了太学，李清照便宅家，整理金石文物，读书填词写诗。

长期与书为伴的人，大都不喜欢喧嚣。

赵明诚凡购得一件金石字画文物，就忙不迭地回家，与清照"相对展玩咀嚼"。

年轻的夫妇玩古上瘾。这瘾，对人有好处。它是发散的，而不是收缩的。痴迷古物，发不尽思古怀古之幽情。只是耗钱。此时，赵明诚尚未出仕，经济上仍要依赖父母。但赵挺之对儿子痴迷金石常怀警惕，担心儿子太过沉迷，贻误仕途，所以经济上严格控制。

丈夫把古物一件又一件往家里搬。贵族少妇，物质生活下降了："食去重肉，衣去重采，首无明珠翡翠之饰，室无涂金刺绣之具。"

两口子收藏文物，自讨苦吃。但，赵明诚喜欢，李清照就全力支持。

她大多时日都素面朝天，乐此不疲。明珠翡翠都进了当铺。赵明诚的藏宝室多一件藏品，李清照身上就会少一样从娘家带来的饰物。

不过赵明诚向她拍胸脯："送到当铺去的东西，一定会赎回来。"李清照对此莞尔笑笑，其实只要两人相知、相敬、相爱，哪怕面对窘迫的日子，她也一样感到幸福。

一日，朋友兴冲冲送来一件书画珍品，南唐徐熙的《牡丹图》，要价二十万钱。这徐熙可不得了，《御制宣和画谱》称他"画草木虫鱼，妙夺造化"。他的作品，宫廷里都是宝物，沈括在《梦溪笔谈》中极尽赞美之辞。李清照对徐熙的这幅《牡丹图》再三展玩，钟爱之情，胜于丈夫。二十万钱，赵明诚凑不足这个数，犯愁了。转看李清照，那头上值钱的东西已所剩无几。

唉，囊中羞涩，夫妇二人莫奈何。

是夜，两口子破例不肯上床，玩赏通宵，惊叹复嗟叹。李清照对老公说："索性卖了你家宅子，这京师好几处呢。"

赵明诚愁眉苦脸："我以前手头紧时也曾提起过，老爹说，宅子也是古物。"

李清照美目闪烁："要不我回娘家跟爹爹商量？"

赵明诚咧嘴笑了："傻娘子，哪有这个道理呢？看看，记在心里也好。"

翌日太阳升起，画便被那朋友嘀咕着取走了。两口子站在大门口目送了好久。

婚后两三年，李清照与夫君琴瑟和谐，从精神到肉体，几乎弦弦相扣。一对山东男女，阳刚阴柔并举。欲观那风情，请看《减字木兰花》："卖花担上，买得一枝春欲放。泪染轻匀，犹带彤霞晓露痕。　　怕郎猜道，奴面不如花面好。云鬓斜簪，徒要教郎比并看。"

李清照可不管别人的评价，上街闲逛时，想怎么走就怎么走。她不缺教养，于是偶尔在大街上弄弄风情。

弄风情好玩。好玩的生活，仅仅持续了一年多。

崇宁元年（1102），徽宗任用蔡京为相，试图恢复熙宁年间王安石推行的新法。蔡京是个典型的投机分子，他一得势，便伙同皇帝身边的小人，上蹿下跳，对元祐时期的大臣，展开了疯狂的打击报复。苏轼、司马光等百余人被认定为元祐奸党，由徽宗亲自书写刻石，设"元祐党人碑"，立于宫殿门外。

李清照的父亲李格非也在此番打击中。

赵挺之却青云直上。他投靠蔡京集团，于当年六月任尚书右丞。赵府一时间门庭若市，前来祝贺奉承的人踏破门槛。府中女眷打扮得花枝招展，笑脸可人地忙着张罗。

赵明诚的母亲看着儿媳们礼数周全地忙碌，不禁叹气轻声道："全府上下无不喜悦，唯清照不识时务，不肯与全家同喜。"赵挺之听后，微微皱了皱眉："别管她，由她去。"

她与公公赵挺之，横竖是合不来，时有龃龉。

这事儿宋人有记载。也许李清照初入赵府的那一天，对这公公就不大喜欢。而才女一般都有性格，才气大的女人，性格更突出。李清照爱着丈夫赵明诚，却有点儿白眼堂堂朝廷大员赵挺之。

儿媳妇看公公不顺眼，平时请安也显得勉强。李清照在偌大的赵府我行我素。公公得势与她并不相干，可是父亲李格非身陷党争之中，被不断贬谪，李清照十分难过。她知道丈夫已求过公公，却被正春风得意的公公搪塞过去。

为了父亲，李清照不得已只好亲自向赵挺之求情。

等祝贺的人散去，她跨进前厅的门槛。公婆等人正查点贺礼。赵挺之瞅了一眼李清照，冷冷道："你终于肯出来了？"

李清照站于厅堂中央，望了望公公的背影，双眉微蹙，贝齿咬了咬唇，脸一沉，理了衣裙便跪拜下去："父亲大人，请施以援手救救家父。"

也许未料到平素里直来直去的李清照会行如此大礼，赵挺之愣住了。婆婆赶紧用胳膊肘碰了碰丈夫，自己迎上去扶起李清照。母亲是爱儿子的，儿子又深爱这个女人。

赵挺之转过来，低着头踱来踱去，声音不带一点温度地说："清照，这官场上的事，为父做不了主，你身为妇人也不要过问。"

李清照固请，说："公公，请看在儿媳面上，救救我父亲。你现官居要职，您的话朝廷是要听听的。"

赵挺之停住脚步，看着李清照："不是不替你父亲说话，只是现在官场形势多变，稍出言不慎，就要置赵家于水火之中。难不成你为救父亲，要我弃赵家于不顾？"

李清照抬眼定睛看向公公，却看不到公公冷漠的脸上有一丝变化。她心中苍凉，缓缓起身，一字一句回道："草木尚有相顾之意，何况人间父子情！"

言罢，转身离开。过了院廊，她眼中噙着的泪才滚落下来。赵明诚出来迎接，看到她的神态，心中感叹，却无可奈何。

想着父亲年岁半百，遭遇打击，身为当朝副相的儿媳，却无计可施，无人可助。李清照越想越生气，愤懑在心，不吐不快，提笔写下"炙手可热心可寒"。意思是说："公公，你手中的权力太大太多，你不觉得烫手吗？你的权力越大，地位越高，我的心越是感到寒冷。"

李清照知道，这样的句子会让赵挺之难堪，也会让赵明诚夹在中间难处。但率直的她，不想掩饰，也不屑掩饰。

君子之行，磊落如风。

这位敢于冒犯当朝副相的女君子。

赵挺之当年弹劾苏轼，现在弹劾苏门学士李格非，出于政治考虑，不认儿女亲家。李清照与公公的矛盾加深，碍于夫君赵明诚才没有激化。

李清照刚二十出头，便遭遇离别之苦：夫君正式踏上了仕途，开始宦游了。

宋人初做官，称"磨勘"，一般是三年，不带妻室。

美少妇日复一日守着空房。努力适应，却很难适应。

父亲为国操劳几十年，却被定为奸党逆臣，自己作为罪臣之女，在赵家如何立足？

独守着大宅门，愁苦挨日。

赵明诚待她如初，但他在冷漠而决绝的父亲赵挺之面前，只有瑟缩沉默，更何况他还得活在父亲的荫庇下。

赵挺之对他的责备多了，厅堂中声音很大。李清照明白什么是指桑骂槐。

不久，现实问题摆在了李清照面前，朝廷下诏：宗室不得与元祐奸党子孙及有服亲为婚姻，内已定未过礼者并改正。元祐党人以及他们的子孙，不能在京城做官，不能在京城居住，更不能与其他官员联姻。

李清照思前想后，决定离开京城。她禀明公婆，想回山东明水省亲，赵家人无半点迟疑，爽快答应。他们早就想与元祐党人划清界限。赵明诚也没有格外挽留，他的生活需要父亲照拂，他曾填写过的官员家庭及社会关系的公文表格，岳父一栏空着。岳父罪臣的身份，到底还是成为他避讳的问题。

李清照被迫离开汴京，回到阔别五年的故乡。

父亲暮年罢官退回老家，日子简朴而平静。李清照的担忧倒显得多虑，所以回到故乡后，她的心境也平和了，只是时常想起赵明诚。郁闷。思念连着思念，没个间隙。她落笔填词，轻松优雅的小令《一剪梅》，信笔拈来："红藕香残玉簟秋，轻解罗裳，独上兰舟。云中谁寄锦书来，雁字回时，月满西楼。　　花自飘零水自流，一种相思，两处闲愁。此情无计可消除，才下眉头，却上心头。"

少妇情愁，从初秋堆到深秋，堆满了，堆不下了。

两宋婉约词绝唱《醉花阴》问世："薄雾浓云愁永昼，瑞脑消金兽。佳节又重阳，玉枕纱厨，半夜凉初透。　　东篱把酒黄昏后，有暗香盈袖。莫道不销魂，帘卷西风，人比黄花瘦。"

李清照把这首《醉花阴》寄给赵明诚，赵叹赏不已，却有点不服气，欲与娘子比个高低。他闭门三日，一口气填了五十首《醉花阴》，连同娘子的新作，一并拿给他的朋友陆德夫看，请陆德夫指点佳句。这陆德夫系当时文坛颇有名望的点评家。

陆德夫玩赏再三之后，对赵明诚说："只三句佳。"

赵明诚忙问："哪三句？"

陆德夫笑吟："莫道不销魂，帘卷西风，人比黄花瘦。"

赵明诚拍案叫绝，又仰天长叹。夫妇二人，从此分出高下。陆德夫的点评传遍京师，后世传为佳话。宋元明清的各式书斋，多少儒生捋须而诵，多少名媛捧心而吟。

那三句，将一个激情而又温婉的女子推到我们面前。

美满的婚姻生活，中断得恰到好处。且无母爱分心，李清照得以全身心投入到郁闷愁苦中，于愁闷深处，绽放词语之花。艺术就是深入，一竿子插到人性中。李清照专心致志，摄取愁闷的能量。

一如南唐李后主，死死地盯着愁与恨不放。

李清照思念丈夫百般辛苦。殊不知，辛苦结出硕果。当时有汴梁文人指责她"无顾藉""无检操"，她一笑置之，照写不误。写作的外在理由和内在理由一样充足：丈夫赵明诚欣赏她、佩服她；文坛点评家陆德夫高度评价她；士子争诵，市民传播，李清照足矣。作为一名纯粹的诗人，夫复何求？

不知不觉，回故乡已近两年，李清照不知道远处的朝廷，政治斗争正激烈。

丈夫不时到山东来看她。夫妇小别胜新婚。

崇宁四年（1105）三月，赵挺之升任尚书右仆射兼中书侍郎，与蔡京平起平坐。斗争在无形中拉开序幕。蔡京是十足的佞臣，大搞党争，从中窃取大权，搜刮民脂民膏，做尽倒行逆施的事。

小人斗小人，双方伎俩多多，真是五花八门。

《论语》："君子和而不同，小人同而不和。"

赵挺之以退为进，于同年六月罢相。此次罢相后，赵挺之受到皇帝格外恩赐，三个儿子各有封赏。赵明诚被授予鸿胪寺少卿一职，相当于外交部礼宾司司长。闲职，可有大量时间做他喜欢的收藏金石字画了。

这期间，朝廷下诏解除对元祐党人父兄子弟的禁令，李清照也回到汴京，投入到赵明诚的金石事业中。他们大规模收集文物，就是从此时开始的。

李清照不喜欢热闹。相府上下觥筹交错时，她却在书房研究字画。有时，为了弄清楚一幅字的落款，她会拿出七八种与之字体相近的作品，仔细比对研究。她俨然成为十足的金石字画研究者。

一日，李清照正对一幅字出神。赵明诚进来了，身边还跟着个五十多岁的老者。此人其貌不扬，但目光如炬，竟是大书法家米芾。李清照立即抓住机会，请米芾帮助鉴定那幅字画的落款到底是何人。经米芾指点，李清照断定她研究了几日的这幅字，出自欧阳询之手。

米芾夸她冰雪聪明，笑着说："可惜你是个才女，倘若你是才子，我定会收你为弟子。"李清照不以为意，莞尔笑道："才女不敢当，弟子却是非当不可。"两人话语投机，谈得不亦乐乎，在侧的赵明诚竟插不上话。

这一年李清照二十一岁。

大观元年（1107），一天，赵明诚回家了，仕途突然中止。

李清照忙问缘故。原来是他父亲弄权，弄来弄去，弄到自己的头上。

赵挺之早年弹劾苏轼，中年搞亲家李格非，晚年转与曾经沆瀣一气的蔡京斗上了。"小人交之以利，利尽交绝。"小人是不管三七二十一的，小人是斗鸡。赵挺之搞垮蔡京，得意了一年，蔡京蓄势卷土重来，赵挺之挺不住，一败涂地。不久，郁郁而死。历代官场小人的心理结构何其相似。

赵家失势。呼啦啦大厦倾覆。赵明诚黯然脱下官服，携李清照避居老家青州（今山东青州）。

青州一待十年。

李清照并不希望丈夫落官，可她告别了分离之苦，意外地发现自己隐隐约约有些高兴。丈夫愁眉苦脸，她软语劝慰："好男儿志在四方、搏击官场，但既已落官归家，又何必老是长吁短叹？"

生活在眼前。老婆在身边。官身不存事业在。赵明诚赋闲了，正好把精力用于金石书画的研究。

李清照从小受父亲影响，生长的环境宽松，性格中洋溢着自由元素，而大量的阅读和写作，又使她汲取了文化的力量。杰出的女诗人，具有相对独立的、自由的人格。李清照过着传统的日子，却有传统不能束缚的自由面孔。

况且家里也不缺钱。她后来回忆说："后屏居乡里十年，仰取俯拾，衣食有余。"

有余钱，都拿去购买金石书画。买到书就共同校勘，考订版本，整集签题。买到字画等物，两人就秉烛细赏，找出残缺处，能修补就自己动手修补。

十年积下的文物竟有数十车之多，可见余钱数字很大。赵明诚的宰相父亲想必留下了大宗遗产。珍贵而庞杂的文物，需剔除讹谬，整理校勘，编辑成册，有大量的工作要做，最终编成一部《金石录》。这部书，是古代文物的重要资料，前后用了十多年才大功告成。李清照协助丈夫，有时白天不够用，夜里继续工作，"夜尽一烛为率"。

李清照在《金石录后序》中记载："余性偶强记，每饭罢，坐归来堂，烹茶，指堆积书史，言某事在某书某卷第几页第几行，以中否角胜负，为饮茶先后。中即举杯大笑，至茶倾覆怀中，反不得饮而起。甘心老是乡矣……"

赌书泼茶，清欢两知中，清楚地书写出"幸福"二字。

赵明诚还带着她登上五岳之首泰山，摹下《唐登封纪号文》两碑，欣喜之情溢于言表。山民很好奇，不知他俩得了啥宝贝。此间又收藏了蔡襄的书法《进谢御赐诗卷》、南唐徐铉的小篆等，宝贝一拨接一拨。两口子沉浸于其中，"摩玩舒卷，指摘疵病"。

彼此爱着，却有事儿干。如此甚好。

这是宋代的一对君子夫妇，双双修养好，两两情趣多。既是夫妻，又像父女，像母子，像朋友，像情人。

李清照把丈夫的事业认作自己的事业，写诗填词，无所谓了。从丈夫落官的那天起，她也基本上告别了诗人生涯。幸福的女人忙着幸福，无暇写作。

青州十年时光，未留一首相关佳作。缠绵与喘息才是她和相爱者不断共创的佳作，她不以文字发出她那美滋滋的声音。

她把家里的厅堂命名为"归来堂"，将居室取名为"易安室"，两个雅号均来自陶渊明的《归去来辞》，似乎向世人昭示着她的诗人生涯：从此李易安登场，李清照息影。其实她的侧重点在归隐：夫妻双双隐于青州山水，每日品尝货真价实的爱情。

李清照的性格，显然柔中带刚。妩媚而又激烈，是她的迷人处。平日里说话，既有款款娇语，又有快人快语。娇语在房内，快语在门外。

概言之：这宋代美妇人婉转多姿。

李清照在青州有一帮情投意合的好姐妹，有些是赵家的亲戚，有些是像她这样的衣食无忧的贵妇。姐妹们在她的带领下，喝酒行令，踏青斗草，扑蝶寻花，荡舟采莲，坐香车骑宝马招摇过市，惹得市民争睹，道学家们一阵又一阵傻眼。甚至有人气急败坏地告到衙门，状告李清照带坏了他的妹妹或老婆。街坊也有愤世嫉俗者的评论："李清照像个疯女人！必须加以制止，否则青州城鸡犬不宁，鲁国这礼仪之邦将蒙受耻辱！"

事实上，确实有姐妹在家里闹起了独立：女儿向父亲索要自由，老婆向老公宣告平等。男人们惊呼：反啦反啦，孔夫子安在？孔圣人安在？女子不唯难养矣，女人已开始作乱，祸乱之源乃是李清照！赵明诚亦有责任：居然有这样的老婆！他的鞭子哪儿去了？他的扫帚哪儿去了？

控告李清照的诉状飞向州府。

州府大人却想不了了之。他心想："那赵明诚是条龙，暂居青州而已，时机一到必定腾飞。拿他老婆是问，岂不是自寻晦气？"

青州城里的一场"妇德"风波，以李清照和她的姐妹们的全胜告结束。这群"疯女人"，疯得更起劲，斗酒成瘾，一张张粉脸儿赛过桃花，纷纷扔了裹脚布，迈开美腿大脚走路。她们还高唱李清照的早期词作《双调忆王孙》："湖上风来波浩渺，秋已暮、红稀香少。水光山色与人亲，说不尽、无穷好。　　莲子已成荷叶老，清露洗、蘋花汀草。眠沙鸥鹭不回头，似也恨、人归早。"

大儒小儒三五成群，恨声不绝：典型，太典型了，这是典型的"夜不收"，煽动全城的名媛淑女晚归家，四面撒野，八方喧哗！

伪君子、道学家一下子冒出许多来。

不过，和李清照的姐妹们的嘹亮歌声相比，道学家像几只蚊子苍蝇嗡嗡叫。

李清照对姐妹们说："为什么要笑不露齿？牙齿生得这么整齐，为何不能露出去？雪白的牙齿要反射金色的阳光！女子为什么大门不出二门不迈？谁规定的？我们这些青州女人，不要夫为妻纲！"

李清照词集叫《漱玉词》。

官场风云，变幻莫测。徽宗宣和二年（1120），赵明诚接到了出任莱州太守的诏令。意料之中，却又在意想之外。

两口子很矛盾。他们很习惯屏居青州的生活，不想重返纷扰不休的官场。但，现实问题又摆在两人面前。这十年的文物收藏，已经耗尽了他们的财力。为了维持生计，李清照的珠宝首饰都典当得差不多了。

他俩反复权衡，最终决定赴任莱州。

李清照独守青州。郁闷。思念连着思念，没个间隙。她落笔填词，轻松优雅的小令不见踪影。长调《凤凰台上忆吹箫》："香冷金猊，被翻红浪，起来慵自梳头。任宝奁尘满，日上帘钩。生怕离怀别苦，多少事、欲说还休。新来瘦，非干病酒，不是悲秋。　休休！这回去也，千万遍阳关、也则难留。念武陵人远、烟锁秦楼。唯有楼前流水，应念我、终日凝眸。凝眸处，从今又添，一段新愁。"

婚后受滋润，日复一日地玉润珠圆，堪比那位肥而不腻的杨玉环。可是如意郎君一走，她又瘦了。非干病酒、不是悲秋，是什么教人瘦，不言自明。

这大声喊出的情与爱，惊破多少封建男人的耳朵。

抨击，叫好，不一而足。

古代学者张祖望说："词虽小道，第一要辨雅俗。结构天成，而中有艳语、隽语、奇语、豪语、苦语、痴语、没要紧语，如巧匠运斤，毫无痕迹，方为妙手。""'唯有楼前流水，应念我、终日凝眸。'痴语也。"

李清照与赵明诚完婚近二十年，始终无子。这事也许是她心头的阴影。赵明诚现在到了别的地方做太守，会纳妾求子嗣吗？这可是赵挺之的遗愿。但李清照不愿也不肯面对。

心事难平。大半年了，红笺小字寄出去不少，却很少见锦书自云中来。

形单影只，只有盘桓在纸上的笔为伴。

"萧条庭院，又斜风细雨，重门须闭。宠柳娇花寒食近，种种恼人天气。险韵诗成，扶头酒醒，别是闲滋味。征鸿过尽，万千心事难寄。　　　楼上几日春寒，帘垂四面，玉阑干慵倚。被冷香消新梦觉，不许愁人不起。清露晨流，新桐初引，多少游春意。日高烟敛，更看今日晴未。"

思念，怨念，被老公疏远的担忧，无嗣的苦痛，涌向笔端。

宣和三年（1121）八月，李清照赴莱州与丈夫会合。

这回她决定要跟紧老公。首先是为了爱情，其次可能是为了适当监督。她三十几岁，赵明诚奔四十岁——男人在这个年龄段通常比较危险。赵明诚到莱州做知州，僚属如云，官妓多多，谁能保证他不受部下挟裹，去酒肆歌台乐个没完呢？当年那个柳三变，半生折腾，做个区区余杭县令，也是烟花巷中乐颠了，耍安逸了。寻常妇人能忍受这个，李清照偏不！赵明诚若是花心膨胀，忽视她的存在，无视她的胖与瘦、穿红还是戴绿、浓妆还是淡抹，回家如蜻蜓点水，出门如狡兔无踪……李清照定会跟他比试比试：谁出门的动作更快，谁消失得更彻底。

女人也要成自己，而不是丈夫的附庸，不是家里的受气婆。

君子仅仅是男人的尊称吗？女人注定是小人的近义词吗？

李清照不信这个千年之邪。男尊女卑，在她这里行不通。

女词人，女君子，女金石家，女行者，女饮者，女球手，女居士，女道友……

"君子不器"，李清照是榜样。丈夫钦佩她、尊重她。从现存资料看，赵明诚既无纳妾之举，又无招妓之名。

老婆如此漂亮、多情、才高、性傲，老公甘心做陪衬吧。

李清照离开青州，前来送行的姐妹们哭得稀里哗啦，胭脂满脸乱窜。是呀，领着她们闹自由的李清照这一走，那些个道学家还不卷土重来，恶狠狠拽着她们缠上裹脚布，强令她们坐有坐相、站有站相，食不能言寝不能语。李清照安慰她们说："莱州并不远，有情况你们到莱州找我。"

十里长亭柳成荫，送了一亭又一亭。离别的阳关曲，唱了一遍又一遍。李清照心潮澎湃，诗情像海浪般高高耸起，纤手一挥，写出一首平生佳作《蝶恋花》："泪湿罗衣脂粉满，四叠阳关，唱到千千遍。人道山长山又断，萧萧微雨闻孤馆。　惜别伤离方寸乱，忘了临行，酒盏深和浅。好把音书凭过雁，东莱不似蓬莱远。"

送别的这一天下着微雨。"微雨从东来，好风与之俱。"

幸好没喝酒。否则裙钗将乱作一团，授伪君子以口实。

莱州三年，赵明诚作为地方长官，应酬多，偶有不归之夜，或衣袖间沾点酒色气。这对李清照是个考验。却没有迹象表明她是醋坛子，凭着蛛丝马迹就要对丈夫刨根问底。她像曹公笔下的林妹妹一样爱着，又像宝姐姐一样识大体。

她需要对付的是寂寥。这东西很实在，白天的每个时辰都来光顾她，撩拨她，欺负她。独自饮酒，独自赏花，独自散步。春风乱翻书，她随便挑个字，凭那韵脚写起诗来。

她不会撒泼，也不会哭闹，只将怨情写在诗里：

> 宣和辛丑八月十日到莱。独坐一室，平生所见，皆不在目前。几上有《礼韵》，因信手开之，约以所开为韵作诗，偶得"子"字，因以为韵，作感怀诗。
>
> 寒窗败几无书史，公路可怜合至此。
> 青州从事孔方兄，终日纷纷喜生事。
> 作诗谢绝聊闭门，虚室生香有佳思。
> 静中吾乃见真吾，乌有先生子虚子。

道其可怜，实质为自己被冷落而发泄。

不平则鸣。李清照很早就为自己找到了情感排遣的一种方式。

没有能量的聚积，就没有能量的喷发。

一切艺术均在此律。

宣和七年（1125），赵明诚在莱州的官秩满，调淄州（今山东淄博）任知州。从小州调到大州，官阶随之上调。但，上任没几天，金人向宋开战，从燕京打到太原，战火烧向洛阳、汴京。

这里有两个重要史实：战争即将切掉北中国，却未能影响李、赵二人的爱情生活；夫妻俩的"金石情缘"在战争的纷乱中纹丝不动。

李清照在国家面临着南北分裂之时，仍痴心于爱，钟情于金石书画，是值得高度肯定的。

女中君子，非虚名。

李清照一贵妇，生在官宦人家，婚后她享有自尊，又备受夫君的呵护。这朵绽放了四十余年的富贵之花，不可能在一夜间变成爱国女诗人，吼出金戈铁马。她爱文物就是爱国了。而文化从来有矜持的特征。她高贵。在侵略者的马蹄声中，她继续着她那既高贵又平凡的爱情生活。

宣和七年（1125），赵明诚调任淄州太守。此地是春秋时期齐国都城所在地，除了富庶，文物还极其丰富。这对于赵明诚和李清照来说，是求之不得的。

外面的世界，已是烽火连城，夫妇俩却在淄州体会简单的幸福。

赵明诚从邢氏村庄买得一本白居易手书的《楞严经》，如获至宝，连夜飞马归家，顾不得洗澡上床，急切唤娘子沏一壶"小龙团茶"。

烛光通明，两口子"相对展玩，狂喜不支"。

我们在今天解读这喜悦，不妨视为赵、李二人对金国的无限轻蔑。

靖康元年（1126）秋，金兵围困汴京，锋镝尽聚，势在必得。

夫妇俩急奔青州，望着那些堆了十几间屋子的文物，忧心如焚。李清照《金石录后序》说："闻金人犯京师，四顾茫然，盈箱溢箧，且恋恋，且怅怅，知其必不为己物矣。"

二十年心血将毁于一旦。有些宝物是赵挺之传到赵明诚手上的。

李清照对未来的恐惧，很快得到验证，噩梦走到了光天化日之下。

靖康二年（1127）三月，徽宗和钦宗被金人掳走，北宋历史悲情地结束。

同年，赵明诚的母亲在江宁去世，他带了十五车文物赴江宁，李清照暂留青州，守着十余间"书册什物"。他们习惯了和平的生活，"几曾识干戈"，对战争这头怪兽懵然无知。饱读诗书，书上哪有刀光剑影？战事一天天地吃紧，李清照心惊肉跳。青州的姐妹们已各奔东西。

年底，金兵攻陷青州，先入城的军队，唯恐后续部队捞占便宜，兽性大作，掠杀奸淫。李清照卷入逃难的人群中。

金人毁了她的美好家园。十余间文物烧成灰烬。面对战火，她无能为力。尽管如此，她还是拼命抢出了少量珍稀字画，其中包括蔡襄所书的《赵氏神妙帖》。这幅字是赵明诚十分珍视的，只是他离开青州时太过匆忙，竟没有把它找出来。

李清照带着抢出的字画，千里奔逃，辗转到金陵，已经是宋高宗建炎二年（1128）的初春了。赵明诚时任江宁知府。劫后重逢，夫妻抱头痛哭一场。深夜，待李清照睡去，赵明诚在烛火下，为那幅妻子保下来的《神妙帖》写了跋语："此帖章氏子售之京师，予以二百千得之。去年秋，西兵之变，予家所资，荡无遗余，老妻独携此而逃。未几，江外之盗再掠镇江，此帖独存，信其神工妙翰，有物护持也。建炎二年三月十日。"

凭借着长江天险，金陵城似乎万无一失。这座名城繁华依旧。高宗赵构驻跸金陵，改江宁府为建康府。

皇帝念念不忘割地求和。高官们照样享乐。

这一年的上巳节，赵明诚的许多亲戚族人聚于建康，李清照的弟弟李远也从外地赶来。赵府摆盛宴，笙歌曼舞庆佳节，却是强颜欢笑。酒阑客散，诗人无眠。伤感的李清照写下《蝶恋花》："永夜恹恹欢意少。空梦长安，认取长安道。为报今年春色好，花光月影宜相照。　　随意杯盘虽草草。酒美梅酸，恰称人怀抱。醉莫插花花莫笑，可怜春似人将老。"

长安代指北中国。

乱世之中，亲朋好友异乡相聚，闲谈之中，金人的烧杀抢掠，百姓的流离失所，朝廷的退避躲藏，让在场所有人痛心疾首。看大家情绪低落，李清照忙宽慰大家："国家虽遭巨变，朝廷毕竟还有半壁江山。若上下同心，卧薪尝胆，挥师北上，收复河山，迎回二圣，也是指日可待。"言毕，她自己先饮完半杯酒，沉默了。

她知道，如今的朝廷，文弱之人太多，血性男儿太少。

赵明诚倒颇有些高兴，因为表侄谢伋临走时，留下一幅阎立本所画的《萧翼赚兰亭图》。待客人走后，他立即携了李清照仔细欣赏。灯烛下，两个身影，久违的忘情画面。由于对此画太过喜欢，赵明诚终是找了借口没有归还。想当年，对徐熙的《牡丹图》钟爱有加，但因价格太贵，赵明诚邀妻子一起欣赏了两个通宵，最后还是将画原物归还。多年之后，经历了官场的洗礼，赵明诚到底还是少了几分率真。

此后一年多，李清照生活平稳。国仇家仇，正缓慢植入她的肌肤，流进她的血液。

春天，她深锁重门玩味欧阳修，得一阕佳词《临江仙》："庭院深深深几许，云窗雾阁常扃。柳梢梅萼渐分明。春归秣陵树，人老建康城。　　感月吟风多少事，如今老去无成。谁怜憔悴更凋零。试灯无意思，踏雪没心情。"

美人垂暮。李易安四十五岁开始言老，比许多男性大诗人还晚了好多年，杜甫、苏轼、辛弃疾，都是三十几岁就言老。这首词作于建炎三年（1129）的元宵节后。赵明诚很是欣赏，频频向宾客推荐，可是李清照请他和上一阕，他又连连摆手，称不敢。

赵明诚为逃避写和诗，还有个口头禅："易安居士堪比东坡居士，赵某不才，岂敢岂敢。"

为这口头禅，李清照不止生了一回气。赵明诚常常夜里赔不是，哄得她玉齿大开粲然一笑。中年夫妻亦缠绵，手忙脚乱的。屈指算来，夫妻恩爱，二十七年整。李清照忙完了夫妻事，意犹未尽，谈起了历代诗人，双颊潮红，两眼发亮。那赵明诚已沉沉睡去……

李清照经常批评苏东坡，说东坡填词不协律，使她为之头疼。虽然这位宋代第一名士学究天人，可她李清照偏要说，东坡词"虽极天下之工，要非本色"。她最欣赏李煜，那风度，那才气，方为词人本色。再者，时隔二百年，谁接李重光的班？俺李易安是矣。李易安也表扬欧阳修、二晏、柳永，认为他们是词家正统，强于所谓豪放东坡。赵明诚嘀咕："娘子口气越来越大。"他坚决不同意，跟她争论，并提醒她说："别忘了，你父亲是苏门弟子。"

李清照在床上就蹦起来了，瞪圆了杏眼说："父亲是父亲，我是我！"

两口子有时候争得面红耳赤。睡觉背对背，谁也不理谁。次日一大早，老公揉耳垂……

然而争吵与温存的好时光已经不多。

建炎三年（1129）二月，御营统制官王亦在江州城内起兵作乱。江东转运副使李谟赶紧来见江宁太守赵明诚，商量平叛对策。不想，赵明诚以即将调任湖州太守，不便主持大局为由，让李谟全权处理。

是夜，叛军在城内纵火，企图趁乱抢掠，却遭遇李谟军队的全面阻击。叛军败北。天微亮，作战一宿的李谟前往太守府汇报军情，却发现，堂堂的太守大人，竟然与另外两个官员在火光初起时，从城楼悬下绳索逃走了。

事到临头，身为父母官的赵明诚，竟弃了全城百姓与妻子，逃之夭夭。

李清照很失望。之前，他在她心中几乎是完美的。现在，终于发现，这个男子骨子里是懦弱的。

因为缒城宵遁一事，赵明诚被罢免官职。

事已至此，夫妻二人决定远离纷扰，退隐林泉。

可命运总是捉弄人。

这一年的五月，高宗驾临建康，诏令赵明诚任湖州知州，并要他火速到建康听圣谕。赵明诚把老婆安顿于池阳（今安徽池州），飞驰金陵。

《金石录后序》记载池阳江头的离别场景："六月十三日，明诚始负担舍舟，坐岸上，葛衣岸巾，精神如虎，目光烂烂射人，望舟中告别。……"

赵明诚目光射人，情形不妙。

李清照待在小城池阳，焦急等候老公的消息。

晨光熹微时，下人送来了赵明诚的书信。

李清照读了半行字，手便抖上了。草草收拾了几件衣裳，来不及告别当地官员，解舟东上，直奔建康。

原来，赵明诚受皇命催促，冒着酷热赶得太急，到建康城就病倒了。过了一些时日，眼看将息不起，才给李清照写了这封字迹潦草、语气急促的短信。

李清照赶到丈夫身边。向来脸色红润的老公一脸蜡黄。

请来各方名医，自己日夜守候。伺奉汤药月余，病人不见起色。

探访者络绎不绝。其中有个不速之客：张汝舟。他带来了一件名贵的玉壶古玩，赠送赵明诚。病榻上的金石学家目注古玩，时而微笑，时而眼中含泪。他连"把玩"的力气都没有了。李清照一直手拿玉壶，放左，放右，置前，配合着亲爱的夫君的目光。夫妻二十八年，做过多少动作。这最后的床头动作叫在场的人哽咽。张汝舟伸手抹了几回泪。

八月中旬，四十九岁的赵明诚扶病写下绝命诗，含恨西去。

李清照当场昏死过去，亲朋唤不醒。

此后，李清照大病一场。人在病榻魂在天，寻她的檀郎。

赵明诚去世后，李清照长时间沉浸在悲痛中。长歌当哭，是在半年之后的初春。痛定之后，李清照写下一首《孤雁儿》，诉尽了自己凄楚的哀思："藤床纸帐朝眠起，说不尽、无佳思。沉香断续玉炉寒，伴我情怀如水。笛声三弄，梅心惊破，多少春情意。　　小风疏雨萧萧地，又催下、千行泪。吹箫人去玉楼空，肠断与谁同倚。

大宋十君子

一枝折得，人间天上，没个人堪寄。"

人间天上，写尽了寻觅之苦；没个人堪寄，诉尽了怅然若失之伤。

上天入地求之遍，两处茫茫皆不见。忽闻耳边有痴男——那个张汝舟，每天抱一束她以前最喜欢的木犀花来看望她，亲自下厨，为她熬鸡汤。日将晚时他离去，并无半点磨蹭。

下人于窗边夸张大人，说："不愧是君子，是主人生前的挚友。"

冬日里，李清照脸上慢慢恢复了血色，身子还长了几斤肉。张汝舟谨慎地赞美她的容貌、体态，她摇摇头，微笑着瞧窗外的雪花。

亡人是越望越远了，活着的人还得享受生命。享受着，怀念着……

李清照眼下是寡妇，却不是礼教意义上的未亡人。

她催着张汝舟去他浙东的任职之所。

也许，这许多年来，她对张汝舟的那点心思不是不清楚。

她还算个中年美妇吧？女人到这个紧迫的年龄段，也许更渴望男欢女爱。"枕上诗书闲处好，门前风景雨来佳。终日向人多酝藉，木犀花。"

然而命运再起波澜，苦命的李清照在劫难逃。

金兵铁蹄南下，一心要捉宋高宗。建康城眼看守不住，城里乱作一团。那张汝舟春末也消失了。李清照想："大约是奉命去浙东，匆忙间不及告辞。"

张汝舟消失不要紧，李清照还守着大宗文物呢：书二万卷，金石刻二千卷，并器皿、茵褥无数。所有这些东西，每一件都是赵明诚抚摸过的。她宁愿死，也不愿文物丢失。青州烧过一次，她痛心疾首！徐熙、吴道子、杜甫、白居易、李公麟、苏轼、徽宗、蔡京、蔡襄、黄庭坚……他们的亲笔字画，丢了怎么得了！

建康"行在"传言蜂起：金兵克日渡长江，高宗随时准备放楼船逃跑。也有百姓说，皇帝要在王气蒸腾的金陵城与金主决一死战。而李清照的直觉告诉她：高宗要跑。她气愤，却不能上书皇帝。于是挥笔写下千古流传的《夏日绝句》：

生当作人杰，死亦为鬼雄。

至今思项羽，不肯过江东。

这是直接指责高宗及一大帮逃跑主义者。寥寥二十个字，出离了愤怒，转为愤怒的平静，把李清照推向杰出的爱国女诗人。杰出是说：任凭失国之痛的种子开出灿烂的词语之花。

李清照写这绝句，距金人占领北中国已有数年。

她忧着文物，托明诚的妹夫把文物运到江西洪州（南昌）去。这位妹夫是兵部侍郎，相当于国防部副部长，有他在江西照料，文物可保。李清照打算在建康处理完一些事之后，随即赶往洪州。

几十车文物，在剑戟森森的士卒保卫下出城了，李清照松了一口气。高宗的伯母隆佑太后也去洪州，看来江西的安全非常可靠。

岂知到了十一月，金人陷洪州，隆佑太后及那位兵部侍郎连夜逃亡，侍卫溃散，几十车国宝级文物全部"蒸发"。

李清照闻讯，痛哭失声，在赵明诚的墓前长跪不起。

下人拽她走。皇帝已经放楼船溜了。金兵即将攻破石头城。

李清照再次卷入逃难的滚滚人流，盲目地追随着皇帝的御驾行踪，向南再向南。所幸弟弟李远和她一起逃。

逃杭州、越州、明州、温州、台州，一路乱窜。"出陆（今浙江建德），又弃衣被走黄岩，雇舟入海，奔行朝，时驻跸章安。从御舟海道之温，又之越。"

四十七岁的贵妇，整整逃了一百天，踉跄三千里。

有趣的是，据说她在海上写出了平生的豪放词《渔家傲》："天接云涛连晓雾，星河欲转千帆舞。仿佛梦魂归帝所。闻天语，殷勤问我归何处。　　我报路长嗟日暮，学诗谩有惊人句。九万里风鹏正举。风休住，蓬舟吹取三山去。"

苦难催生抗体，诗句反呈喷射。大诗人无一例外。

清人黄了翁激情点评："此似不甚经意之作，却浑成大雅，无一毫脂粉气，自是北宋风格。"

十二世纪三十年代初，南宋小朝廷偏安于杭州，改杭州为临安。李清照的生活随之安定下来。

痛定思痛痛亦消——悲痛也有时间性的，也许任何悲痛都不能独立于时间之外。这倒不是麻木。有些东西，会在日后点滴前来照面，而照面的多寡强弱，取决于这些记忆自身的能量，以及它们"跃入当下"的契机。

李清照活得很个体。"缓缓运动着的古代"，倒是个体多多。今日历史学，不妨细思量。

山河破碎，李清照还是我们熟悉的那个李清照，写诗填词，并不像稍后的陆游、辛弃疾。她遵循着自己固有的路数。从少女的清新、少妇的愁闷到几经劫难后的中年沧桑，艺术完成着自身，不受外力牵引、意志掌控。请看小令《菩萨蛮》："风柔日薄春犹早，夹衫乍着心情好。睡起觉微寒，梅花鬓上残。　　故乡何处是？忘了除非醉。沉水卧时烧，香消酒未消。"

鬓边有梅花。李清照是要美到八十岁的。此间未满五十，还早呢。有时候她又批评梅花："梅蕊重重何俗甚！"

一个人打发一连串的日子，情爱之躯闲置。元宵节，她也不去街上凑热闹，关在家里写诗，纤手托香腮，杏眼向灯明，给我们留下长调《永遇乐》："落日熔金，暮云合璧，人在何处？染柳烟浓，吹梅笛怨，春意知几许。元宵佳节，融和天气，次第岂无风雨。来相召、香车宝马，谢他酒朋诗侣。　　中州盛日，闺门多暇，记得偏重三五。铺翠冠儿，捻金雪柳，簇带争济楚。如今憔悴，风鬟霜鬓，怕见夜间出去。不如向、帘儿底下，听人笑语。"

济楚，整齐的样子。

元宵节，少女时代的记忆涌逼，于是李清照不出去，谢了香车宝马、酒朋诗侣。这也表明，平时她要出去，领略杭州的市井繁华。她未曾脱离贵妇们的交往圈子，这些女人能饮酒赋诗。往日相召，李清照欣然前往。元宵节谢客，是因为少女时期的欢娱对照当下，使她失去疯玩儿的兴趣。不如向帘儿底下听人笑语。基调还是快乐的，有心思听人笑语。

此间她有长诗《上枢密韩公、工部尚书胡公》，表达对时局的看法，追忆山东祖辈的文化光荣。末尾几句说："当年稷下纵谈时，犹记人挥汗成雨。子孙南渡今几年，飘流遂与流人伍。欲将血泪寄山河，去洒东山一抔土。"

《中国历代诗歌选》对此诗评价高："有豪迈气，无女儿态。"

但是，李清照之为李清照，恰好在她掺入了豪迈的女儿态。

对一个宋代诗人来说，填词，写诗，分属不同的表达区域。诗言志，词诉诸日常情态。

女儿态有啥不好？曹雪芹的功劳，就是写出了各种各样的、令

　　　　　　　　　　　　　　　　大宋十君子

男儿汗颜的女儿态。曹公还发明了一个词：须眉浊物。

从女孩儿到女人，李清照亮出了环环相扣的女子情态。她与曹雪芹有异曲同工之妙。漫长的封建社会，男权遮天蔽日，亮出女儿态，本身就是思想，是艺术，是价值。

为什么说《红楼梦》好而《金瓶梅》不好？是因为后者将女人摆到玩物的位置上。

李清照寓居杭州，叹息"旧时天气旧时衣，只有情怀、不似旧家时"。她希望回到旧日情怀。希望强烈，又落不到实处，于是转生哀愁。

美人迟暮。美人寂寞。

李清照怀念亡夫，带着慵懒的、感伤的、强烈的妇人气息。

寡妇不仅深深怀念着亡夫，寡妇同时也是自由身！

一个又一个夜晚，李清照在床上辗转反侧睡不着。愁人夜长，而当年那些个欢娱的夜晚哪，仿佛眨眼便是通宵。《添字丑奴儿》："窗前谁种芭蕉树，阴满中庭。阴满中庭。叶叶心心，舒卷有余清。　　伤心枕上三更雨，点滴霖霪。点滴霖霪。愁损北人，不惯起来听。"

刚强豪迈的女人出此语，读来令人伤心。

想想济南城里的那位美少女："见客入来，袜刬金钗溜。和羞走，倚门回首，却把青梅嗅。"再看看汴京街头那位俏皮的美少妇："卖花担上，买得一枝春欲放。……怕郎猜道，奴面不如花面好。云鬓斜簪，徒要教郎比并看。"

往事如烟。

李清照将满五十岁了，却显然有着少妇的容貌和内心。满目宠柳娇花，不胜慵懒情状。慵懒是说：风流身子时时闲置。她在杭州住楼房，有庭园，有重门，物质条件蛮好。春天里常常上楼，慵倚玉栏杆。她关心天气，希望斜风细雨变成春日暖阳。她要出门去。萧条庭院难系她满腹深情。

她的"新梦"有点蹊跷。老是梦见赵明诚，有些乏味了吧？意识的层面，赵明诚的音容笑貌是占了绝对优势的。但潜意识活动频繁，李清照自己也管不着。

潜意识在何处活动？在梦境。

这一年的春夏之交，张汝舟突然出现了。

李清照乍见老朋友，欣喜之情挡不住。喝茶，吃饭，散步。谈起赵明诚，张汝舟语音哽咽，泪水在眼眶中打转。那几十车烧毁、丢失的金石书画，更使他捶胸顿足，质问苍天。

二人同悲，同恨，同记忆。

一别多年，那张汝舟依然年轻，他待李清照依旧殷勤。

他不时往李清照脸上、身上溜溜眼珠。

李清照瞧了别处。

张汝舟似乎顺便提起，他中年丧妻，眼下单身。

夏日里春衫薄。李清照走动时，长腿蜂腰闪烁。薄暮时分，二人还在西湖边溜了一圈儿。张汝舟赞美李清照步态轻盈，李清照望湖一笑，笑容随湖波荡开去。

清风明月，岁月似乎又重归于静好。

夏日的午后，庭阴遮蔽。二人对坐品香茶，谈论书画，或是市井之事。笑声从树荫下传来，鸟在鲜花之间扑腾穿梭。来了雷阵雨，二人起身，移至室内继续交谈。炉香袅袅，重现了少女、少妇时代的美好时光。李清照从墙上取下蒙尘的古琴，试着拨几声。张汝舟立于侧后，咧嘴笑笑。笑声与琴声不大协调，李清照没注意。

张汝舟是个伪君子吗？如果李清照足够细心的话，她会捕捉到一些蛛丝马迹。可是她寂寞……

张汝舟无缘无故消失了好一阵。

仲夏时节，李清照每日倚楼惆望。夏风吹拂她弹性尚好的肌肤，云鬓依旧。梦中出现了张汝舟……

她喃喃念着东坡词："帘外谁来推绣户？枉教人、梦断瑶台曲。又却是，风敲竹。"

某日，天刚擦黑儿，有人敲门，李清照陡然来了心跳，也不问门外是谁，抖抖索索将门打开，一条人影窜进来：不是张汝舟是谁？这男人搂定她、贴紧她，凭她怎么用力挣脱，却挣不脱的。各自嘴里胡乱说着什么。渐渐地，力与力使到一处了。

紧要关头的李清照冷静下来。她明确表示：张汝舟得明媒正娶。

这一夜张汝舟未能如愿。

临走时他回头问："你是名门的媳妇，不管舆论吗？"

李清照轻松笑答："舆论于我如浮云。"

于是，他择了吉日明媒正娶。杭州城议论纷纷，李清照听而不闻，卷上珠帘，过自己的日子。"君子坦荡荡"，我行我素又何妨？蜜月挺好，激情胜过七月流火。昼夜颠倒衣裳，被翻红浪。美人焉能迟暮？身心的舞蹈至死方休。李清照动着，爱着，呢喃着。中秋是个不眠夜呢。情怀如水，玉体如银。秋天朝着夏天，中年迈向青年。

李清照满心喜欢期待着安稳而温暖的冬季。

可她一头栽进了冰窟。

张汝舟想把她残存的一些文物据为己有。这念头一露，李清照的心顿时冷了半截。伪君子。骗子。她手上有几件珍品，包括徽宗写绘于绢上的一幅团扇面。不得已时她才出手，靠这些东西度过余年。张汝舟哄走了她的玉壶，又来索要徽宗团扇书画，说是送领导，疏通仕途。李清照识破了他的嘴脸，坚决不给。张汝舟动粗，抚摸过她身体的那只手转为巴掌、拳头。李清照奋力厮打，坚硬指甲抓破他丑恶的脸，钢铁长腿踹他下腹部。

蜜月的延长期，两口子突然反目成仇，几乎每日厮打。

张汝舟原来所有的儒雅，都是面具下的桥段。

庭院深深深几许……浓荫下，绣房中，雕窗旁，玉榻上，云发散乱四肢挥舞，呢喃变呻吟，雪肤现血痕。我们的诗人不哭。没有一滴泪。

张汝舟毕竟力气大，长期混迹江湖，还会一点拳脚，这时派上了用场，"遂肆侵凌，日加殴击"（李清照《投翰林学士綦崇礼启》）。

这事太惨了。

面目狰狞、行径卑劣的丑男人，骗财骗色，骗到李清照头上。

单纯的贵妇，情商令智商陡降。

怀念着亡夫的中年美妇李清照，碰上外表光鲜的骗子张汝舟。后者既已原形毕现，索性不再伪装，露出流氓本相，把妓女"晶晶"带回家，浪给李清照看。并羞辱李清照说："你瞧这晶晶，这模样，这身段，比你三十年前如何？晶晶玲珑剔透哩，床上手段比你多……"

李清照眼中冰凉。

什么家丑不外扬。李清照当即给吏部侍郎綦崇礼写信求助。信中态度决绝："身既怀臭之可嫌，唯求脱去；彼素抱璧之将往，决欲杀之。"宁可玉碎，不为瓦全。

她写下诉状告到衙门去了。

倔强、果敢、笃定。认清张汝舟的面目，就决不姑息养奸。

离婚案惊动了皇帝，皇帝下诏，"付之廷尉"，令有司治张汝舟的罪，"诏除名，柳州编管"。可是按宋律，妻子告丈夫也有罪，当判两年监禁。李清照做好了入狱的准备，同时捎口信给翰林学士綦崇礼。此间她彻底冷却了情爱之躯，大脑异常清醒。盛妆出庭，冷艳逼人。

多亏綦崇礼相助，李清照在牢房里只待了九天。

由于她的身份和事件的一波三折，出狱时，市民围观，人潮涌动。

李清照平静地穿过人流，云鬓插着傲雪的梅花……

从她嫁给张汝舟到离婚入狱，刚好一百天。

"寻寻觅觅，冷冷清清，凄凄惨惨戚戚。乍暖还寒时候，最难将息。三杯两盏淡酒，怎敌他、晚来风急。雁过也，正伤心，却是旧时相识。　　　满地黄花堆积。憔悴损，如今有谁堪摘？守着窗儿，独自怎生得黑。梧桐更兼细雨，到黄昏、点点滴滴。这次第，怎一个愁字了得。"

一曲《声声慢》，句句血和泪，不忍卒读。

诗人如此发哀声，却有刚劲之态。

守着窗儿，独自怎生得黑……美人垂暮却从容。

命运能毁灭她，但不能打败她。这首《声声慢》，乃是宋词的巅峰之作，无愧于苏东坡、辛弃疾的任何词作。她的哀愁，也是古往今来受欺压遭凌辱的所有女人的哀愁。

离婚后的李清照长居杭州，有女友劝她搬到别的城市，她婉言以拒。杭州挺好的。江南的山光水色继续滋润着她，年过半百仍不显老，羡煞一帮老姐妹。她爱穿的月白色丝质衣裳，爱戴的玛瑙头饰，爱插的梅花桂花，一度成为杭州城里的时尚，宫廷市井皆仿效。

她不愁花销，姐妹们拿钱给她，不许她卖那些随她多年的古玩字画。有些场合，她也和男人们接触，接受他们彬彬有礼的赞美。她不恨男人，内心深处的融和春光令容颜饱满。

苦难拖不住她的。阳光的李清照，岂能活向漆黑的深渊？

命运之海波涛险恶，被她逐一化入古老汉语的优美节奏。《瑞鹧鸪》咏双银杏："风韵雍容未甚都，尊前甘橘可为奴。谁怜流落江湖上，玉骨冰肌未肯枯。……"

玉骨冰肌未肯枯！这便是李清照。

她美得很平静了。她养了一盆非常漂亮的君子兰。

姐妹们唱她的早期词："寒日萧萧上锁窗，梧桐应恨夜来霜。酒阑更喜团茶苦，梦断偏宜瑞脑香。……"

她喜饮团茶，家里便有了许多团茶。

又一年春天到了，酒朋诗侣来相招，畅游金华城南之双溪。李清照待在自家庭院，最后一次迎接记忆的波涛，让眼泪打上句号。焚香，抚琴，默坐。然后铺开纸笔，《武陵春》一挥而就："风住尘香花已尽，日晚倦梳头。物是人非事事休，欲语泪先流。　　闻说双溪春尚好，也拟泛轻舟。只恐双溪舴艋舟，载不动、许多愁。"

寥寥几行字，载走许多愁。

宋词碰上李清照。李清照碰上宋词。双方皆幸运。

她是宠柳娇花，是傲雪的梅花，是中年暮年散发着幽香的君子兰。

李清照除了生得美之外，她还用文字去捕捉纯美，将人生诸环节牢牢地笼罩于美感中：从优美到凄美。少女，少妇，怨妇，寡妇，老妇，她逐一描画，细腻动人。后期诗词植入了刚劲："欲将血泪寄山河，去洒东山一抔土""仁君方恃信，狂生休请缨。或取犬马血，

与结天日盟"。刚劲是为了抵御命运。南渡之后她美得令铁石男儿心
酸。比如辛幼安。

汉语艺术真是灵丹妙药。

李清照活过了七十岁。

一部《漱玉词》，辉煌在中国文学史。

芝兰之花，百代流香。

2020 年 5 月眉山之忘言斋

岳飞：铁血丹心

历史有循环，君子不退场。君子大规模退场的时代，一定是黑暗的深渊。

汉唐宋一千年，大的悲剧有三次：董卓之乱，安史之乱，靖康之耻。

"靖康"是宋钦宗的年号，也是北宋最后一个年号。从 1126 年到次年春，仅存一年零两个月。国之将倾，宋徽宗赵佶嬉皮依旧，领着一帮宠臣在江南嬉戏。这是一个嬉皮笑脸的龙椅上的小人，是轻佻的昏君，大愚若智的典型。却自以为有雄心和魄力，玩弄战火，烧掉了半个国家。

邓广铭《岳飞传》："由于以赵佶为首的北宋最高统治集团的挥霍浪费，北宋王朝的财政，在赵佶即位三数年之后，就出现了严重的入不敷出的情况……为弥补财政上的欠缺，曾多次铸造当五、当十大钱，结果却只造就币制的混乱而无济于事。另外，把茶税的定额比以前提高了好几倍，把原先政府出钱征购的绢帛和谷物，也都改为无偿的榨取。"

娱乐至死，宋徽宗是历史上的头号人物。他重用的高俅是个"球太尉"；他让太监童贯带重兵打大仗；他让巨奸蔡京做了十七年的宰相；他任命唱曲的李邦彦当宰相；他的爱卿蔡攸在朝堂上爬柱子搞笑，裸露上半身展示文身；他宠信的苏州富商朱勔，连家奴三百都缠上御赐的金腰带，称霸街市，耀武扬威，民谣吼道："金腰带，银腰带，赵家天下朱家败"。

蔡、朱、童、高，加上王黼、梁师成，时称"六贼"，占民财，夺民居，鲸吞肥田数百万亩。底下官员竞相效仿，拼命敛财，绝命狂欢。

小人猖獗之时，百姓暗无天日。

东京民谣："打破筒（童），拔了菜（蔡），便是人间好世界。"

民谣是民意的直接表达。庶民草民，惹不起而躲得起，将昏君奸臣的嘴脸悄悄流布于坊间。收集历代民谣是一件非常有意义的事。比如明朝的民谣："若要柴米强，先杀董其昌。"臭名昭著的董贼，擅长书法与绘画。十恶不赦的蔡京同样书法好。可见"心正则笔正"这类话信不得。

赵佶在宫中装乞丐玩，糊弄宫女玩，半夜爬墙溜进市井玩，自称赵乙，钻地道幽会东京名妓李师师，玩疯了，宣布有痔疮，不上朝。这厮在平旷的开封弄了一座巨大的万岁山，号"艮岳"，周十余里，高百步，仿照江南的山水布局，搜尽奇峰怪石、奇花异草。朝廷向四面八方派出的太监特使搜寻奇石，源源不断运往开封，有些石头比三层楼房还高，于是过河拆拱桥，包括拆掉千年古桥，城门不够高就拆城门。满载石头的船行驶海涛中，翻船死人无数。官员只问石头，不问人。十二只官船为一纲，叫作"花石纲"。各地官员竞献花石以邀宠，听说哪家的百年祖坟有陪葬的宝贝，掘墓毁尸也要弄出来献给皇帝……

阶级压迫登峰造极。

北宋末年，王公贵族和各级官吏坏起来、凶起来、恶起来，无边无际，任何禽兽不能比。三十年前的北宋朝廷还有一大批正直的官员，而王朝的垮掉，弹指一挥间。

一百六十年前的开国皇帝赵匡胤，将在天上注视着靖康耻。

女真族是契丹辽国的一股内生力量。公元五世纪起，女真人即活动于黑龙江流域，长期遭受契丹勒索压迫，进贡人参、貂皮、名马、骏鹰等，且受凌辱，契丹人叫"打女真"。

政和五年（1115），女真吃掉辽的一块，建立金国。金吃辽，一点点地吃。金吃宋，一口吞下一半。

徽宗作孽，终于反噬自身。即便无金国，烂掉的宋王朝也会被义军推翻。宋江、方腊，天罡地煞们高举义旗，"皇帝轮流做，明日到俺家"。

宋联金攻辽，灭了辽国，得了燕云十六州的几个州，满朝庆贺。然而金主完颜氏窥破了宋廷彻头彻尾的腐败，铁骑南下，一举踏平了汴京。徽宗、钦宗被掠走，太后、皇后、公主们、金枝玉叶们做了性奴隶，包括徽宗的母后。这叫报应。

金兵所到之处，尽是人间地狱。清兵入关后也如此，"嘉定十日""扬州三屠"，尸山血海。野蛮还要改造文明，"留头不留发，留发不留头"。

历史总会抛出这样的问题：人坏起来，为什么没有底线？

女真铁蹄下的开封城惨不忍闻，单是投河自杀的女人就有数千，名媛贵妇、大家闺秀、小家碧玉，连小女孩儿也受到金兵的凌辱、蹂躏。

一百五十万人的汴京城，一百七十年的汴京城，几代士、农、工、商魂牵梦萦的汴京城，可怜焦土。

"靖康耻，犹未雪。臣子恨，何时灭！"

现在我们看岳飞。

崇宁二年（1103），岳飞生于相州汤阴（今河南汤阴县）的永和乡孝悌里。宋代以孝治国，孝道遍及每一个村落。里名孝悌，可见当地民风。父亲岳和，母亲姚氏，皆务农。

据说岳飞降生时，家宅顶上有鹏冲天而起，于是取名飞，字鹏举。从这名字看，父亲可能是个识字的农夫。

其时徽宗在位，蔡京为相，天下遭殃。孝悌里遇洪水，襁褓中的岳飞被装入一大瓮，漂了几十里。好心人闻得哭声，涉水救下小岳飞，我们的英雄才逃过一劫。

昏君与奸臣为伍，百姓暗无天日。岳家由小农逐渐沦为佃农，累死累活艰难糊口。岳飞很小就扛起了锄头，渐大，家境稍有好转。劳作之余，他读经史、读兵法，买不起蜡烛就烧柴火照明。岳飞没有念学堂的记载，大约是外公教他识文断字。村里也有几个读书人。

得益于印刷术的普及，宋代书籍大增，穷人家也买得起。半耕半读为底层青年提供了进身机会。宋代科举取士十倍于唐，从田舍到庙堂，大量草根阶层跻身权力中心，在古代是没有先例的。

劳作，读书，习武，是少年岳飞每天要做的三件事。武术教头教他射箭，点拨他的枪棒功夫。夏练三伏，冬练三九，文武双全的君子，一定是起于童子功。所谓修养，是要进入血液的。

当年我读《说岳》，对岳飞的师父崇拜得五体投地，仿佛神出鬼没的岳家枪就出自这位师父之手。我牢牢记住了四个字：闻鸡起舞。

"雄鸡一声天下白"，"少年心事可拿云"。

眉山俗话说："鸡叫头遍就开干。"

岳飞的师父名叫周同，箭法十分了得，方圆百里颇有名望。周同不收学费，不小看穷家少年，授艺全无保留，不标榜师父的身份。他传武艺，更传品行，对岳飞的影响很大。

一日为师，终身为父。岳飞健全的人格得益于周同甚多。

十六岁，岳飞已是名播汤阴县的武艺高手，据说"一县无敌"。常有练家子来找他切磋，菜园子旁边便是格斗场。勇气、胆魄和强壮的体魄一并增长。放下锄头，拿起枪棒，打完尚能捧读书卷。回家孝敬父母和师父，疼爱新婚的妻子……杰出人物生命中的每一秒钟都充盈着张力，真是令人着迷。

岳飞十六岁，娶一个比他稍大的刘姓女子，两年后，儿子岳云呱呱坠地。

新婚之夜犹读书，晨光初露照常起舞，大汗淋漓了，单手拎一桶井水，从头顶上哗哗淋下去。爽啊。当年的我，我们，井台边单手拎水桶，颤巍巍举上头……

河南汤阴县的岳飞杰出，有着广泛的民间基础，他在历史的惯性中追求着身心并完。崇文，习武，尽孝，务农，会友……一天天活得饱满，一步步走得扎实。生命当如是也，至少要朝着这个身心并完的方向，否则，人活着有什么意思呢？

地主的儿子好逸恶劳，佃户的儿子健康向上。

岳飞是无聊的反义词，他只愁时间不够用。每天只睡两三个时辰，除了蜜月里赖过几次床之外，这习惯二十多年不变。

好个岳鹏举，总是半夜捧书卷，凌晨起床摸黑练武。太阳升起来，金色的阳光又照着他躬耕田野的身影。这个身影美极了。力量型的男人才叫美男。英国蔼理士的《性心理学》有广泛调查与详细描述，女性择偶，有力的男人是首选。心力，体力。

大贤岳飞在成长，一日用作十日。

佃户的儿子依然是佃户，长工、短工受剥削。吃东西总是狼吞虎咽，胃口超好，在师父家，岳飞敞开肚子吃。周同并不宽裕，不多的肉食常常留给岳飞。岳飞并不知情，倒以为师父家肉食寻常。

好师父忍嘴待徒弟……

周同拍着爱徒的虎背说："你呀，你呀。"

岳云倒生得羸弱，十三岁从军之时，军中呼为"羸官人"，身子骨跟豆芽菜似的，三年后，却将重达八十斤的铜锤舞得风雨不透，金兵一见胆寒。岳云上阵杀敌，勇猛不减其父。可见身体与心智的潜能巨大。

岳飞高大魁梧，像个山东大汉，史料称"鹰视虎步"，岳云则是中等偏下的身材，也许岳飞的妻子刘氏个头不大。刘氏早卒，岳飞继娶的李夫人，生了四个儿子和一个女儿。

周同教岳飞的武艺，当有三年左右，忽然一病西去。父亲般的师父壮年就死了，什么原因呢？师父长期营养不足吗？习武之人要多吃好的。

年轻的岳飞痛不欲生，一练武就哭，想起师父教他的细节，想起师父把有限的肉食留给他。

每月的初一、十五，岳飞哭坟、祭坟、守坟。他拼命干活，挣钱买酒肉，却不带回家，而是放在师父的坟头。他百步连射三箭，皆中靶心，以此告慰师父的亡灵。

北方乡下的天越来越冷了，岳飞的衣裳倒越来越单薄。父亲岳和感到蹊跷，担心成家不久的儿子跟地主家的败家子混在一起，典当衣衫，吃酒胡闹。

父亲盯儿子的梢，才发现了真相，感动得掉泪，掉头便走。

家教是成功的。孝心几乎能萌发所有的好品质，勤劳，节俭，诚信，仗义，廉洁，忠诚，勇敢。若干年以后，岳珂回忆祖父岳飞说："先臣天性至孝……"

爱父母，爱师父，延伸到爱国家，爱士兵，爱百姓。

岳飞的爱，一定要认真研究。要有情感的热度，零度观察与热烈洞见并重。人文学者，不可摆出一副自然科学的研究架势。

重温海德格尔："一切科学源于前科学的日常领悟。"

1127 年，赵宋王朝仓皇渡江，偏安于江南，南宋立。岳飞随军南渡后，与老母和妻儿失散多年。家人犹在汤阴孝悌里的老家，金兵和伪军把守甚严。岳飞派人接老母，接了十几次未获成功。姚氏托人传口信给儿子，说："为我语五郎（岳飞小名），勉事圣天子，无以老媪为念也。"事见《忠武王遗事》。

母子终于团聚，岳飞喜极而泣，跪地不起。其时岳飞担任湖北路宣抚使，守卫长江中游的防线，军务山积，应接不暇，却每天到母亲的住处问安。这位叱咤风云的将军，挥师千里的元帅，一旦进入母亲的起居室，脚步顿时变得很轻，说话轻言细语。只要他人在大本营，没有一天不问安。时隔近九百年，岳飞恭顺问安的形象如在目前。

孝子心力不可测。

鲁迅先生的书信全集中，写给母亲的信占了不小的篇幅，关注日常琐碎细到毫厘，信的开头，自谓曰"敬禀者"，末尾总有一句"叩问金安"。反礼教的先生，至孝如此。

　　尽孝要抓紧时间。那些长时间不回家省亲的人，不回家扫墓的人，不问父母坟头朝东朝西的人，不管他官居何职，不管他宣称的所谓事业有多么重要，他的内心一定可疑，他的漂亮言词一定有伪装，他的人品要打问号。能忙到什么程度呢？比战争时期的岳飞元帅更忙吗？比新文化运动的旗手、质疑两千年封建统治的鲁迅先生更忙吗？

　　孝子通常不知道自己是孝子，然而左邻右舍敏感于此。孝子一词，眼下尚能流传，但形势也严峻：洋观念的大规模入侵，使中国人的孝道步步退却。西方的利己主义与中国的五千年传统是格格不入的。尧舜，孔孟，都讲孝道，讲利他。苏东坡"无病而多蓄药，不饮而多酿酒"，旁人表示疑惑时，坡翁专门讲了一段话，等于宣告：利他才能利己。

　　苏东坡真像雷锋叔叔。

　　孝与爱本是一体，很难想象一个孝子会对妻子儿女无情，对朋友不义。孝道作为核心价值，作为中国人的生活之本，这个本稳固了，生活世界就不至于整体坍塌。

　　是时候了，必须遏制利己主义的泛滥。不能让无声的悲剧大规模上演。

　　汉语，饮食，家庭观念，本土性生活方式的三大防线固若金汤，中国人将永远是骄傲的中国人。多少年来，亿万农民工春节奔向家园，火车，汽车，人潮。浩浩荡荡的摩托车，不辞道远、山高、路滑、冰坚，不怕恶少豪车欺侮。天寒地冻摩托车啊，只为省下一点发给儿女的压岁钱，恭呈父母的孝敬钱。

华夏民族孝的基因，爱的基因，惊天地泣鬼神。

岳飞永远是榜样。

文武双全的元帅，忠孝报国的君子。

孝与忠有内在联系。

岳飞说："若内不克尽事亲之道，外岂复有爱主之忠？"

他以一个佃农而官至太尉，子孙沐浴皇恩浩荡，对皇帝的忠诚可以理解。岳母刺字"尽忠报国"，不单刺入了皮下，更深入内心，刻入灵魂。

生存的诸环节是环环相扣的，起于幼年，强化于少年、青年。个体差异决定行为的差异，这里并没有一个现成的、数学般精确的公式。

岳母姚氏南渡几年后去世，岳元帅奔丧、扶棺，筑庐于墓旁，数月守着母亲的亡灵，"终日号恸"。原本爱戴他的百姓闻讯而至，坟前哭成了一大片。岳飞请求守孝三年，朝廷不准。为了北伐大计，岳飞"终制起复"，回到原来的中军帐指挥千军万马。

岳飞的至孝、至爱、至俭、至诚、至勇、至忠，显然共属一体。

靖康元年（1126），数万金兵三面围困开封，而城内的守军二十万。从各地赶往开封的勤王军和民间武装有好几十万。然而撂挑子的徽宗提前跑到安徽亳州去，带着一帮唱曲、踢球、搞笑的臣子，玩得不亦乐乎。他儿子钦宗坐龙椅，吓得尿裤子，也患上"恐金症"。球宰相李邦彦嚷嚷割地赔款求和，太学生愤怒，截住下朝的李邦彦一顿暴打。球宰相当天报复，捉杀太学生数十人。然而开封军民群情激愤，十万人呼吁惩治"六贼"。太学生陈东，率千余诸生上书，强烈要求清君侧。新皇帝拿不定主意。球宰相慌了，佯作镇静，每日踢球给人看，他在街上踢，士兵护卫着，表示他后台硬。

夏四月，太上皇徽宗笑嘻嘻回来了，蔡京父子的豪车紧随。

跟着太上皇跑，一家子性命可保。蔡京的如意算盘：跟着太上皇亲家，还会有危险吗？然而没过几天，老贼仓皇动身，踏上了黄泉路：他被贬向岭南，未至贬所就一命呜呼，僵硬于道路，炎炎七月，五天无人收尸，路人朝尸体泼臭粪，扔石头，再现了董卓死于长安、百姓称快的场景。

老贼踉跄于茫茫贬途，还填词《西江月》："八十衰年初谢，三千里外无家。孤行骨肉各天涯……"他的子子孙孙都没有好下场，虽然他本人"祸害活百年"。

老天爷有眼的，报应在蔡京尸身及其子孙。

童贯被枭首示众。朱勔在循州（今广东龙川）被斩首处死。李邦彦死贬所。高俅吓死在开封。王黼、梁师成均被赐死。

七八个作恶多端的小人，祸及亿万人。千刀万剐不解恨。

靖康元年（1126）闰十一月二十五日，金兵攻破开封，囚车带走了徽宗、钦宗并数以千计的皇室宗亲。金兵呼啸街巷，见男人就杀，见妇女就扑倒。繁华汴京成焦炭，名楼古刹毁于战火。次年，开封米价暴涨，人吃人。

汉末董卓之乱，人吃人。盛唐安史之乱，人吃人。

徽宗到了金国还在娱乐，并生下儿女，嚷嚷娱乐至死。当年轻佻的章子厚评价："端王轻佻，不可以君天下。"轻佻者熟悉轻佻的路数。赵佶没有像他的皇族兄弟那样，把自己玩夭折，却玩死了北宋王朝。

人类的基础性情绪，爱、喜、怒、哀、乐、忧、愁、恨、怜……

周而复始，于是张力生焉。断不可放大其中的某种元素，尤其是娱乐元素。断不可大量复制伶人式的嬉皮笑脸。"生命中不能承受之轻"，轻佻、轻浮、轻薄、轻率、轻狂，汉语一系列的常用词汇，千百年来对轻佻之徒高度警惕。

明末思想家王夫之《宋论》："君不似乎人之君，相不似乎君之相，垂老之童心，冶游之浪子，拥离散之人心以当大变，无一而非必亡之势。"

可敬的北宋，可怜的北宋。几双弄权手，终结了古代最辉煌的王朝。

韩愈："楚，大国也，其亡也，以屈原鸣。"

北宋，大国也，其亡也，以岳飞、陆游、李清照、辛弃疾鸣。

北宋王朝的躯体日趋腐朽之时，汤阴县孝悌里的青年岳飞茁壮成长，朝气蓬勃。他能引发吃力千斤的腰弩，能制服骠悍的野马，能把一杆长枪舞得雪花不能近身。

浑身如钢似铁，意志力更胜于钢铁。

岳飞一手刀枪一手笔，读苏轼词，写苏体字，崇拜忠心耿耿的诸葛亮。也读盛传于南北方的李清照："试问卷帘人，却道海棠依旧。知否？知否？应是绿肥红瘦。"

文武兼修真好，一颗不足二十岁的年轻的心，日益朝着更高更强更丰盈鼓动。

个体生命的饱满度哇，要的就是饱满度，毫不经意的饱满度，盖因它来自孩提时代。生命的每一刻都迸射钻石的光芒。

熊腰虎背的岳飞，目光细腻的岳飞，亿万体细胞充盈着主动性的岳飞。

青春意味着试错，岳飞有过错吗？有的。

为了养家，他二十岁做了韩氏"昼锦堂"的一名庄丁。名相韩琦是汤阴县人，他的儿子也做过宰相，孙子做高官，回家乡建了庄园。北宋后期的官员盖园子成风，城里的园子，乡村的园子。岳飞武艺出众，颇受重视，保护庄园又立了功，于是当上了小头目，和大头目一起喝上了酒，月光下表演醉拳醉棍，大头目很喜欢。喝酒渐渐上瘾。练武喝，看书喝，撮笔写字也喝，叫作"浮白载笔"。

岳飞沉迷杯中物了，使性子误事，挨批评还不服气，提了一双醉拳头要打人。有一天半夜三更，他挥拳打梨树，打落了一树梨花，摇头晃脑念"醉诗"："忽如一夜春风来，千树万树梨花开。"

岳飞闹了一整夜，耍酒疯耍到天明，对庄客们的劝导置若罔闻。惹毛了，他比画一对大拳头。

庄主警告他。他内疚一时，收敛了两三天，但是看见美酒，眼睛又放光了，酒虫子又在往外爬了。韩家少爷们嘻嘻哈哈，拿美酒勾他酒瘾，请他露几手绝活。习武的汉子都是好酒量，岳飞在汤阴县无敌手，豪饮也不能输给好汉。这是岳飞嗜酒的心理基础。请他喝酒的人越来越多，豪门子弟尊他为座上宾，乡村后生们抱着酒坛子来敲门。有时大清早就开始喝"卯酒"，后半夜还在灌黄汤……

酒醉鬼岳飞，连日东歪西倒，却认为自己很有面子。他嚷嚷："俺的武艺百里称冠，俺的酒量全县第一！哈哈，昼锦堂昼锦堂，谁不陪俺喝酒，叫他吃一哨棒！"

因喝醉酒再三误事，昼锦堂辞退了岳飞。

岳飞失掉邻里羡慕的好饭碗，又丢了面子。妻子隐忍而已，不敢多劝他一句。几岁的小儿子岳云习惯了父亲身上的酒气，习惯了父亲的醉态醉眼。岳和身体不好，不善言辞。岳母默默注视着昔日的优秀儿子，如今的酒坛子。她瞅着教育的时机。

这是古今好母亲的共同点。不同的是，今天的儿女逆反多，逆反五花八门，做好父母难度大。

岳飞去相州的某个镇当了一名弓箭手，吃酒闹事，复被辞退。回家走得颠三倒四，拳打村头古柳。邻里纷纷叹息："可惜啊，这么好的娃……"不足半年，岳飞两次被辞退，这位武功高手的自尊心备受打击。他喝闷酒。花掉家中宝贵的银子买酒，酒店挂满了酒账，还试图典当唯一值钱的官窑青花瓷瓶。岳母终于当街教训他，头一次把话说得很重，而且当着全家人砸了瓷瓶。岳飞大哭，八尺汉子哭得伤心。戒酒半个月，当妻子满心欢喜要去告知婆婆时，却发现丈夫跟一个阔少进了酒家。英雄好汉正在变成酒鬼。

戒酒难。戒烟难。戒牌难。

戒网瘾更难。

青少年沉迷盯手机，世界全方位收缩。

"自然缺乏症""运动缺乏症""伙伴缺乏症"，愈演愈烈。

瘾头是人被生存的同义语。被动性生存，惰性滋生更多的惰性。坐着活，起身难。瘾头人活得异常单纯，天地间他只对瘾头刺激感兴趣，慌，总是慌，总是急于寻找下一个刺激，找不到更慌。宋代二十岁的岳飞慌乱于失掉酒杯。世界封存在瘾头之外。互联网的循环刺激把瘾头人牢牢网住，恰似巨大的蜘蛛网捕获了无数小虫子。

扑向自然敞开世界，热爱运动敞开世界，情系亲朋敞开世界，投身艺术敞开世界，然而这四个维度的生存敞开，都需要学习再学习，努力再努力，领悟再领悟。小孩子两三岁就趋于瘾头式生存，不消几年，趋于固化。

唯有抓瘾头主动，其他都是被动。

时间是用来做什么的？时间用来向瘾头集中的。这是所有瘾头人不二的生存法则。慌的心理模式一旦形成，世界将显现为刺激的同义词。

为什么慌？乃因智力、情力有双重的盈余，智与情满足不了自身，人就百无聊赖，活得浑身没劲。吃得越饱越没劲。狗的智力与其投射的对象大抵相等，狗不能扑腾野外时，就趴在窗前朝着窗外，享受睡眠，享受恰到好处的懒洋洋。而人有双重盈余，人要慌。慌张的人难以逆转地活向瘾头，抓瘾头。瘾头使世界欲望化，而欲望的悬空就是无聊。悬空总是常态。欲望的满足迅速指向无聊：他积聚不起下一次释放所需的能量，所需的敏感。且不谈形形色色的欲望者所需要的经济能力。

天天吃土鸡，味如老棉絮。

一万次重复《道德经》吧：五味浊口，五色盲目，五音乱耳。

岳飞是生存敞开的万年模范，平日里一连串的关切点，均衡分布，相得益彰，尽孝，劳作，习武，读书，生活的四重奏，衍生无限多的细节。

关切点不会互相吃掉，兴奋点不会轻易推高。决不会。单是习武一项，几乎要穷尽身体的可能性，一辈子学不完。

这是中国历史上顶级的君子符号。

青年岳飞走了大半年弯路，有过一段青春迷茫，嗜酒，恃强，耍酒疯，横竖不听劝。岳母像孟母断机一般棒喝他，把他的酒虫子的活跃度降低了。

孝子岳飞闭门思过。对不起母亲啊，对不起师父周同。

岳飞的这个在心里涌动不息的"对不起"，分量非常重。

后来他带兵打仗，皇帝要他戒酒，他彻底告别了杯中物。将士们每每痛饮壮行酒、庆功酒，他滴酒不沾，宴席上微笑着，状如高僧入定。

超强的意志力把铁瘾头消灭掉，看上去并不费力。

岳飞按下酒瘾去从军，做了一名"敢战士"，类似敢死队的一员。有记载说他到契丹的国都燕京打过仗，邓广铭先生表示不相信。岳飞是神话般的人物，难免被神话。

从军未久，父亡，岳飞居丧三年，其间读兵书，揣摩武艺，点拨一些后生的枪棒功夫。1127 年靖康之变后，岳飞整日徘徊村头树下，不发一言。

练武更勤，半夜要长啸，怒火在燃烧。"目能穿帐"，岳飞练武二十年的眼睛精光直射，而转事母亲又柔和。所谓刚柔相济，岳飞造极也。

除服（除素服）后的岳飞再从军，却因"上书言事"，大约冒犯了宋高宗赵构，解甲回乡。不知道他上书皇帝说了什么。赵构是个善于打自家算盘的人，整天目不停转。赵构的"恐金症"不亚于他的尿裤子的皇兄赵桓。金兵撤离开封后，担任开封留守兼副帅的宗泽，屡请赵构还都汴京，其时，宋军和民兵已逾百万之众，奋起反击的民间抗金武装，号为忠义军，战力不弱。

岳飞投奔宗泽的部属河北安抚使张所，受张所赏识。

七十岁的老帅宗泽，血请高宗还都，他在《乞回銮疏》中写道："京师城壁已增固矣，楼橹已修饰矣，龙濠已开浚矣，器械已备足矣，寨栅已罗列矣，战阵已阅习矣，人气已勇锐矣，汴河、蔡河、五丈河皆已通流，泛应纲运。陕西、京东、滑台、京洛番贼皆已掩杀溃遁矣。……但望陛下千乘万骑……归御九重，为四海九州作主耳。"

高宗开始还敷衍宗泽，当奏折从开封雪片般飞来行在（皇帝所在之处），高宗干脆不理睬。宗泽忧患成疾，病榻上犹疾书。元帅空有百万兵。

张所把岳飞安排在军营中作效用，类似侍卫官或参谋，继而升为统领，旋又升统制，可见他对岳飞的器重。他是岳飞遇到的贵人，然而另一个受到张所赏识的抗金名将王彦，差一点杀岳飞。高宗建炎元年（1127）九月，王彦带七千兵马渡过黄河，进攻金军，岳飞一马当先，当天就夺回了卫州的新乡县城。王彦传檄四方，和地方的人民武装取得联系，一时声势浩大。金军急调数万精锐骑兵包围了新乡城。王彦指挥保卫战，同时准备突围，保存实力。在具体的突围方案上，岳飞和王彦产生了分歧。

岳飞性子倔，不听王彦的命令，自带一部分人马突围了。这是严重违反军纪。

王彦将军率部杀出重围，转入共城县（今河南辉县）的山区，建立根据地。未久，河北、河东的民间武装营寨，有十九路人马听从王将军调度。十几万宋军纵横千里，打出了"赤心报国，誓杀金贼"的口号，官兵面部都刻上这八个字，百姓呼为"八字军"。金兵屡与八字军战，败多胜少。留守开封的宗泽元帅大呼"八字军"。

王彦带八字军渡黄河，赴开封，协助宗元帅保卫城池，吁请皇帝还都。

岳飞单枪匹马到开封请罪。王彦视岳飞良久，下不了杀岳飞的决心。左右劝他严明军纪，他茫然。换成一般将领他就杀了，可是在他面前的是岳飞，浑身武艺的岳飞，至忠至孝的岳飞。王彦说："交给元帅吧。"

王彦请岳飞吃了一顿酒。岳飞饮酒，面色如常，尽管他喝的可能是"催命酒"。

宗泽与岳飞谈话，语未竟，笑容已露。老元帅让岳飞直接听他指挥。这一年岳飞二十五岁。宗泽把珍藏的阵图传给岳飞，不料岳飞说："阵而后战，兵之常法，然势有不可拘者。且运用之妙，存于一心。留守第思之。"

大元帅沉吟说："卿言是也。"

元帅赞赏并不附和他的岳飞，这是何等的君子风度。

灵活机动的战略战术。在战争中学习战争。运动战。

人民军队的缔造者毛泽东说过，一上战场，所有的兵法都忘光了。《论持久战》阐释"灵活"和"运用之妙"："灵活不是妄动，妄动是应该拒绝的。灵活，是聪明的指挥员，基于客观情况，'审时度势'（这个势，包括敌势、我势、地势等项）而采取及时的和恰当的处置方法的一种才能，即是所谓'运用之妙'。"

岳飞的灵活来自何处呢？要追溯到他的小时候，然而，回望几乎无路。写历史人物，是不可能精确还原的，越深入越迷茫。即使占据充足的史料，也难以抵达其生存之内核。但可以做一些猜想，比如岳飞习武早，童子功扎实，十六岁称汤阴县第一，同时勤劳作，勤读书，会友多多，身心的灵动超过一般人。这伏下战场上妙用兵法的可能性。战场瞬息多变，考验指挥员的应变能力。少年曹操是个机灵鬼，后来打仗很厉害。

由此可见，早年的释放天性有多么重要，天性释放了，身心灵动才不是一句空话。社会各领域的佼佼者，几乎无一例外是身心灵动者。创造性的人物更是如此。这一点，当下的西方人似乎比我们懂得多。身心灵动，也是尽可能享受生命的前提。

　　　　　　　　　　　　　　　　　大宋十君子

建炎元年（1127）冬十月，高宗赵构把政权从归德南迁扬州，打算迁都于建康。宗泽的一部分军队受命南移，而彼时女真并无南犯的迹象。赵构一跑，军心动摇，女真抓住了这个时机，大规模南犯。金兵进至黄河北岸，兵分两路，一路西犯汜水。宗泽任命岳飞为"踏白使"（突击队长），带五百精骑打击汜水的敌人，杀敌近千人，又闪电般撤退，伤亡很少。宗泽升他为统领。随着战功的增多，宗泽又提升他为统制，带数千精兵作战，屡战屡胜，金兵听到岳飞二字就想撤退。

皇帝在逃跑，元帅、将军在战斗，士兵在浴血。

建炎二年（1128）七月初一，已连上二十四道奏折的宗泽，因皇帝不听，不答复，忧愤而亡（背生疽），死前大呼："渡河！渡河！"宗泽元帅的弥留时光，没有一句话说到私事。这令人联想宰相司马光临终前，神志不清了，说的全是国事。

忧入骨髓。忧到九泉下。

宗泽元帅对岳飞的影响极大。

建炎二年（1128）的秋天，金国军事首脑粘罕，率大军长驱南下，包围了重镇澶州，三十三天破城，将包括婴儿在内的居民全部屠杀。粘罕又攻濮州，三十多天破城，对城中居民不分"少、长、良、贱"，一概杀光。兽性大发的金兵纵火烧毁了城市。

建炎三年（1129）正月，金兵攻下古九州之一的徐州，再次大肆屠杀，黄河昼夜流血水。

二月初，赵构半夜逃出扬州城，随行人员只有十来个，拼命打马狂逃。这一幕，酷似唐玄宗仓皇逃出长安奔四川。扬州十万户一夜醒来，惊闻高宗皇帝跑了，全城顿时一片混乱。车马人潮涌向城门，践踏而死者不计其数。树木、墙壁贴满了寻人的帖子。哭声喊声凄厉。在长江的北岸，十几万人拥挤着，踩死的、淹死的，又不计其数。因水量小，高官富商们装满金银宝物的几千只船舶搁浅，未能顺江下瓜州，全部成为女真军的战利品。

靖康耻。建炎耻。

身在开封城的岳飞仰天长啸。

赵构选用的开封留守杜充，是个既骄横又怯懦的坏蛋加软蛋。软蛋却有媚上的功夫，受软蛋皇帝的高度器重。杜充治军窝囊，与宗泽元帅不可同日而语，他又切断了和中原很多民间武装的联系。一些部将不听他指挥，密谋哗变。驻扎开封城西的岳飞所部倒是可靠。杜充的心思是冲着皇帝的，巴望早日南下。这使开封城的防御力量在短短数月内急剧下降。赵构从扬州逃跑，杜充以勤王为理由，把开封抛给其他官员，于建炎三年（1129）的五月，自带军队渡淮河、渡长江了。

建炎四年（1130）二月，开封再一次沦陷。杀气腾腾的女真军再次疯狂屠杀。

赵构从扬州逃常州，逃苏州，逃秀州（今浙江嘉兴），气喘吁吁到了杭州。惊魂甫定，他的一帮宠臣还到钱塘江观潮，江边的豪华帐篷绵延十里，还向杭州民众施淫威，敲诈勒索。自徽宗以来的官场风气可见一斑。生死关头还要娱乐。赵构不断给金军元帅粘罕写乞哀书，要主动取消国号，自废帝号，纳贡称臣，以换取江南小朝廷的偏安，赵构称："是天地之间，皆大金之国，而无有二上矣。亦何必劳师远涉，然后为快哉？"

乞哀是不管用的，金军反而大举南侵，以四太子兀术为统帅。

粘罕、兀术,《说岳》一书称金粘罕、金兀术。此二人,把血淋淋的屠刀从中原挥到江南。

金军渡江,杜充指挥的宋军全线溃退。杜充从建康逃跑,后又投敌,还带走了三千人马。建康知府陈邦光投降,建康落入敌手。

金军马不停蹄向杭州进发。苟安杭州的赵构再写乞哀书,一封接一封地写,然而金兀术像粘罕一样毫不理会,只管进军,要荡平江南,摧毁赵宋政权。

赵构再逃,逃越州(绍兴)。越州也不安,再奔明州(宁波)。他下令凑了二十只大船,其中一只为御船,浮于海上达半年之久,这是漂在台州、温州之间的南宋政权。

金军入杭州,屠杭州城。

岳飞的部队驻扎在常州的宜兴(今属无锡),听候命令。他将失散多年的老母和儿女们接到军中,每日向母亲请安,叩问起居,服侍饮食汤药。新婚的李夫人十分孝顺婆婆。岳飞却从不把军营的事带回家中讲,尽管李夫人知书史,儿女们想听军旅故事。家规很严的。

女真军盘踞建康、杭州,不断受到民间抗金力量的打击。南宋官军集结刘光世、韩世忠、张俊这三大主力,部署在长江下游。金兀术攻势虽猛而兵力有限,要一口吃掉江南是不可能的。中原的人民武装也是金军的大患,金兀术做了两手准备,加强建康防务的同时,又布置撤退。建炎四年(1130)五月,金兵在古老而繁华的建康城,杀、抢、奸,大规模抵达兽性之畅。禽兽不会做的,是金军把建康城烧毁,全城浓烟滚滚半月之久。山林中的虎豹豺狼痴痴眺望,怎么也看不懂……

此间，岳飞所部从宜兴向建康迅速移动。

金军带走了大量物资金银和他们需要的人员，士夫、工匠、妇女、伶人等，到静安（南京市西北）渡江。岳飞神兵天降，打得未及渡江的金军尸横二十里，救回了人员、财物。五月中旬，岳飞收复建康。所到之处，一片凄凉。

下旬，他班师回宜兴，发生了一件意想不到的事。驻扎宜兴的另一支刘经的部队，密谋害岳飞，吞并岳飞所部。这种事在当时的宋军中并不罕见。岳飞用计把刘经杀掉，收编了刘经的人马。此间的岳家军已有数万，是一支包括民间武装在内的劲旅。

宜兴县的小镇上有个庄园叫桃蹊园，岳飞常去游赏。屯军宜兴无战事，英雄闲步花柳间。常州宜兴是苏东坡后人的聚居地之一，随处可见苏氏的题匾、诗壁，岳飞景仰苏轼的为人，酷爱苏体字，岳珂说："先王夙景仰苏氏，笔法纵逸，大概祖其遗意。"

酒酣耳热之际，岳飞手拿东坡乐府，哼它几首，唱它几句。岳飞有很好的文学素养，可惜传下来的诗词少。豪杰的回肠荡气乃是常态，一旦动笔，非凡笔。岳飞的书信和奏折很值得一读。宋人尺牍，一流的文字颇不少。

岳飞在桃蹊园的墙壁上写下《题记》："近中原板荡，金贼长驱，如入无人之境；将帅无能，不及长城之壮。余发愤河朔，起自相台，总发从军，小大历二百余战。虽未及远涉夷荒，讨荡巢穴，亦且快国雠之万一。今又提一垒孤军，振起宜兴、建康之城，一举而复，贼拥入江，仓皇宵遁，所恨不能匹马不回耳！今且修兵养卒，蓄锐待敌。如或朝廷见念，赐予器甲，使之完备，颁降功赏，使人蒙恩，即当深入虏庭，缚贼主，蹀血马前，尽屠夷种，迎二圣复还京师，取故地再上版籍。他时过此，勒功金石，岂不快哉！此心一发，天地知之，知我者知之。建炎四年六月望日，河朔岳飞书。"

这篇短文，可与《满江红·怒发冲冠》并读。

岳飞升通泰镇抚使，兼泰州知州。他写了《乞淮东重难任使申省状》给朝廷，表示想去前线打仗："若蒙朝廷允飞今来所乞，乞将飞母、妻并二子为质，免充通、泰州镇抚使，止除一淮南东路重难任使。令飞召集兵马，掩杀金贼，收复本路州郡，伺便迤逦收复山东、河北、河东、京畿等路故地。庶使飞平生之志得以少快，且以尽臣子报君之节。"

时在建炎四年（1130），岳飞二十八岁。

朝廷没有答应。岳飞赴泰州任。岳家军军容整肃，对当地百姓秋毫无犯。他的舅舅姚某日后犯了军纪，他下令军法从事。母亲赶来军营求他，说只有这个弟弟了。姚某免死罪，但必须戴罪立功。可是这个姚某骄纵惯了，竟然在演兵场搭箭偷袭岳飞。岳飞听得强弩的破空之声，头一偏，飞箭贴着耳边过，飞出三十步，射断了树枝。

姚某心黑如此，哪里还是舅舅？岳飞纵马二百步生擒他，下令即刻斩首。母亲姚氏赶来时，姚某人已是刀下鬼。

另有一员骁将傅庆，能在一百七十步之外射中箭靶。他没钱花的时候便向岳飞讨银子，军中皆知。但此人恃宠闹事，屡教不改，甚至生二心，岳飞亦将其除掉。

一支铁军，容不得一匹害群之马。

岳飞不能容忍任何一个亲戚在任何地方乱来。儿子岳云生得跟豆芽菜似的，却在虎父的催逼下勤练武艺，苦练体力，日后使一双八十斤铜锤，杀金贼大展雄风。岳飞的弟弟岳翻也是一员战将。杀金贼，荡流寇，父子兄弟皆上阵。

岳家军驻扎泰州，金兀术集结二十万大军来围剿，兵力十倍于岳家军。岳飞避其锋芒，星夜渡江，移师江阴军。金兀术想要消灭这一支最有战斗力的宋军，结果扑了空。

强大的岳家军不恃强，打不过就走。这是在战争中学会的保存实力的关键一招。

武人的一大软肋就是恃强，争锋、争霸，项羽如此，韩信如此，关羽如此。韩信还是一位出色的战略指挥家，攻无不取，封齐王，却造刘邦的反，看不起猛将樊哙，不懂得向功成身退的张良先生看齐，结果夷三族。

武人的生存遮蔽，韩信是个典型。

战争史上，韩信这种人颇不少。

强大而不恃强，强而示弱，乃是老庄哲学的妙处。这很难。强者恃强乃是常态，水里淹死的通常是水中好手。自恃身强力壮，往往强过头而走向反面。凡此种种，生活中的例子非常多。老子、庄子不是这样活的，他们在乱世长寿、逍遥，与其不示强有关。柔克刚，水穿石，阴负阳，抱朴素，守虚静，致玄远，知无为，参天地，这一类华夏族的哲人智慧，惠及为政、军事、建筑、艺术、医学诸领域，惠及普通人的生活方式。

惠及生活方式是说：减少生活遮蔽。

岳飞高大威猛，遇事果断，却有一般武人少有的自知之明，知强，知弱，所以他在总发后的七八年间，历大小二百余战，未尝有刻骨之败。自知之明从何而来？善于反观自身吗？得益于文武双修吗？饱读兵书又忘掉兵书吗？孝敬老母亲的心细，与运筹帷幄的胆大心细有内在联系吗？

我们进入旷代君子的生存内核，问题就来得比较多。

绍兴元年（1131），女真军对南宋的攻势放缓了，长江中下游，大抵无战事，宋廷得以用兵于江南、淮南，诸将征讨流寇，镇压农民起义军。流寇是指在对金战争中被打散的若干支宋军部队，又结合起来成为大小势力，流窜于州县，占山为王，对抗朝廷。

以李成为首的一支，从山东窜扰至淮水流域，拥众数万，占据了六七个州郡。朝廷派张浚作江淮路招讨使，讨伐李成。岳飞驻扎在江阴的部队归张浚统一指挥。

岳家军初战告捷，继而引兵渡江攻击李成的贼众，战于黄梅县，贼众大败，李成率残余投降了伪齐的傀儡皇帝刘豫。这个伪政权建立于建炎四年（1130）。

绍兴元年（1131）七月，岳飞升为神武右副军统制，驻军于江西洪州。他招安了流寇张用，征讨流窜到湖南浏阳、道州（今湖南道县）的曹成。从江西移师湖南，百姓箪食壶浆以迎岳家军。离开洪州时，他并不告知城里的官员和市民，部队连夜开拔，早晨已走得干干净净，借用的各种物资全部归还，包括廉价的日用品，损毁的东西照价赔偿。人们蜂拥出城门，却只远远看见岳飞骑在马上的背影。

一个儒生大呼："君子人哪，君子人哪！"

部队过庐陵，郡守在城外安排了酒食，却找不到鼎鼎大名的岳飞将军。部队走了很长时间，庐陵太守问将领，问士兵，一直见不到他渴望一睹风采的人。有个裨将告诉他，岳飞将军早就远去了。诸如此类的细节数不胜数。一心只为杀敌，不图半点虚名。

岳家军追击曹成贼众，从湖南追到广西，追到岭南贺州。贼将杨再兴武艺高超，勇猛过人，面对岳飞麾下大将张宪，浑无惧色。

岳飞的弟弟岳翻出战，被杨再兴神出鬼没的长枪刺死。因寡不敌众，曹成、杨再兴屡战屡败。单枪匹马的杨再兴被逼向山中悬崖，忽然回头大叫："勿杀我，带我见岳飞吧！"

岳飞见了杨再兴，亲自为他松绑，要他为国家效忠，痛杀金兵。

身长八尺的杨再兴倒身下拜，从此铁心跟随岳飞征战。

岳飞爱弟弟岳翻，更爱大好河山。由此可见，"还我河山"四个字的分量有多重。

岳家军在追剿流寇的一二年间，收编了许多人马，军力军威有增无减。绍兴二年（1132），岳飞的部队过境湖南永州，他在官厅墙壁写下《永州祁阳县大营驿题记》："权湖南帅岳飞被旨讨贼曹成，自桂岭平荡巢穴，二广、湖湘悉皆安妥。痛念二圣远狩沙漠，天下靡宁，誓竭忠孝。赖社稷威灵，君相贤圣，他日扫清胡虏，复归故国，迎两宫还朝，宽天子宵旰之忧，此所志也。顾蜂蚁之群，岂足为功。过此，因留于壁。绍兴二年七月初七日。"

这一年的岳帅三十岁。

他行事非常稳重，"君子泰而不骄"。

区区流寇无非是蜂蚁之群，不足挂齿。年轻的岳帅志在收复中原。

《论语》："君子……修己以安百姓。"

岳飞早在少年时，已将《论语》《孟子》烂熟于心。作为马背上的战士，拼搏沙场的英雄，他把孔子推崇的君子风范落到实处。

岳飞名言："文官不爱钱，武官不惜命，则太平矣。"

绍兴三年（1133）二月，高宗赵构派人送岳飞金蕉酒器。九月，赵构在杭州召见岳飞、岳云父子。不难想象岳飞的感激涕零。其时岳云才十五岁，却受到如此大的恩宠。

赵构把更多的人马调拨给岳飞指挥，赐岳飞父子衣甲、马铠、弓箭、战袍、金带、手刀、银缠枪、海皮鞍。送军旗一面，旗上绣"精忠岳飞"四个大字。

绍兴四年（1134），岳家军已达六万，战力高于韩世忠、刘光世指挥的部队。

铁军。铁流。铁的纪律。

铁军计划从鄂州（今湖北武昌）渡江北指，先攻郢州（今湖北钟祥）。岳飞亲自领军攻城，士兵们"累肩而升"，叠人墙登上城头，杀伪军七千。绰号"万人敌"的伪齐名将荆超，死在岳飞的银缠枪下。"精忠岳飞"的旗帜插上城头。

破城的第二天，岳家军连夜疾进，挥师襄阳，一举拿下。牛皋自告奋勇，只带三天口粮去攻随州，众将哂笑，因为随州城池坚固不好打。然而牛皋两天就把随州打下来了，活捉了伪知州。岳飞给牛皋记功，牛皋却把战功推给张宪，张宪又不受，说岳云打前阵功高……

君子身边簇拥着君子。尽管朝廷小人依然占据要津。

庆功宴上，岳飞像苏轼一般"把盏为乐"，玩玩酒杯而已。那是一款精致的荷叶杯，曾藏于秘府，据称是苏东坡生前所爱。

岳帅望着帐下的将士们，未沾酒而乐陶陶。

牛皋一饮三百杯，大笑恰似猛张飞。有什么样的统帅，就有什么样的军队。

朝廷污浊。岳飞的军队是一股沙场清流。

将军不问朝堂事，却在皇帝阴影的覆盖之下。

岳飞驻军襄阳，上书赵构："臣窃观金贼、刘豫均有可取之理：金贼累年之间，贪婪横逆，无所不至，今所爱唯金帛、子女，志已骄堕；刘豫僭臣贼子，虽以俭约结民，而人心终不忘宋德。攻讨之谋，正不宜缓。苟岁月迁延，使得修治城壁，添兵聚粮，而后取之，必倍费力。……以臣自料，如及此时，以精兵二十万直捣中原，恢复故疆，民心效顺，诚易为力。此则国家长久之策也，在陛下睿断耳！"

绍兴四年（1134）的七八月，岳飞的军队攻克邓州、唐州、信阳军。

每战必胜，每攻必克。

这一年九月，金兀术带金兵主力与伪齐精锐合力南犯，骑兵、步兵渡过了淮水，远远避开岳飞的防区。赵构怕金兀术，金兀术怕岳飞。赵构急召岳飞率军护驾，御札曰："近来淮上探报紧急，朕甚忧之，已降指挥，督卿全军东下。卿夙有忧国爱君之心，可即日引道，兼程前来。朕非卿到，终不安心，卿宜悉之。"

岳飞的全部人马驰援淮西，在庐州境内与金兵接战，大败金兵。头戴金盔的岳帅亲自上阵，斩杀敌军将领，如同探囊取物。金兀术颓丧班师。年底，金兵与伪齐的这次合力南犯以失败告终。

骄横不可一世的金兀术叹曰："撼山易，撼岳家军难！"

赵构在行朝（行进中的朝廷）唱歌，百官弹冠相庆。

绍兴五年（1135）二月，岳飞受诏赴杭州见皇帝。此后数月，他受命去打起义军。

绍兴六年（1136）秋，已升至检校少保的岳飞，把他的大本营从襄阳迁回鄂州。忽一日，行军途中大雨滂沱，岳少保骑马淋雨，任凭山林呼啸狂风，他只一动不动，很享受的模样。战场上愈战愈勇，暴雨中越淋越舒服。这个勇士的日常姿态感染了身边所有人，随行文书落笔快，记下了这一细节。密集的雨点扑打英俊的面孔，近乎窒息的感觉真是有点爽啊。鄂州淋暴雨的形象，带出岳飞元帅的少年英姿，一年三百六十日，勤练刀枪与棍箭。风霜雨雪不废，大毒日头照常，新婚燕尔不赖床，健步出洞房。

"自信人生二百年，会当水击三千里。"

好个岳鹏举，岳将军，岳元帅，岳少保。

报仇雪恨。还我河山。直捣幽燕。

好个气吞山河的马背上的君子。

伟大的文学作品《满江红》诞生于岳飞淋雨之后，在一座寺庙里："怒发冲冠，凭栏处，潇潇雨歇。抬望眼，仰天长啸，壮怀激烈。三十功名尘与土，八千里路云和月。莫等闲白了少年头，空悲切。　靖康耻，犹未雪。臣子恨，何时灭！驾长车，踏破贺兰山缺。壮志饥餐胡虏肉，笑谈渴饮匈奴血。待从头、收拾旧山河，朝天阙。"岳飞的恨，多么有力。

从戎十几年来，仇恨燃烧着岳飞的每一天。这是情绪的铀矿，恨与爱共属一体。大恨，大爱，此之谓也。炽热的情感化作日常之所为，大度，冷静，坚韧，谨慎，仔细。这些都是统帅气质的组成部分。岳飞带兵，带出了一支神兵，所向无敌的神兵。

李广的军队。岳飞的军队。

毛泽东的人民军队。

"革命军人个个要牢记，三大纪律八项注意。……"

熟悉的旋律永远激昂。

岳飞屯军鄂州，发生了一件意想不到的事，军官贺舍人的妻子与和尚私通。一查，发现类似的秘事不少。军官们长期在外征战，后院起火了。家眷到寺庙烧香拜佛，和尚趁机勾引。一个和尚得手，大和尚、小沙弥就不甘落后。欲火点燃欲火。妇人烧香也画眉，和尚笃笃敲木鱼，敲出风流节奏来。

事发，军官们一个个怒不可遏。岳帅如何处置？

真是伤脑筋，这种事比打仗还麻烦。

岳飞和参谋反复商量，决定只处置贺舍人的老婆与那花和尚，以儆效尤。其他跟和尚有染的军官老婆从轻处理，花和尚一律脸上刺字，乱棍赶出寺庙，令其还俗种田，一辈子为下等户。

岳飞不忍心多杀。一些军官不理解，但尊重岳帅的决定。

岳飞律己严，像诸葛亮一样不近声色，这使他麾下的将士们谨守军纪，只知奋勇杀敌。部队驻扎过的许多地方，没有一个官兵在军营之外闲逛。骚扰当地的事件有二，一是他的舅舅姚某，二是他的老朋友傅庆，皆以死罪论处。傅庆高超的武艺并不能救他自己一命。于是，全军上下皆知统帅之心。岳云犯了军纪照样重惩，一百军棍不留情。

杨再兴在战场上杀死岳翻，旋又投降，岳飞为杨再兴松绑。

岳飞做的每一件事都是为了北伐金贼。

蜀帅吴玠花二千贯买来一个"士族女子"送岳飞，岳飞将她送回去。官员家的女儿有才有貌，虽因家道中落沦为侍儿舞姬，身价却高。高官纳妾是普遍现象。岳飞矢志坚，戒酒，不置二房。平时家里的饭菜非常简单，食止一肉，严禁二肉，做寿过节，决不允许七盘八碗的。长期这样。夫人李氏穿布衣，节庆日才穿一回帛衣。范仲淹的风范，司马光的风范。岳飞爱吃牛肉，次为猪肉，每餐素菜多肉食少，八尺大汉狼吞虎咽，日食斗米。牛肉长肌肉，猪肉有补充大脑之功效，不过，宋代大户人家一般是不吃猪肉的。岳飞酷爱苏词、苏体字，爱屋及乌，爱上了肥而不腻的东坡肉、东坡肘子。

　　　　　　　　　　　　　　　　　　大宋十君子

杭州是苏东坡做过知州的地方，杭人敬爱东坡几十年不变。

岳飞去杭州，总是在苏堤上饱餐东坡肉。这种吃法，一时流行于杭州。

岳飞对儿女们说："吃素的高僧们不是大都长寿吗？"

次子岳雷八九岁，已经习武几年了。家里的书卷，兵书占一半。

兵书看了就忘了，忘了就记住了。诸葛亮读书"观其大略"。这是上乘的读书法。

岳飞从来不需要死记硬背。看军事地图，往往从日出看到日落。吃饭停箸遐想，脑子里正有千军万马。

生活中的每一个细节都透露了五个字：时刻准备着。

岳飞与高宗的往来信札多达百封，岳飞的上书，绝大部分是请战、请兵，没有一封是为自己请功的。手握重兵的刘光世在前线怯战，一退再退，把淮右一带断送伪齐。这个大帅迷于酒色，导致他的帐下诸将享乐成风。朝廷舆论沸腾，赵构想撤掉刘光世。这是岳飞扩充武装的好时机。赵构和张浚商议后，决定把刘光世的近六万军队交给岳飞。

岳飞兴奋极了，上书云："臣自国家变故以来，起于白屋，从陛下于戎伍，实有致身报国、复仇雪耻之心，幸凭社稷威灵，前后粗立薄效。陛下录臣微劳，擢自布衣，曾未十年，官至太尉，品秩比三公，恩数视二府，又增重使名，宣抚诸路。臣一介贱微，宠荣超躐，有逾涯分；今者又蒙益臣军马，使济恢图。臣实何能，误辱神圣之知如此，敢不昼度夜思，以图报称。臣窃揣敌情，所以立刘豫于河南，而付之齐、秦之地，盖欲荼毒中原，以中国而攻中国。粘罕因得休兵养马，观衅乘隙，包藏不浅。……"

接下来的数百字，讲渡江北伐的具体步骤。由岳飞这封奏折可知，皇帝已打定主意把刘光世所部并入岳家军。然而没过几天皇帝变了，《赐岳飞谕淮西合军曲折御札》称："淮西合军，颇有曲折。"

岳飞去找张浚，张浚支支吾吾。岳飞飞马赴建康，请见赵构，君臣谈不拢。

岳飞失望至极，自回庐山东林寺旁的居所，写信给朝廷，请求罢军职，持余服（接着为母守孝）。赵构急了，派专使到庐山劝岳飞返回鄂州军营。岳飞不从，写了第三道奏扎，说只为收复河山、两京（开封、洛阳），绝无半点私心杂念。

赵构封还奏折，称："今再封还来奏，勿复有请。"

岳飞连日黯然神伤。二十万大军渡江成泡影。

七月，岳飞回大本营。

赵构这个人太复杂，主要的意志是坐稳他的龙椅，偏安于江南。他忽而是投降派，忽而是主战派，其时叫"和戎"与"恢复"。宋军的主动北伐，事实上是为了保住江淮以南。高宗打着恢复赵宋宗庙、迎回徽钦二帝的旗号，获得民心军心，却暗藏私心：两个老皇帝真的回来了，他的龙椅就坐不稳。后来的学者渐渐看清这一点，当时却云遮雾罩，九重（皇宫）之内的心思讳莫如深。更有一个绰号"秦长脚"的秦桧。

当时有民谣："秦长脚，跑得快，一脚踏入金兵寨。"

初，这个秦长脚被金兵带走，在金国待了几年，频繁接触包括挞览、粘罕在内的女真高层，生活挺滋润。忽一日，秦长脚带了妻妾及大量珠宝到杭州，宣称是砍倒金兵逃回来的，并且，在三个月

　　　　　　　　　　　　　　　大宋十君子

之内当上宰相。这一套鬼都不信的谎言，高宗赵构却相信。他重用秦桧有玄机。学者们认为：秦桧肯定是金国派到南宋的间谍。邓广铭先生亦持此说。赵构可能心知肚明，但出于他自己的盘算不予道破。

什么盘算呢？割地求和的盘算，丧权辱国的盘算。

赵、秦二人闭门密商，赵构总是怀揣匕首以防不测。秦桧这厮太阴险，连鬼都怕他。后来他让岳家军孤军深入，阻止其他的北伐军队合围开封，这是借金人的刀杀岳飞。

秦桧到处宣称中国人唯当着衣啖饭，徐图中兴。赵构表示赞赏。"徐图"二字，对横扫金兵的岳飞是潜在的威胁。

赵构念念不忘的是皇位：有限的北伐，无限的皇权。

秦桧得势，进一步宣称"南人归南，北人归北"。八个字，震动朝野。北方人打仗历来强于南方人，让北人归北，不是要瓦解南宋的武装力量吗？而北方受金人奴役的人民，谁还敢跑到江南来？在舆论的强烈谴责下，赵构罢免了秦桧。但没过几年，秦桧又做了宰相。

赵构玩尽花招，秦桧阴险至极。

军营中的岳飞，哪知这些政治猫腻。南宋朝廷复杂万端。若干年后的虞允文、辛弃疾遭遇相似。战士陆游叹曰："渭水岐山不出兵，却携琴剑锦官城。"彼时宋孝宗在位，指手画脚的是太上皇赵构。辛弃疾："却将万字平戎策，换得东家种树书。"

游牧草原的女真族，立国十余年，能够单纯发力，二三百万人的小国，打败一亿人口的、经济实力雄厚的大宋。岳飞清晰地看见这一点。而赵宋朝廷近一百八十年，利益交错，矛盾重重，官员的欲望持续嚣张，恰似一团乱麻，剪不断，理还乱，形成合力不可能。

汉，唐，宋，利益长期纠缠，导致国运衰败，而上演中华民族的大悲剧。

孔孟，老庄，于此告诫多多。为什么告诫？他们看乱世看得太多了：利有刀，利嗜血。

绍兴八年至九年（1138—1139），宋与金在一大片反对声中签订了所谓和约。金兀术大军压境，一面遣使讲和，答应送还赵佶的棺木，"割让"河南、陕西。而宋高宗见金国使者，则必须换臣子的服饰，行跪拜礼，取消帝号，以藩属国的口吻称颂大金，年年向金国纳贡。

和议的条款一出，南宋举国愤怒。南宋百万军队，能征善战、屡败金兵的岳家军、韩家军就有几十万，却不能与金贼一战，反而要拱手让出大好河山，承认野蛮至极的占领者。

赵构公然说："若使百姓免于兵革之苦，得安其生，朕亦何爱一己之屈。"

秦桧对赵构进言："若陛下决欲讲和，乞陛下英断，独与臣议其事，不许群臣干与，则其事乃可成。不然，无益也。"

赵构答："朕独与卿议。"

宋代学者胡寅《读史管见》，画出秦桧嘴脸："挟虏以自重，劫主以盗权。"

宰相赵鼎、枢密院副使王庶等一大批朝廷重臣力斥和议。女真议和是有大阴谋的，大将韩世忠上书赵构，一针见血地指出："今国家避地东南，目前军势，贼尚提防，虽谋吞并，未敢轻易深入，故用此谋，诈许交还陕西，意望移兵就据，分我兵势。其贼必别有谋画，志在一举，决要倾危，绝彼后患。况陕西诸路，出兵产马，用

　　　　　　　　　　　　　　　　　　　大宋十君子

武根本之地，岂肯真实交割，资助我用？显是巧伪甘言，以相诳赚。"

赵构不理睬韩世忠，秦桧撤销了王庶的职务。

大臣们或独奏，或联名上书，乞斩卖国贼秦桧。赵构一笑置之。

女真的代理人秦桧声称："我欲济国事，死且不避，宁避怨谤？"

秦桧作为赵构的全权代表，以"江南国"臣子之礼，接受"大金"的国书，把金国"诏谕江南使"恭送到宰相府下榻。那一天，临安（杭州）十万户一片死寂，"军民见者，往往流涕"。街头巷尾贴满了标语："秦长脚是细作。"

士兵连夜撕去，次日标语又贴出来。如是者累月。苏州、湖州、绍兴等地皆然。

民心，军心，官员之心，挡不住赵构的卖国心。

和议达成了。

岳飞愤怒上表，申北伐之志："臣愿定谋于全胜，期收地于两河。唾手燕云，终欲复仇而报国……"秦桧读此表，恨得大喊大叫。赵构提升岳飞为从一品，开府仪同三司，他把岳飞比作西汉的卫青、霍去病，想要以此封住岳飞的口与笔。

然而，岳飞不受。上札子曰："所有告命，臣不敢祇受！"

君子大义凛然，拒绝皇帝的恩典。

赵构不允。岳飞再上札子："臣近者屡犯天威，力辞恩宠……伏望陛下检会臣累次札子，追寝成命……"赵构不许，"成命"不收回。岳飞上《乞解军务札子》，决计不与卖国贼同流合污。札子有云："盖自从事军旅，疲耗精神，旧患目昏，新加脚弱，虽不辞于黾勉，恐有误于使令。愿乞身稍遂于退休……他日未填沟壑，复效犬马之报，亦未为晚。"

旷古之英雄，称病辞军职，亦旷古之奇事！

赵构不答复。岳飞奏进《乞解军务第二札子》。朱批下来了："所请宜不允。"

岳飞自回鄂州去了，一路上屡屡望青天。札子上的句子回流脑际："他日未填沟壑，复效犬马之报，亦未为晚。"只要活着，就要报国。

笔者行文至此，万千感慨。此间知道了，什么是中国勇士的心。

恨与爱，一万年不能消。

"待从头、收拾旧山河……"

和约签订的第二年，金人撕毁条约，再度马踏河南。绍兴十年（1140）夏，金兀术率二十万精骑，分四路南下，攻洛阳，围开封，打归德，袭击顺昌府（今安徽阜阳）。所过中原州县，万千屠刀挥向城乡的男女老幼。民间武装奋起反抗，官兵多溃败。

开封、洛阳、郑州等地再次沦陷，百万百姓大逃亡。

赵构慌了，连下数道御札，六月六日、十一日、十二日、十九日，赵构犹豫徘徊又十万火急，命岳飞渡江，复下密旨另作图谋。驻扎于战略要地鄂州的岳家军，早已枕戈待旦，一接诏，连夜开拔。这种速度，其他将领是做不到的。

"兵贵神速"的前提是时刻准备着。时刻准备着的前提是万众一心。万众一心的前提是统帅之志。六月十三日，牛皋的先锋部队已渡江，与金兵接战，首战告捷。六月二十三日，岳家军的统领官孙显，大破金兵于陈、蔡州界。

"壮志饥餐胡虏肉，笑谈渴饮匈奴血。"

岳飞曾经把一个全身盔甲的金兵将领从头劈成两半，如此神力，连他自己都吃惊。飞将军李广曾以为一块巨石是猛虎，一箭射去，中石没矢。《史记·李将军列传》有载。

建炎三年（1129），岳飞收复建康。

绍兴四年（1134），岳飞收复郢州、随州、襄阳等六州郡。

绍兴六年（1136），岳飞挥师北指，直抵伊、洛、商、虢、陈、蔡等地。

绍兴七年（1137），岳飞渴望合并刘光世的数万大军，以二十万雄兵渡江北伐。

绍兴十年（1140）仲夏，阵容强大的岳家军挺进河朔。铁流千里。

然而，一个叫李若虚的人把皇帝的密旨带给岳飞："兵不可轻动，宜且班师。"相似的密旨又给了正在顺昌府与金兵激战的刘锜。

岳飞不管密旨。将在外君命有所不受。六月中旬，他的主力部队已全部开抵河南的腹心地带。沿途数十万民众，箪食壶浆迎接岳家军。

闰六月十九日，张宪所部克复顺昌府。贼众退向颍昌，岳飞亲率大军攻城，只半天，拿下颍昌府。贼众再退陈州（今河南淮阳），牛皋、徐庆所部与张宪会师，在陈州城外与贼兵接战，把金兵打得丢盔弃甲。岳家军收复陈州。

二十五日，岳家军收复郑州。

虎狼之师，大破金兵如卷席。

七月十二日晨，岳飞的大军进入西京洛阳。金兵、伪军四散逃命。

此间，岳飞派人联络的河朔忠义民兵，在各个战场上打击金军，"剿杀金贼，占夺州县"。部将赵云、梁兴、董荣等，以正规军汇合民兵，阵地战配合游击战，屡战屡胜，士气大振。

岳飞叹曰："赵云真虎将也，直似蜀汉国的赵子龙！"

岳飞的司令部设在顺昌府的郾城县，重兵驻扎顺昌府城。金兀术探知郾城守兵不多，便集结了一万五千多精骑突袭岳飞，想打掉岳飞本人和岳家军的司令部。金兀术带龙虎大王、盖天大王，抄袭岳飞的大本营，自恃"铁浮图""拐子马"横扫中原无敌手。金兵到了离郾城二十多里路的地方，岳飞的数千亲卫军（背嵬军）前来迎战。这支亲卫军由岳云率领，战力极强，锐不可当，类似西楚霸王项羽的八千子弟兵。岳飞命令将士们每人持三种利器：麻扎刀、大提刀、大砍斧，上砍金兵，下砍马足。三种兵器的重量合起来达百斤，提刀、砍斧又长，却还要舞得顺手，挥得猛烈，砍个正着。

平日的沙场训练极严，岳帅常常亲自示范。

当年的"赢官人"岳云，挥舞一双大铜锤，每战，一马当先，创下一次战斗杀死金兵百余人的记录。岳云披挂上阵时，岳飞说："必胜而后返，如不用命，吾先斩汝矣！"

岳帅本人不顾部将的劝阻，跃马挥枪。部将死拽元帅马头，岳飞把马鞭子抽到他手上，几乎抽断指骨。岳飞飞马二十丈，一枪刺死金军贵族大头目，穿紫袍的尸体上有个红漆牌，写有"阿李朵孛堇"字样。亲卫军统领岳云，双铜锤砸死金兀术的女婿、上将军夏金吾。

金兵溃退，岳飞挥师追杀三十里。

元帅勇猛，诸将个个争先。杨再兴的长枪、牛皋的板斧、岳云的铜锤，杀得金贼魂飞魄散，哭爹喊娘。

郾城外的血战打得天昏地暗，几十次排山倒海般的短兵相接，你扑过来，我扑过去，夏日炎炎赤膊厮杀，血与汗交流，断肢也做了武器，仇恨的牙齿咬断金兵的脖子。

　　　　　　　　　　　　　　　　大宋十君子

"人为血人，马为血马"，这是战后的描述。

从 1125 年到 1140 年，金军屡屡南下，中原、山东、淮南、江南，反复蹂躏践踏，连婴儿和老人都不放过。杀戮的数字无法统计。

血债要用血来偿。

岳飞的创造性战术，让将士们用三种利器，破了金兀术的铁浮图、拐子马。

金兀术悲号："自海上起兵，未有今之败也！"

金兀术又悲叹："自海上起兵，皆以此（铁浮图、拐子马）胜，今已矣！"

狂妄十几年的金兵，仓皇相顾曰："撼山易，撼岳家军难！"

绍兴十年（1140）七月八日到十八日，郾城-颍昌大决战。五万岳家军打败十二万金兵，让金兵抛下了两万多具尸体。杨再兴及其三百壮士全部战死，杨将军浑身中箭，达两升之多。

朝廷枢密院奏书曰："勘会岳飞一军于郾城县，独与番寇全军接战，大获胜捷。"

岳家军独战女真全军，大获全胜。

金兀术退守开封城，惶惶不可终日。

岳飞乘胜进军，打到了离开封四十里的朱仙镇，枪挑小梁王，直取金兀术。

金兵龟缩于开封。岳飞的大军兵临城下，从六个方向团团围困，破城只是时间问题。金兵不敢迎战。金兀术与岳飞硬碰硬的较量，从未打赢过。

不断有敌军将领逃出开封城，投降岳飞，包括龙虎大王的部将。金军的大将韩常也派人潜出城门，要投降。金兀术本人几番想放弃开封，逃回燕京老巢。

然而问题出来了，问题出在南宋的都城临安。高宗在盘算，宰相秦桧搞阴谋，昏君奸相终于合谋（平时常常各怀鬼胎），连下十二道金牌，"过如飞电"，一日五百里，强令岳飞班师。此系战争史上最为荒诞的事件。

赵构不想收复北方，不想迎钦宗回朝，不让岳家军更强大。秦桧一心要置岳飞于死地。

秦桧串通杨沂中等人上奏："兵微将少，民困国乏，岳某若深入，岂不危也！愿陛下降诏，且令班师。"赵构当日批复。这厮把朱笔一扔，转身步入酒池肉林。

岳飞接到班师诏，又惊又怒，连夜疾书呈送皇帝的《乞止班师诏札子》："契勘金虏重兵尽聚东京，屡经败衄，锐气沮丧，内外震骇。闻之谍者，虏欲弃其辎重，疾走渡河。况今豪杰向风，士卒用命，天时人事，强弱已见，功及垂成，时不再来，机难轻失！臣日夜料之熟矣，唯陛下图之。"

未久，岳飞命笔再奏："臣契勘金贼近累败衄，其虏酋四太子（金兀术）等皆令老小渡河……此正是陛下中兴之时，乃金贼灭亡之日，若不乘势殄灭，恐贻后患。"

岳飞不肯班师。这两封奏札是铁证。

当时沦陷区的抗金力量，汇聚了四十万人马，奔向开封。岳飞打下开封，聚歼金军主力是最佳时机。"……功及垂成，时不再来，机难轻失。"然而，高宗看完札子咆哮于庙堂，竟然连下十二道金牌，强令岳飞班师。如果岳飞再抗旨，朝廷将切断岳飞六万大军的粮草补给，并加以严罚。

从杭州凤凰山的皇宫到开封两千里，快马驰送十二道金牌，谓岳飞孤军不可久留，令班师赴阙奏事。张浚驻扎亳州的十多万大军，不仅不声援岳家军，反而渡淮水后撤到寿春，证实了岳飞此前不安的猜想。三大将之一的刘锜手握数万"八字军"，同样不能牵制敌人，史料记载，"锜方欲进兵乘敌虚，而桧召锜还"。

事实上，朝廷要岳飞孤军深入。有人想借金兵除掉他。

孤军深入的岳飞却打败了金军主力，赵构强命他班师。

皇帝的小算盘葬送大好河山。

岳飞仰天长叹，泪如雨下，徐徐道："十年之功，废于一旦！所得州郡，一朝全休！社稷江山，难以中兴，乾坤世界，无由再复！"

六万铁军，四十万河北忠义军，与中原百姓抱头痛哭，哭成泪军。百姓拥戴岳飞，岳飞一走，金兵反扑，更将疯狂屠戮中原。凡是愿意跟随岳飞南渡的百姓，岳飞均予以收留。军民南迁，迤逦向淮河。岳飞在途中醉书诸葛亮的《出师表》，大泪滂沱。左右将士泣不成声。

"靖康耻，犹未雪。臣子恨，何时灭！驾长车踏破贺兰山缺。壮志饥餐胡虏肉，笑谈渴饮匈奴血。待从头、收拾旧山河，朝天阙。"

然而天阙（朝廷）等着岳飞的，是巨大的阴谋和极卑劣的手段。先是以明升暗降的方式削去岳帅兵权，然后精心罗织罪名。秦桧要岳飞死，《宋史》记得明白。高宗也要岳飞死。

三大抗金名将，岳飞、韩世忠、刘锜被解除了军职，离开了自己的部队。整个过程是个迷雾重重的连环套，赵构、秦桧精心谋划，张浚两面三刀，下边有一批爪牙。

绍兴十一年（1141）十月，闲居庐山的岳飞被骗至杭州，旋即下狱。全国为之震动，韩世忠怒气冲冲去找秦桧，质问："岳飞究竟犯了何罪？"秦桧答以"莫须有"（也许有）。

英雄岳飞，在杭州大理寺的狱中备受折磨，连狱吏都来吼他："叉手正立！"

英雄反吼狱吏："我尝统十万大军，今日才知狱吏之贵也！"

岳飞面时诬告，凛然驳斥审判官："对天盟誓，吾无负于国家！汝等既掌正法，且不可损陷忠臣。（否则）吾到冥府，与汝等面对不休！"

十一月七日，南宋政权提交的和约，金国皇帝完颜亮批准。主要有两条，宋金疆界，东以淮水中流，西以大散关为界，宋割让唐、邓二州和商、秦二州之半归金；宋向金称臣，每年向金纳贡银子二十五万两，绢二十五万匹。

宋廷官方文件统称"大金"，不得使用"虏寇""夷狄""仇敌"等字眼。

韩世忠等上书，大呼"秦桧误国"，旋遭弹劾。从此，韩世忠"绝口不言兵"。

南宋朝野关注着临安大理寺（今杭州湖滨小车桥附近）。

岳云、张宪先已被打入大牢，每日遭殴打、辱弄。岳飞次子、十六岁的岳雷未能免。

岳飞绝食，铁窗边伫立到天黑，凝望斜对面岳云、张宪的牢房，心疼爱子和爱将，牵挂监狱外的李夫人，思念儿子岳霖、岳震、岳霆和女儿安娘。

狱卒送肉饭，岳飞视而不见。岳雷扑通跪倒，一声声呼唤亲娘，希望娘来劝爹。

神勇无敌的伟男儿，面对失声痛哭的岳雷，不禁潸然泪下，答应儿子进食。

纵横沙场的岳云被打得血肉模糊。张宪受酷刑神志不清。

杜撰罪名的文书递入皇宫，高宗赵构即日"朱批"（朱砂御批）。毒杀岳飞于狱中，斩岳云、张宪于街市。判官原把岳云判徒刑十三年，赵构改判为死刑。二十多岁的岳云武艺太高，名气太大，不杀留后患。另一猛将牛皋被毒死。岳飞的部将多被残酷清洗。

十五年来南征北战、所向无敌的岳家军散了。其他的将帅寒了心，韩世忠再也不问北伐事，每日饮酒，垂钓于西湖烟波……南宋军队的士气从此一蹶不振。

沦陷的北中国一片荒芜，民间的抗金武装支撑艰难，各地的人口和生产力剧降。

陆游："遗民泪尽胡尘里，南望王师又一年。"

南宋向金国俯首称臣，割地赔款，每年贡金帛巨万。官方文件一律称金国为"大金"。投降派弹冠相庆，金国人奔走相告。

二十年以后，金人还说："岳飞不死，大金必亡也！"

绍兴十一年（1141）十二月二十九日，岳飞死于风波亭，时年三十九岁。

临刑前，我们的英雄在墙壁上写下八个大字："天日昭昭！天日昭昭！"

少年岳雷，死死抱着父亲的腿……

杭州的街市上，行刑的刽子手狞笑着，手起刀落，二十四岁的岳云身首异处，愤怒的血溅到了三丈外，仇恨的牙齿咬紧石头。杭州城关门闭户，鹅毛大雪纷纷扬扬，像上苍撒下的纸钱。湖州、越州皆大雪，太湖、鉴湖白茫茫。

赵构沉迷于后宫的脂粉堆，一脸嬉皮相，状如宋徽宗。秦桧品茶于凤凰山，架二郎腿论"功"行赏。参与岳飞案的大小官员皆受提拔，恶人与恶人觥筹交错。

南中国、北中国，炎黄子孙吞声哭。

此后二十年，抗金的文臣武将均遭清洗，投降派占据要津。

此后六十年间，金人在中原大搞"刷地"，掠夺汉人土地，汉人逃亡。汉人逃亡以河南为最，三分之二的耕地变成荒地。山河破碎。汉民族苦难深重。

隆兴元年（1163），岳飞的冤案才得到昭雪。宋孝宗下旨，谥岳飞"武穆"。后来，皇帝追封岳飞为鄂王。鄂州是岳家军驻扎时间最长的地方。

岳飞是历史上堪用伟大来形容的英雄之一。亿万民众崇拜他，形成历史大潮，岳王庙南北多有，岳飞受到人民群众由衷的爱戴。不喜欢他的封建统治者也要利用他。

中华民族面临外敌入侵之时，"岳飞"二字，势同千军万马。

爱祖国，恨敌人。爱与恨铸就岳飞，铸就抵抗侵略的钢铁长城。

岳飞这个符号的另一个意义是成长的坚实，童年，少年，青年。这对今天的启示不言而喻。岳飞是生存敞开的万年楷模，是灵与肉完美结合的人类典范。

每一秒钟都活得昂扬，这是什么样的生存姿态？

他官至从一品，家里的饭菜总是和范仲淹、司马光一样简单。李夫人穿布衣。皇帝要在杭州西湖边上为岳飞建豪华官邸，岳飞婉拒。军中经常与士兵同食，像他崇拜的飞将军李广。为国家呕心沥血，像他崇拜的诸葛亮。以一己之身担当天下，像他仰慕的苏东坡。

生活简朴而抵达生存的极致。

这话说的是什么？简朴方能抵达极致。

"君子忧道不忧贫。"

君子"修己以安百姓"。

2020 年 11 月二稿于眉山之忘言斋

辛弃疾：气吞万里如虎

辛弃疾武艺高强，谋略过人，却长期受南宋朝廷的排斥，一身本领闲置。他出身于沦陷的山东，二十二岁就拉起两千多人的队伍，在敌后建立根据地，神出鬼没地打击金军。他南渡后的军事论文《美芹十论》，显示出对金作战的非凡的战略眼光。可惜一腔热血化作东流水，"却将万字平戎策，换得东家种树书"。

中国历史上，辛弃疾的形象颇为独特。总觉得他跃马挥枪，漫山遍野旌旗在望。岳飞《满江红》："莫等闲白了少年头，空悲切！"辛弃疾恰好是少白头：人未老，白发已萧萧。

是什么样的郁闷愁苦，白了他的少年头？

"想当年、金戈铁马，气吞万里如虎。"

"郁孤台下清江水，中间多少行人泪。西北望长安，可怜无数山。"

公元 1127 年，北宋变成南宋。从范仲淹到苏东坡，几代杰出的士大夫，为国运长远付出毕生心血。然而功亏一篑。名相王安石至死也想不到，熙宁新法终成小人盛宴。无休止的党争，让阴谋家、弄权者迅速攻占庙堂。

《宋史》称：宋徽宗"矜小智"。大智若愚，小智装模作样。这个历史上最嬉皮的皇帝，带领一批唱曲踢球的痞子大臣，葬送了古代最好的王朝。钱钟书、陈寅恪、邓广铭等人，对北宋推崇备至。

国，破了；家，败了。国与家的联系突然变得如此之紧。

而北宋士大夫们早就深忧这一天。可是官员队伍中看重利益的多，小人又兴风作浪。君子的道义联盟，终于不敌小人的利益团伙。大厦倾，皇舆败绩。天下苍生涂炭。历史长河又是血浪翻卷。

高瞻远瞩的君子，鼠目寸光的小人，二者冰炭不容。

"靖康耻，犹未雪。臣子恨，何时灭！"

靖康耻，始于1126年。两个皇帝被金人捉去燕京，大量嫔妃做了金人的奴隶。皇后生下侵略者的儿子……大宋的臣子与百姓，切齿痛恨，而宋徽宗赵佶在敌国照样娱乐。

当战无不胜的岳家军打到离开封只有四十里的朱仙镇时，宋高宗用十二道金牌召岳飞退军。皇帝玩什么把戏？当时云遮雾锁，后来清楚了：其一，宋高宗不希望宋徽宗或宋钦宗回来坐龙椅；其二，不要岳飞这样的将军威信太高，成所谓尾大不掉之势。

当皇帝只是一个寻欢作乐的小人的时候，智勇双全的臣子们的命运可想而知。韩世忠临死前高喊："渡江，渡江！"岳飞被害死在风波亭。

我分明记得，念小学时看连环画《风波亭》，真是恨得咬牙切齿。顺便提一句，当时的连环画太好了，画汉代是汉代的感觉，画宋代是宋代的味道，画解放军打仗，解放战争的硝烟味不同于抗美援朝；画《红岩》，把山城重庆画得那么逼真。差异化表达的背后是画家们的精益求精。

恨是什么？恨就是爱。恨秦桧，爱英雄岳飞。二者共属一体。

金兵屠杀汉人的罪行令人发指，屠城，男女老幼杀光。邓广铭《辛弃疾传》："当金兵去围攻澶州的时候，也遭受到城中军民的顽强抵抗。到攻陷之后，也把城中居民悉数屠杀，连一个婴儿也没有留下。……此后西起相州，北至沧州，中经大名府，东经东平而至济南、淄州、青州、潍州等地，在1129年内先后全都陷入金人手中。"

黄河以北沦陷。

女真族奴役汉族，抢汉人的土地，命汉人耕种。命汉人穿女真服装，梳女真发型，"又常常捕捉大量的劳动人民到东北或西北境外去出卖或换易马匹"。

金兵攻下徐州后，长驱而南。赵构从扬州仓皇渡江，逃往杭州。淮水以北落入敌手。宋与金划淮为界。

此后十余年，金兵屡屡南侵，血洗淮南。

绍兴十年（1140），金兀术带领兵马大举南侵，在顺昌（今安徽阜阳）城下被刘锜军打得大败。岳家军由鄂州（今湖北武昌）进军，北上抗金。金兀术的主力几次被岳家军打得丢盔卸甲，岳飞的先头部队北上克复郑州，西上克复洛阳。大军所到之处，对百姓秋毫无犯。沦陷区的忠义民兵在敌后大为活跃起来，切断敌人的补给线，要迎接岳家军渡河北上，直捣幽、燕。

然而，赵构强令岳飞收兵。赵构几次派人到兀术的军营中进行卖国谈判。

昏君对他自己的利益一点都不昏。

绍兴十一年（1141）秋，宋与金订了"盟约"：南宋向金国世世称臣，并把东起淮水中流、西至大散关（今陕西宝鸡西南）以北之地，都划作金国属地了。

靖康元年（1126），陆放翁生。这一年，开封城破。

绍兴十年（1140），辛弃疾生。这一年，满腔悲愤的岳飞元帅写下《满江红》："壮志饥餐胡虏肉，笑谈渴饮匈奴血。待从头、收拾旧山河，朝天阙。"

济南城郊有个叫四凤闸的地方，是辛弃疾的老家所在地。祖父辛赞，在伪县衙做过县官。金人灭北宋，另立齐国，组建傀儡政府，刘豫做第二任傀儡皇帝。

辛家未南迁，留在祖祖辈辈耕耘过的土地上过小日子。

金主完颜亮迁都燕京之后，在燕京也弄起了科举考试。辛弃疾十八岁赴燕京考进士，未中。三年后再去考，再落榜。大约是祖父辛赞让他去的。辛家人口众多，只求过日子。

中原和华北的许多血性汉人，借科举或从军，打入敌人的内部伺机而动。辛弃疾是否属于这类汉人，无考。可考的史实是：辛弃疾再赴燕京应考的第二年，他就在济南南面的山区，拉起队伍同金兵干起来了。完颜亮发倾国之兵南侵，后方空虚，义军蜂起。

很可能，辛弃疾早就有了抗金之心。两度赴燕京，他仔细观察地理、打探敌情，后来都写进了他的军事论文。

拉队伍的细节也丢失了。济南的山区、平原，辛弃疾打了一年多的游击。

为什么细节会丢失呢？恐怕与南宋朝廷对北方"归正"人员的审查制度有关。有些事，豪放的辛弃疾也终身不提。

当时山东境内，最大的一支义军的首领名叫耿京。辛弃疾考虑到自己的队伍势单力薄，便去投靠耿京。两军会师，合成数万之众，声势浩大，与中原义军遥相呼应。辛弃疾在耿京手下任"掌书记"，掌管文书和帅印。

从 1125 年女真入侵中原以来，女真人肆意欺负汉人，让文明人做他们的野蛮统治的奴隶，任意霸占汉人的土地和财产。他们挖汉人的祖坟，并以此为乐。他们抢东西，辱斯文，强奸妇女……其种种恶行，几十年成常态，足以写成书。而北方汉族多豪士，一旦有人拉起旗帜，登高一呼，响应的汉子少则百人，多达千人。农民放下锄头拿起刀枪。辛弃疾能在短时间聚集两千余人，原因在此。

辽阔的沦陷区，英雄起四方。

辛弃疾投靠耿京不久，却发生了一件事。有个叫义端的花和尚，偷了耿京的帅印朝金兵的营寨跑去。这花和尚吃不了山区的苦，暗通金兵，窃帅印连夜逃走。耿京大怒，拿掌管帅印的辛弃疾问罪。辛弃疾向耿京立下军令状：不追回帅印，甘愿被处死！

辛弃疾带了一哨人马疾追义端，追到金兵营寨，杀退金军猛将，生擒义端和尚。花和尚跪地求饶说："辛大将军，你面如青兕，你力大能拔山，将来定有大造化……你饶了我吧！"

辛弃疾不由分说，手起刀落，义端身首异处。

青兕是古代的一种猛兽，比老虎略小。

义端吐出的这个词，向我们勾勒了辛弃疾二十多岁时的外貌。后来宋廷的官员在背后议论他，说他心如铁石、"杀人如草芥"，不宜掌大权。这种议论在南方籍的官员中颇有市场。

绍兴三十一年（1161），金主完颜亮挥师南下，被他的部属完颜雍杀死在扬州。完颜雍当上国主，因南侵受阻，后方不稳，不得已而北撤。这样一来，中原、华北沦陷区的各路义军都受到威胁。金人也学精了，对占据大小山头的义军搞绥靖政策："在山者为盗贼，下山者为良民。"以此瓦解聚集起来的汉族农民军。

　　　　　　　　　　　　　　　　　　　　　大宋十君子

义军也在想招。有文化有头脑的人，这时候派上了大用场，"智多星""赛诸葛"，一时名头响亮。山东耿京的麾下，十来个核心人物中，唯有辛弃疾精通文墨。

辛弃疾献上一计：派人联络宋廷，让义军归宋军节制，义军在山东能立足就立足，不能立时，则南下渡淮水归宋。

此系两全之策，耿京同意了。

计由辛弃疾出，联络宋廷的任务也落到他头上。山寨的二号人物贾瑞同行，此人不识字，凡事听辛弃疾的。他俩打点行装，带几个悍卒星夜上路。辛弃疾骑一匹高大的白马，身穿锦袍，月光下英姿勃勃。贾瑞叹息："辛将军文武双全胜关羽，神人也！"

他们渡过长江抵达建康（南京），一切顺利，受到宋高宗赵构的重视。山寨头领们被朝廷封官，大头领耿京任"天平军节度使"。贾瑞和辛弃疾在繁华的建康城尽情玩儿了几天，便带着圣旨返回了。

岂知山东有变。

耿京大意，命丧黄泉：部属张安国暗通金兵，联络了一个叫邵进的动摇分子，合力杀耿京，提着耿京的人头向金人请赏。

贾瑞、辛弃疾抵山东，听到了这个消息。汉奸张安国，已做了济州的知州。如何是好？辛弃疾临变不乱，又得一计：火速联系了一哨小股义军，共五十骑，驰往济州府，求见张知州。事情也凑巧：那张安国正喝醉了酒，得意着呢，以为辛弃疾投奔他来了，传令接见。辛弃疾佩剑入知府厅，以猛虎扑食之势，立擒张安国。并向济州的驻军大呼："宋廷的十万大军已经打过来了！"一面呼叫，一面出示金灿灿的圣旨。那济州的数万驻军，皆为汉人，大半是耿京旧部，纷纷望着圣旨、面朝辛大将军拜倒。

辛、王二将，押张安国，带万余人直奔淮泗，"渴不暇饮，饥不暇食"，渡过淮水，入南宋境才得休息。

张安国被刀斧手从腰部砍成两段。尸身头向北，遥祭耿英雄……

辛弃疾官封江阴军签判。带了一万多人的部队归南宋，却从基层做起。

上述传奇般的真实故事，见于南宋洪迈《稼轩记》。洪迈是辛弃疾的好朋友。辛弃疾后来自号稼轩，农家小屋的意思。从跃马挥枪的将军到普通官员，到地方大员，再到稼轩，辛弃疾的身心，经历了一个相当曲折的过程。

辛弃疾有一首《鹧鸪天》，是他唯一述及少年壮举的词作。"壮岁旌旗拥万夫，锦襜突骑渡江初。……"他穿锦袍、骑白马、执长枪的模样，颇似三国时的锦马超吧？然而，这首词下片云："追往事，叹今吾，春风不染白髭须。却将万字平戎策，换得东家种树书。"

理解辛弃疾，这首《鹧鸪天》是一把钥匙。

辛弃疾在北方打仗，到南方做官。北方的粗犷和南方的柔媚形成巨大的反差。战士走进了温柔富贵乡。对辛弃疾这样的小户人家子弟来说，富贵的生活也是突如其来。他同时在几个层面上晕头转向，不能适应。

北方打仗时，他的作品几乎为零。南方做官，也经过了若干年的郁积，才喷发为熔岩般的五彩斑斓的华章。宋词九百家，南人占八百。到了南方的辛弃疾浸润于南调。

《摸鱼儿》向我们呈现别样韵致："更能消、几番风雨。匆匆春又归去。惜春长恨花开早，何况落红无数。春且住！见说道、天涯芳草迷归路。怨春不语。算只有殷勤，画檐蛛网，尽日惹飞絮。　　长门事，准拟佳期又误。蛾眉曾有人妒。千金纵买相如赋，脉脉此情谁诉。君莫舞。君不见、玉环飞燕皆尘土。闲愁最苦。休去倚危楼，斜阳正在，烟柳断肠处。"

这首《摸鱼儿》，辛弃疾写于三十九岁，在湖南转运使任上。满目残花败柳，辛将军一声喝："春且住！"

辛词兼擅小令和长调，小令妙在字字浓缩、意在言外，长调贵一气呵成。《摸鱼儿》逾百字，一股大气贯通，豪放婉约浑呈。难怪梁启超先生惊呼："回肠荡气，至于此极。前无古人，后无来者！"

"休去倚危楼，斜阳正在，烟柳断肠处。"

从春天说到美人，从美人说到江山，多么天然。据说宋孝宗很欣赏这首词，读到这一句，脸色却沉下来了，整天不舒服。烟柳断肠处，指向更为辽阔的北国江山。孝宗志在恢复，苦于种种纠缠。辛弃疾触动了他最敏感的神经。

皇帝读出政治，才子看见缠绵，变革的悲剧人物梁启超体会荡气回肠⋯⋯

辛弃疾渡淮水到南宋，究竟经历了一些什么样的曲折，令他如此悲怆？

锦袍将军辛弃疾到南方无仗可打，埋头写军事论文。纸上刀剑纵横。《美芹十论》也叫《御戎十论》，详细分析敌我双方，指出女真族貌似强大，其实内部矛盾重重，完全可以被击败。辛弃疾建议进军山东。华北的汉族子民对金人的压迫深恶痛绝，只要有几十条汉子聚拢，就会揭竿而起。而金国在山东的军事部署相对薄弱，南宋军队打过去，胜算很大。山东站稳了脚跟，再图中原、河朔。向北则打到幽燕，捣毁金人的老巢。

辛弃疾雄心勃勃。他刚从北边过来，对敌后的形势很了解。精心谋划、富于战略眼光的《美芹十论》呈送朝廷，却是泥牛入海无消息。

这里有个历史时机的问题。隆兴元年（1163），张浚北伐失利，朝廷主和派重新抬头，孝宗又受制于太上皇高宗。辛弃疾的天才论文，碰在这个节骨眼上。

他等待回音，焦灼，郁闷。他还觉得自己是个前线的将军，而不仅是一介江阴军签判。

武艺一直在练，随时准备驰骋疆场。

辛弃疾擅长刀、戈、枪。他力大如牛。他驰骋沙场的速度非常快。

和岳飞一样，辛弃疾主张进攻，"出兵以攻人"，而不是"坐而待人之攻"。金人南侵，把淮南辟为战场，使这一带广大的地区饱受战争创伤，田地荒芜，人口锐减。辛弃疾此言，针对性极强。

这位来自北方的猛将、年轻的战略家，却年复一年待在温柔的江南，时常听到士大夫们的议论："南北有定势，吴楚之脆弱不足以争衡于中原。"

辛弃疾的慷慨激昂显得不合时宜。甚至有官员因他杀过人而厌恶他。

他一口济南土腔，南人不爱听。

辛弃疾调建康府任通判。建康是江南重镇，通判比签判又升了一级。建康的军政要员之多，仅次于临安，辛弃疾跟他们接触，见识了上流社会的生活。金陵歌舞场，难容英雄气。此间他已娶妻生子，家中另有侍妾。

每天都有应酬，家庭又是安乐窝，英雄气能持久否？

儿女情长，英雄气短。情与气相克吗？未必。

　　　　　　　　　　　　　　　　　　大宋十君子

君子有转身的能力。"君子不器。"

乾道六年（1170），孝宗在临安延和殿召对辛弃疾。召对，是皇帝在便殿召见臣下的专用名词，不拘泥于"组织程序"。对辛弃疾来说，这个机会太重要了。不过，据《宋史》，辛这次见皇帝，谈得并不愉快。"弃疾因论南北形势……持论劲直，不为迎合。"

辛将军慷慨激昂，孝宗不动声色。龙颜莫测高深……

显然，辛弃疾的话，未能说到皇帝的心里去。孝宗所面临的朝廷形势非常复杂。辛弃疾未能揣摩孝宗的心思，拿捏好分寸，把话说到位。

召对后，辛弃疾留在朝廷做官：司农寺主簿。

虞允文当丞相，辛弃疾再写《九议》，对这位著名的强硬派人物寄予莫大希望。虞允文曾于采石矶大败金兵。

主战的将军向主战的丞相进言，仍是毫无反响。

辛弃疾再度陷入深深的苦闷。不知道这究竟是怎么一回事。前后十九篇军事论文，呕心沥血，远见卓识力透纸背，同僚们私下里击节赞赏，递到皇宫和丞相府，却不见任何回复。

想不通啊。单纯的将军碰上了错综复杂的政治难题：皇帝、丞相的心思，叫人捉摸不透。

单纯能发力，像那些大漠深处的游牧民族；复杂导致内耗，扯不完的皮，像立国几十年后的历代封建王朝。所以，从复杂返回单纯，是个很大的历史课题。

辛弃疾不甘休，连上几封奏疏，恳请朝廷充实淮南人口，建立民兵组织，并尽快迁都建康，以振南人颓靡之心。后世学者们指出，辛弃疾的这些建议，表明他已具备全局性的眼光，将才、帅才集于一身。金陵与临安的繁华，难以消磨他的英雄气。

渡淮南下十年，英雄受着煎熬。

艺术却在孕育中。

《太常引》："一轮秋影转金波，飞镜又重磨。把酒问姮娥：被白发欺人奈何？　　乘风好去，长空万里，直下看山河。斫去桂婆娑，人道是清光更多！"

飞镜重磨，时光流转，白发欺人哪。恨不能学那嫦娥奔月，背负青天看山河。山河破碎，血性男儿心碎。月宫里不是有棵桂树吗？枝繁叶茂不好，遮去人间清光太多。抡圆了斧头修理它，砍成赤条条、光秃秃。除了辛弃疾，好像未曾听说过，有人想去削那桂树。

将军挥笔如刀。

从山东到江南，从青丝到白发，从刀枪到笔墨。

英雄气原封不动，只转化了形态：一代文豪悄然登场。

建康通判三年，他流连歌舞场。美酒娇娃，反而凸显金戈铁马？而一个简单的汉语成语向我们亮出这样的智慧：相反相成。或曰物极必反。事物像个圆环，开端连着终端。

辛弃疾是北方的粗犷与南方的妩媚的"合成之物"？

"我见青山多妩媚，料青山见我应如是。情与貌，略相似。"

"千古江山，英雄无觅，孙仲谋处。舞榭歌台，风流总被、雨打风吹去。"

这分别引自《贺新郎》和《永遇乐》的两个片段，向我们勾勒了柔与刚的具体轮廓。现代汉语中常用的"刚柔相济"，滔滔源头在古代。读辛弃疾，体验尤深。

英雄气横陈纸上。辛弃疾是岳飞的延续。两股大气贯通，固化并耸立为历史、文学的奇观。

欲识英雄气，打开辛弃疾。

举手之劳。书在任何人的手边。有了纯正之物垫底，妖魔鬼怪自消。

辛弃疾为朋友韩元吉祝寿时写下《水龙吟》："渡江天马南来，几人曾是经纶手？长安父老，新亭风景，可怜依旧。……算平戎万里，功名本是真儒事，公知否？　况有文章山斗，对桐阴、满庭清昼。当年堕地，而今试看，风云奔走。……待他年整顿，乾坤事了，为先生寿。"

经纶手，就是整顿乾坤的那只手。

君子能定乾坤吗？从长远看是一定的，从短期看则未必。

辛弃疾的手既能舞金戈，又能执巨笔。这样的一双手，三千年难得一现。

此人早年读书时，一定是天才。

人之所以为人，决定性的标志是语言。任何科学发明、技术创造，位在语言之后。"语言是存在的家。"古老的东西永远新鲜，就像比地球更为古老的阳光。

辛弃疾的另一阕《水龙吟》，自序说："登建康赏心亭。"

"楚天千里清秋，水随天去秋无际。遥岑远目，献愁供恨，玉簪螺髻。落日楼头，断鸿声里，江南游子。把吴钩看了，栏杆拍遍，无人会，登临意。……"

古学者解释："赏心、白鹭二亭相连，南北对偶，以扼淮口。凭望烟渚，杳无边际。"吴钩是刀名。吴越之人也是能战斗的。

栏杆拍遍，那是何等情状！辛弃疾作此词，恰三十岁。词是这么结束的："倩何人唤取，红巾翠袖，揾英雄泪。"

男人们不懂他的登临意，女人来擦英雄泪。此情此景古今同。

据邓广铭《辛稼轩年谱》，"侍女之可考者先后凡六人：曰整整，曰钱钱，曰田田，曰香香，曰卿卿，曰飞卿"。侍女能替辛稼轩写回信，可见其文字和书法功底。

辛弃疾三十二岁迁滁州太守，金人铁骑践踏过的富庶之地，一片荒凉，欧阳修笔下的那个优美而祥和的滁州荡然无存。

邓广铭《辛弃疾传》："然而在南宋一般当国者的心目中，早已把滁州认作荒僻的'极边'，认为是弃之不足惜的地方，因而没有人肯把辛弃疾的建议认真地加以考虑。"

辛弃疾只用半年，整顿滁州见成效，结束了无序状态，跑出去的滁人纷纷回家了，田间地头，处处有耕作的身影。"为了恢复市区的繁荣，辛弃疾也设法招诱商人到滁州去营业。减免商贩们应向政府缴纳的税额十分之七。商贩们都闻风而来，因此，在短期之内，征得的商税数目就与日俱增了。"

农、工、商在数月之内就兴旺了。辛弃疾想要整顿乾坤的那只大手，先整顿一个州。

农闲组织练武，拉起了民兵队伍。诗人的大手笔，为政也是雷厉风行。

仕途通畅。淳熙二年（1175），三十五岁的辛弃疾升江西提点刑狱，掌一路司法；节制诸路军队，相当于几个军区的总司令。

辛弃疾为何升得这么快呢？这是由于威胁江西、湖南一带的声势浩大的茶商军。民间贩盐有盐枭集团，贩茶有茶商军，与朝廷对着干。宋人饮茶很厉害，无论南人北人，都有喝茶的习惯。茶叶的销量非常大，丰厚的利润使一些茶商铤而走险，武装贩运，抵制朝廷的专卖政策，斗杀官军。江西、湖南的这一股茶商军，把江南的好茶叶卖到金国了，女真统治者"上下竞啜"，喜欢得不得了。这是卖国的生意，并且严重影响南宋赋税，孝宗皇帝大为恼火。一股千余人的茶商军，朝廷竟然奈何不得。江西多山脉，茶商军又熟悉地形，擅长打游击，官军摆开正规作战的架势去围剿，屡战屡败。于是，朝廷想到了辛弃疾。

辛弃疾有山地作战的经验，他这一去，除了在各隘口、要道安排精兵强将，也挑选地方乡丁深入高山密林。官军破了茶商军的游击战术，擒获了江西茶商军的首领赖文正。辛弃疾于江州升中军帐，喝令刀斧手将赖文正砍于帐下。

其余小股茶商军，闻风而溃。

孝宗大喜，称赞辛弃疾捕寇有方，"当议优与职名，以示激劝"。

大臣们议来议去，结果是：辛弃疾留任江西提点刑狱，加官为秘阁修撰。

这里却有个细节：以前辛弃疾的官职，都要加上一个"右"字，如右承务郎、右宣教郎。而朝廷士大夫一般称"左"。左为尊，右为卑，后者还含有内部掌控的意思。辛弃疾这个"归正人"，奋斗了十多年才去掉右字，被南宋统治集团正式接纳。

难怪当初写军事论文没人理他。

辛弃疾感慨不已。可以想象，他又会登高拍栏杆。

扑灭茶商军的过程中，辛弃疾显示了军事才能。英雄三十七八岁，跃跃欲试，要与金贼比个高低。可他还是人微言轻，临安中枢决策，没有他的发言权。节制诸路兵马，不过是个临时总司令。茶商军既灭，兵权自消。论俸禄，论享受，论社会地位，辛弃疾是非常可观了。然而英雄气调动起来，又悬空，落不到实处。

拔剑四顾心茫然……

单骑走临安，一腔热血碰上朝廷冷漠；匹马返江宁，满腹豪情付与荆楚的山山水水。

此间佳作，最数《满红红》："过眼溪山，怪都似、旧时曾识。还记得、梦中行遍，江南江北。佳处径须携杖去，能消几两平生屐。笑尘劳、三十九年非，长为客。　　吴楚地，东南坼。英雄事，曹刘敌。被西风吹尽，了无尘迹。楼观才成人已去，旌旗未卷头先白。叹人间、哀乐转相寻，今犹昔。"

辛弃疾二十三岁，锦袍白马渡淮水，至今已有十六年。江南江北，梦里行遍。挂杖寻佳处，一生磨掉几双屐？将军的山水情怀露端倪。其间有对北国风光的饱含惆怅的眷恋，也有对纯粹的朴拙山水的向往。

"笑尘劳、三十九年非……旌旗未卷头先白。"此恨无穷，所以他一再书写。"追往事，叹今吾，春风不染白髭须。"这复调兼咏叹调，不妨视为辛弃疾一生反复回旋的主旋律。

古人评价：稼轩"大踏步出来，与眉山同工异曲。然东坡是衣冠伟人，稼轩则弓刀游侠"。

辛弃疾的生活中有另外的一面。英雄豪气冲天，亦能儿女情长。生命的巨大张力，使他不可能整日价郁闷、唠叨着打回山东老家去。他可不是一介武夫。生活怎么来，他就怎么迎上去，胃口蛮好。辛弃疾的《青玉案》写元夕："东风夜放花千树，更吹落、星如雨。宝马雕车香满路。凤箫声动，玉壶光转，一夜鱼龙舞。　　蛾儿雪柳黄金缕，笑语盈盈暗香去。众里寻他千百度，蓦然回首，那人却在、灯火阑珊处。"

蛾儿雪柳黄金缕，皆宋代妇人头饰。

辛弃疾的官是越做越大了，当上湖南安抚使。他干了一件影响

　　　　　　　　　　　　　　　大宋十君子

深远的大事：建立飞虎军。

驻扎在湖南的官军训练差、装备弱，将校们驱赶士卒为自己干私活，长途跑买卖。倒是豪绅控制的"乡社"战斗力强，官军不敢惹。乡社里的乡丁，少则一二百人，多则三五百人，为豪强的利益抗衡官府，其性质，类似茶商军，只是不流动。湖南的几任安抚使为此十分头疼。他们上疏朝廷说，楚人历来强悍，能相安无事就不错了。朝廷只好默认。

南宋朝廷的军事斗志，由此可见一斑。连几支地方武装都摆不平。难怪对金人妥协的声音总是占上风。

辛弃疾到湖南，情形为之一变。

他首先整顿官军，严明军纪，强化训练。将校有怠慢者，杀一儆百，谁讲情都没用。他治军有一套，令出必行。每日披挂巡视军营，发现问题马上处理。官军像一支队伍了，他腾出手来整顿乡社，并不将其解散，而是限制乡丁的人数：每社不超过五十名。他邀请一帮地方豪强参观官军营地，亲自表演百步穿杨。平时很牛的豪强们一个个缩了脑袋。辛将军的大名，他们早已如雷贯耳，纷纷在乡社减员的协议书上画押签名。

湖南境内，减出来的乡丁有数千人之多。辛弃疾考虑另建一支"飞虎军"，仿照广东路的摧锋军、福建路的左翼军。奏请朝廷批准，孝宗下诏给他，"委以规画"。

辛弃疾大刀阔斧干起来了。他是读书万卷的君子，也是雷厉风行的君子。有些事，对上不汇报，对下不解释。

铸兵器，买战马，修营房。营房建在长沙城内，用五代十国遗留下来的旧营地。辛弃疾下令，一个月之后他要视察飞虎军军营。但时值秋雨季，造瓦有困难，缺口达二十万匹。怎么办呢？一些人等着看笑话了。辛弃疾却命令长沙民户每户凑瓦二十匹。官府中很多人傻了眼：有这么干的吗？民户凑瓦有报酬的，二十匹瓦一百文，于是多有凑瓦超过规定数额的人家。官府的议论和市井的反应很不同。营地需大量石块，辛弃疾又想出一招：让囚犯到城外的驼嘴山凿石，卖力者减刑。

官府前议未休后议又起，有人向朝廷枢密院状告辛弃疾胡来。枢密院派来了督察，督察还带着圣旨，命辛弃疾停止扰民建军营。辛弃疾把圣旨藏下，该干的都接着干。营地建好了，飞虎军住进去了，他才把圣旨拿出来，小范围内宣读一遍了事。

枢密院的督察鼻子都气歪了，宣称要彻查辛弃疾，要向皇上汇报……

辛弃疾填词、治军、行政，皆不按常规，不管舆论。

所谓豪气，岂是纸上功夫。

有时候，君子必须大刀阔斧果断行事。时机很重要。

"不恨古人吾不见，恨古人不见吾狂耳。知我者，二三子。"

看来，辛弃疾所到之处，知音少，对他的所作所为侧目而视者多。

他生得高大威猛，估计脾气也大。

《论语》："子夏曰：'君子有三变：望之俨然，即之也温，听其言也厉。'"

译为白话文："子夏说：君子有各种变化：看起来很严肃，接近他却温和，听他讲话准确犀利。"

子曰："君子不忧不惧。"

子曰："君子欲讷于言而敏于行。"

孔夫子讲的君子，不就是辛弃疾这样的人吗？

讷于言而敏于行。辛将军哪有许多废话？

子曰："刚毅木讷近仁。"

这四个字，说的也是辛弃疾。

朝廷的柔弱官员都有点怕他，视他为异类。其实，他原本就是异类。主和派一直忌惮他。辛弃疾这种人，如果做上朝廷重臣，掌枢密院或丞相府，那还得了？

于是台谏攻他："花钱如流水，杀人如草芥。"

甚至攻击他聚敛民财，贪婪而残暴。

然而台谏们找不到他私用民财的证据。他确实花了不少钱，却用于飞虎军的创建了。这支规模不小的铁军，后来三十多年令长江以北的金兵闻风丧胆，呼为"虎儿军"。

辛弃疾官职未丢，却失掉了飞虎军的指挥权。

按他的设想，飞虎军要在一年内扩充到数万。

英雄的宏伟计划成泡影。

宋朝皇帝有一根共同的敏感神经：不能让将军坐大。哪怕大敌当前、国势如累卵，最高统治者敏感如故——高宗杀岳飞，孝宗防着辛弃疾。

凡有英雄气者，在这个糟糕的时代必定活得憋气。

辛弃疾的新官衔，重新挂上了一个"右"字：右文殿修撰。这叫贴职，虽为虚衔，但很难听。他在湖南路建立举世瞩目的功勋，却回到"老右派"。辛弃疾调江西路任安抚使，兼知隆兴府。

辛弃疾在江西隆兴府我行我素。恰遇灾荒年，大户囤粮，米价暴涨，缺粮户要抢粮食。辛弃疾颁布的告示只有八个字，意为：囤粮者配，抢粮者斩。配是指流放。囤粮户迫于压力低价卖粮，街头的泼皮黑帮不敢哄抢。辛弃疾筹集资金从湖南买来粮食，平抑物价，度过灾荒。

所有这些事儿，都带出辛弃疾旋风般的身影，带出他异乎寻常的君子风度。

他不是谦谦君子。他不是谨小慎微的人，从来就不是。

心中坦荡天地宽。

可是朝廷小人攻讦再起。本来给他挂个"右"字，是警告他凡事听上边的话，悠着来，做庸官最好。不料他秉性难移，到江西很快干出了名堂，脾气、作风照旧。攻他的谏官气急败坏，有个叫王蔺的，翻出旧账，连章弹劾，称辛弃疾"奸贪凶暴，帅湖南日，虐害田里"。

王蔺是朝廷对金主和派的干将之一。攻倒辛弃疾，有政治背景。

这家伙得逞，辛弃疾罢官。朝廷刚发布新的任命书：辛弃疾迁浙西提点刑狱。浙西富庶冠南宋。但现在新职旧职一块儿免，这意味着：四十出头的辛弃疾，事业、仕途都走到头了。

对辛弃疾，朝廷显然有两种声音：有人想用他，有人处心积虑要搞他。

优秀人物，一般都会身处风口浪尖。木秀于林，风必摧之。

渡淮南来二十年，收拾旧山河的雄心壮志，落到这般境地。

君子很孤独。一身本事难以施展。

如果他悠着点，凡事不温不火，眼观六路耳听八方，那么，官帽可保。

不过，那也就没有辛弃疾了。历史长河轻而易举地淹没他。

辛弃疾也有普通人的郁闷，掉官帽要贪杯，醉眼看人生，没日没夜地醉。

"醉里且贪欢笑，要愁哪得工夫。近来始觉古人书，信着全无是

　　　　　　　　　　　　大宋十君子

处。　　昨夜松边醉倒，问松我醉何如。只疑松动要来扶，以手推松曰去。"

辛弃疾喝醉了还想到书，这蛮有趣。李白曾说："古来圣贤皆寂寞，唯有饮者留其名。"

他又想戒酒，戒了无数次，每次都戒得十分坚决。终于有一天，同酒杯较上了劲，较出一首好词《沁园春》："杯汝前来，老子今朝，点检形骸。甚长年抱渴，咽如焦釜；于今喜溢，气似奔雷。漫说刘伶，古今达者，醉后何妨死便埋？……"

眉山乡下有醉翁语："沟死沟埋，路死插牌！"

饮者无愚贤，一样有气魄。

辛将军身体并不好，幼年多病，所以字幼安。弃疾，是摒弃疾病的意思。《鹧鸪天》："枕簟溪堂冷欲秋。断云依水晚来收。红莲相倚浑如醉，白鸟无言定自愁。　　书咄咄，且休休。一丘一壑也风流。不知筋力衰多少，但觉新来懒上楼。"

这首后期词作，透露出辛弃疾的多病之身。

病体不掩英雄气，尚且大书"咄咄怪事"。气难平，恨难消。

"甚矣吾衰矣！怅平生，交游零落，只今余几？白发空垂三千丈，一笑人间万事。问何物、能令公喜？我见青山多妩媚，料青山见我应如是。情与貌，略相似。……"

英雄末路。君子穷途。但文化修养和艺术天性前来照面了。诗人转过身，扑入山水怀抱。

悠悠人间万事，何物能令公喜？青山妩媚，绿水长流。

事情也凑巧，辛弃疾的官帽落地之日，正好是他在江西信州乡下的房子竣工之时。他多半早有预感：以他的性格，迟早会得罪人。

有些人恨他，恨得牙痒痒。

辛弃疾的生存脉络清晰：华北二十余年，江南做官二十年，信州隐居又是二十年。他活了六十八岁，近古稀之年。暮年又出山做过大官，时间不长。

在信州他先后待了两个地方：带湖和瓢泉。都是他自己命名的。我们来看涌入他笔下的带湖风光。《水调歌头·盟鸥》："带湖吾甚爱，千丈翠奁开。先生杖屦无事，一日走千回。凡我同盟鸥鸟，今日既盟之后，来往莫相猜。白鹤在何处？尝试与偕来。　破青萍，排翠藻，立苍苔。窥鱼笑汝痴计，不解举吾杯。废沼荒丘畴昔，明月清风此夜，人世几欢哀？东岸绿阴少，杨柳更须栽。"

一派欣欣向荣。

君子不器。君子有足够的能力生活在别处。

辛将军此间的手边书，主要是陶渊明。"想渊明停云诗就，此时风味。"

从官场扑向青山绿水，乃是古代文人共同的姿态。最典型的就是陶渊明："归去来兮，田园将芜，胡不归？……乃瞻衡宇，载欣载奔。"这文化符号其大无比，或者说，这心理结构固若金汤。

"云无心以出岫，鸟倦飞而知还。"

有心的人却看得见无心的云。

渊明官小，一县令而已。后世几乎所有的有文化修养的官员都学他，连女诗人都向他看齐：李清照的"易安"二字，取自渊明"审容膝之易安"，温馨的家庭氛围联结着风光旖旎的田园。自然与人事有反差，而持久的反差形成持久的张力。这样的心理结构，笼罩着古人、今人、后人。与它金刚般的材质相比，时间会失掉分量，万年不过一瞬间。

且看辛弃疾在带湖的家。《清平乐》："茅檐低小，溪上青青草。醉里蛮音相媚好，白发谁家翁媪。　　大儿锄豆溪东，中儿正织鸡笼。最喜小儿无赖，溪头卧剥莲蓬。"

乡村日常景象，醇酒般迷人。元、明、清的画工，以此作画无数。

还有更妙的《西江月·夜行沙湖道中》："明月别枝惊鹊，清风半夜鸣蝉。稻花香里说丰年，听取蛙声一片。　　七八个星天外，两三点雨山前。旧时茅店社林边，路转溪桥忽见。"

这两首小词我十几岁就能背，时隔几十年，仍是一见便喜欢。描绘田园风光，没有比这更好的东西了，即使摩诘、渊明、东坡，亦不过伯仲之间耳。七八个星招呼满天繁星，两三点雨唤来漫山细雨。词中风物联结着广袤乡村的一年四季，浸润着雨雪风霜，跳跃着阳光月光。稻浪，麦浪，声浪……哦，美到极致却显寻常，辛稼轩真是不一样。

气吞万里如虎。

清风半夜鸣蝉。

真正的英雄哪有末路。严格意义上的君子哪有穷途。官帽飞了，风景来了。或问景在何处？答曰：景在心间。

被欲望反复拨弄的人，走到哪儿都看见名利场。这也没办法：他已经被单纯的物欲钉死在墙上。生命的可能性是由人的修养来决定的。生活的质量，首先是人的质量。

总有一些退下来的官员，走在大街上一脸寂寞。为什么寂寞呢？因为活得单调。不复前呼后拥，人就郁郁寡欢。甚至在街上走得东歪西倒，看上去像个梦游症患者。

辛弃疾在信州带湖，亲自造房子、栽树，营造家园。一草一木也关情。选择信州他是经过考虑的。信州治所上饶城，只在几里外。城内多士族，辛弃疾得以形成交游圈子。这很重要。房子盖成了，得有朋友来欣赏，喝喝酒，谈谈天下事，看看绿树红花，数数停云与飞鸟。上饶的官道，是杭州到南昌的必经之路。隔三岔五，总有人来造访稼轩。带湖的家园，房子十几间，占地一百七十亩，其中有大片耕种的田地。他收租，也带着三个儿子下地劳作。自号稼轩，包含了他的政治主张："人生在勤，当以力田为先。"

　　辛弃疾是重农主义者，又来自华北，对南方城市的商业潮很不以为然，批评重商是"舍本逐末"。淮南的土地大面积荒废，人们却跑到城里做生意，他对此忧心忡忡。

　　可他眼下不在位，难谋其政。

　　朋友来了他慷慨陈词，他要说，借官场或学界的朋友发出他的声音。有良知的知识分子一定是这样：从屈原就一路说过来，从范仲淹、司马光、苏东坡一路说过来。没人听也要说。

　　有一条汉子名叫陈亮，早闻辛弃疾的大名，策马数百里到信州来拜访。此人的脾气比辛弃疾还大：他的坐骑过不了一座石拱桥，"三跃而马三却"，于是大怒，挥剑砍下马头，气冲冲大踏步朝辛弃疾的宅院走去，像个寻衅之徒。辛弃疾呢，一直在楼上观望他，对他砍翻坐骑的动作大吃一惊，继而赞赏不已，"逐订交"。君子找君子不辞遥远。

　　这件事富于传奇色彩。宋人笔记多有记载。

　　想和辛弃疾做朋友的人多，能订交的却很少。"知我者，二三子。"

　　陈亮走进辛弃疾的家，两条好汉痛饮剧谈，纵论南北形势，讲了很多朝廷的不是。谈到后半夜，畅快之极，各自纳头便睡。不过陈亮这人疑心重，开始怀疑辛弃疾了："同甫（陈亮字）夜思稼轩沉重寡言，醒必思其误，将杀我以灭口，遂盗其骏马而逃。"

陈亮砍马又盗马，盗走的是辛弃疾的骏马。

宋人笔记中的这段话，透露了一点辛弃疾"归隐"之后的性格特征：话不多，涉及朝政言语谨慎。他曾经吃过口无遮拦的亏。

陈亮初访辛稼轩的传奇故事还没完。他逃走之后，"月余，致书稼轩，假十万缗以纾困，稼轩如数与之"。

陈亮盗走骏马还写信借钱，岂不是欺稼轩太甚，占了便宜又占便宜？其实刚好相反，他这举动，让辛弃疾读出了古代豪杰的风范。远的不说，就以李白为例，仗剑走天下，伸手要钱不红脸。豪杰与豪杰，也是心有灵犀一点通。

当时辛弃疾有钱，豪爽。另有江西名士刘过，"性疏豪好施，辛稼轩客之"。

辛弃疾的座上客，名士如云，写《容斋随笔》的洪迈，理学泰斗朱熹，包括陈亮、刘过，全是南宋的一流人物。

原来，这砍马盗马又借钱的陈亮，并非仅仅是条好汉，宋代思想史、文学史，他都占有一席。他考进士落榜后，发誓不当官，却一封接着一封给宋孝宗写长信，力请迁都建康，励志复仇。他的长信，和辛弃疾当年的十九篇军事论文一样，递上去之后毫无反应。他伤心、愤怒，在临安到处讲朝廷的不是，有名有姓地痛斥小人，结果被人告发，坐了一百天的监狱，"几死"。出狱不久，陈亮骑劣马奔信州拜访辛弃疾，畅谈后却爬起来就跑。他疑心重，原因是刚住过牢。

南宋向金国称臣，拱手割让万里河山，身在民间的陈亮视为奇耻大辱，几十年奔走呼号、游说。辛弃疾引他为知己，更无一丝踌踌。偷马、借钱算什么呢？

君子与君子惺惺相惜。

读书人佩剑行走，气如奔雷，当时寻常得很，一代儒宗朱熹也能舞几招。豪放词频出，不是偶然的。

南宋的英雄们，从岳飞到陆游，从辛弃疾到陈亮，只能是仰天长啸、弹铗悲歌。

国运断了一半，文脉延续下来。

江南妩媚地，多少英雄游走。走出激昂与辛酸。

姜白石、吴文英不作英雄状，却照样受推崇。这是一个时代的文化气度使然，而气度，来自士人们广阔的文化视野。

国破文化在，文化穿越八百年，弥漫于当下，并越过当下。

陈亮几年后再访辛弃疾，辛弃疾带他去铅山的瓢泉。陈亮在瓢泉住了十天。主客剧谈如当年。本来有个三人会谈的重大计划，但朱熹因事未能赴约。朱熹在朝廷是举足轻重的人物。布衣陈亮、退休名将辛弃疾、"帝王师"朱熹，三人聚会未成，引得士子们久久叹息。

陈亮归，辛弃疾依依不舍。

辛弃疾隐于信州上饶之带湖、铅山之瓢泉，大名动海内。人称管仲、韩信、张良、诸葛亮。

辛弃疾崇拜诸葛亮。辛将军最大的梦想乃是北伐中原，荡平金贼。

大英雄却无用武之地。朝廷盘踞着形形色色的懦夫、小人、伪君子。

"还我河山"，终成岳飞、陆游、辛弃疾的遗憾。

十二世纪九十年代初，辛弃疾复起，辗转任职于福建、浙东，为一路之最高军政长官，历时两年，复遭台谏围攻，落职，回江西信州。赋闲又近十年。

烈士暮年，群山环抱着。

愁绪如山不可收拾。"少年不识愁滋味，爱上层楼。爱上层楼。为赋新词强说愁。   如今识尽愁滋味，欲说还休。欲说还休。却道天凉好个秋。"

诗人已入化境。

居信州二十年，他一直在办学，书院好几处。办学的动机不仅是挣钱。赋闲之初他并不缺钱。书院及两处居所的宏大规模，令人猜想他可能有养士、招徕豪杰的念头。对陈亮出手豪爽，是否透出了一点消息？上饶带湖距铅山瓢泉百里之遥，辛弃疾拖着病体奔走各书院，长年不辞辛劳。有《清平乐》为证："绕床饥鼠，蝙蝠翻灯舞。屋上松风吹急雨，破纸窗前自语。   平生塞北江南，归来华发苍颜。布被秋宵梦觉，眼前万里江山。"其小序云："独宿博山王氏庵。"

烈士暮年，壮心不已。

今日铅山瓢泉，巨松成林，风景独好。县志记载，巨松多为辛弃疾当年亲手所栽。

抗金的英雄，最终成为我们的文化英雄。他迸发的豪气，他描绘的乡村，他眷恋的佳人，他怀念的友人，他喝过的酒、读过的书、弹过的琴，经由他那巨笔，淋漓尽致地呈现给我们。

开禧三年（1207）九月十日，辛弃疾长眠于铅山地下。距今八百余年。

让我们诵读他的代表作《永遇乐》："千古江山，英雄无觅，孙仲谋处。舞榭歌台，风流总被、雨打风吹去。斜阳草树，寻常巷陌，人道寄奴曾住。想当年、金戈铁马，气吞万里如虎。　　元嘉草草，封狼居胥，赢得仓皇北顾。四十三年，望中犹记，烽火扬州路。可堪回首，佛狸祠下，一片神鸦社鼓。凭谁问，廉颇老矣，尚能饭否。"

况周颐云："东坡、稼轩其秀在骨，其厚在神。"

《四库全书总目》云："弃疾词慷慨纵横，有不可一世之概。"

不可一世，这评价可谓精当。词坛霸主，当然有霸气。《词学集成》云："稼轩仙才，亦霸才也。"

陈廷焯《白雨斋词话》云："辛稼轩，词中之龙也。气魄极雄大，意境却极沉郁。不善学之，流入叫嚣一派。"

叫嚣一派，大概专写口号诗吧？

辛弃疾的传世佳作，大致可分三类：英雄气；乡村语；儿女情。

学者也指出他用典过多的毛病，称为"掉书袋"。他还在词中议论横生。

平时沉默寡言，下笔滔滔不绝。二者之间有某种同构关系。

我读辛稼轩，最鲜明的印象是：白发，多病，血气奔涌。

魏武挥鞭，横槊赋诗，固一世之雄矣，但曹操更多的是武人、是帝王的形象。将军而兼一代词宗，唯有辛弃疾。二者交融，形象如此鲜明，唐朝的边塞诗人也是相形见绌。

苏东坡的豪放，是和平环境下人生的百般磨砺所致；辛弃疾的豪放，是战争年代、国家分裂带给人的巨大创痛所催生。

辛稼轩脾气大，为政、行事、填词，以至日常待人接物，都给人留下雷厉风行、大刀阔斧的感觉。北人、南人有异，皇室又偏安江左，醉生梦死，连年打压英雄气。

"山外青山楼外楼，西湖歌舞几时休？暖风薰得游人醉，直把杭州作汴州。"

辛弃疾在官场中不讨人喜欢，乃是势所必然。他几次受台谏围攻，中年以后长居信州，不得已而"沉重寡言"。郁闷，喝酒，须眉皆白。生命力近乎本能地转向山水田园。

白发萧萧，多病而激昂。辛弃疾的外表，大致是这样吧。

内在的形象诉诸各呈风貌的稼轩词。儿女情，乡村语，俱是大家风范，"工夫深处却平夷"。所谓一代词宗，可不是浪得虚名。冲天豪气，文化底气，合力铸造辛弃疾。

理想与现实的尖锐矛盾，使他的精神逼近屈原："千古离骚文字，芳至今犹未歇"。

回想他在江西扑灭茶商军、在湖南创立飞虎军的那些大动作，其行事突兀，不拘常规，透出令常人色变的气魄。落笔填词，风格相似，从题材到手法，从书袋到俚语、流行语，一切为我所用，挥洒自如，霸气十足。

苏东坡名句："一点浩然气，千里快哉风。"

辛弃疾《南乡子·登京口北固亭有怀》："何处望神州？满眼风光北固楼。千古兴亡多少事，悠悠。不尽长江滚滚流。　年少万兜鍪，坐断东南战未休。天下英雄谁敌手？曹刘。生子当如孙仲谋。"

《论语》："曾子曰：可以托六尺之孤，可以寄百里之命，临大节而不可夺也，君子人与？君子人也。"曾子是孔子的得意弟子。《论语》中出自曾子的言论有若干条。

辛弃疾率军南渡后的四十多年，北伐之志始终如一。不能跃马挥刀，却能纸上纵笔，持续喷发而为千古辞章，让一股浩大的英雄气流布于后世，在民族血液中注入宝贵的战斗性。

君子行事，别开生面。"临大节而不可夺"，遭诋毁百端而不改志。

子曰："君子贞而不谅。"孔子说："君子坚持正义而不固守小信。"

干大事的人通常不拘小节，辛弃疾尤其不拘。这是一个特立独行的君子形象。他是悲剧性的人物，尽管不缺荣华富贵。他享受生活给予他的美宅、美器、美酒、美人，享受艺术带给他的持续兴奋，底色却是不变的忧愁、悲愤，平生壮志难酬，至死不能休。此与陆游同，"王师北定中原日，家祭无忘告乃翁"。

末了，再看一首辛词《丑奴儿》："近来愁似天来大，谁解相怜。谁解相怜。又把愁来做个天。　　都将古今无穷事，放在愁边。放在愁边。却自移家向酒泉。"

2020 年 11 月二稿于眉山之忘言斋